특별부록

KB084624

2021년 코레일
기출복원 모의고사

모바일 OMR 답안분석

기계일반　　전기일반

<table>
<tr><td>

2021년 코레일 기출복원 모의고사

</td><td>

문 항 수 : 50문항
시험시간 : 60분

</td></tr>
</table>

※ 본서에는 기계일반, 전기일반 과목을 모두 수록하였으니, 희망 응시과목에 맞추어 학습하시기 바랍니다.

| 01 | 직업기초능력평가

01 다음 글의 내용과 일치하는 것은?

4차 산업혁명에서 '혁명'은 말 그대로 큰 변화를 가져오는 것을 의미한다. 좀 더 풀어 설명하면 산업혁명은 '기술의 등장으로 인한 사회의 큰 변화'를 의미하는 것으로 이해할 수 있다. 사회적인 변화가 있었기 때문에 도시 모습도 당연히 변화됐다. 좀 더 엄밀히 말하면 특정 기술이 사회와 도시 모습을 바꾼 것이다. 1차 산업혁명은 열에너지 기술 등장으로 인한 교통수단과 생산이 자동화되는 시기다. 이때 철도를 움직이게 하기 위한 교통기반 시설이 갖춰지게 됐다. 2차 산업혁명은 전기 에너지 기반의 컨베이어 벨트 체계가 들어서기 시작할 때다. 이 시기에는 도시에 공장이 들어섬으로 인해 대량생산이 일어나게 된다. 3차 산업혁명은 '인터넷'이 등장한 시기다. 전 세계가 연결되고 정보 공유가 활발히 일어났다. 도시 모델 역시 '정보 공유형'의 특성을 가졌다. 이러한 도시를 유 시티(U-City)라고 한다. 유 시티는 '유비쿼터스 시티(Ubiquitous City)'의 줄임말로, 유비쿼터스는 '어디에나 존재하는'이라는 뜻을 가지고 있다. 정리하면 유 시티는 '장소와 시간에 구애받지 않고 시민들에게 정보를 제공하는 도시'로 정의할 수 있는데 인터넷 기술이 도시 모습에 영향을 미쳤음을 알 수 있다.

그렇다면 4차 산업혁명은 무엇이고, 스마트 시티는 기존 유 시티와 어떻게 다를까? 4차 산업혁명은 한마디로 산업 전 분야와 정보통신기술(ICT) 융합으로 생겨난 혁명으로, 핵심기술은 ICBM(IoT・Cloud・BigData・Mobile)이다. ICBM은 사물인터넷, 클라우드, 빅데이터 그리고 모바일이 결합한 기술로 정의하는데, 센서 역할을 하는 사물인터넷이 정보를 모아서 클라우드에 보낸다. 그러면 빅데이터는 이를 분석하고 사용자에게 서비스 형태로 모바일로 제공한다. 얼핏 들으면 기존 인터넷 시대와 다른 점이 없어 보인다. 그러나 두 가지 관점에서 명확히 다르다. 우선 연결 범위가 넓어졌다. 사물인터넷 등장으로 연결되는 기기 수가 증가하고 있다. 과거 인터넷 시대에는 컴퓨터, 휴대전화만 연결 대상이었다. 그러나 지금은 자동차, 세탁기 등이 연결 대상이 되어가고 있다. 참고로 시장 조사 전문 기관 '스태티스타(Statista)'에 따르면 사물인터넷 수는 2020년에 300억 기기가 인터넷으로 연결될 전망이다. 또 하나 인터넷 시대와 다른 점은 정보의 가공 수준이다. 빅데이터는 3V로 정의할 수 있는데, Velocity(속도), Volume(규모) 그리고 Variety(다양성)이다. 실제로는 속도와 규모로 빅데이터 여부를 나누는 것은 애매하다. 중요 부분은 '다양성'이라고 할 수 있는데, 빅데이터는 기계학습을 기반으로 비정형 데이터도 분석할 수 있다는 장점이 있다. 기존 분석 방식은 사람이 입력한 공식에 따라 처리하게 하는 '지식공학'이었다면, 현재 주목받는 기계학습 방식은 데이터를 주면 시스템이 알아서 공식을 만들고 문제를 푸는 방식이다. 이러한 방식은 적용 범위를 넓게 할 뿐만 아니라 분석 수준도 깊게 했다. 예를 들어 고양이를 비교하는 시스템을 개발한다고 해 보자. 사람이 고양이를 정의하는 공식을 만들어내는 것은 매우 복잡하고 오차 범위가 넓어서 적용이 어렵다. 반면에 시스템에 수많은 고양이 사진을 주고 스스로 고양이 정의를 내리게 한다면 어떨까?

바둑 천재 이세돌을 이긴 알파고를 예로 더 들어보자. 사람이 바둑으로 이세돌을 이길 수 있게 공식을 짤 수 있을까? 개발자가 이세돌보다 바둑을 더 잘 두지 않는 이상 어려울 것이다. 정리하면 4차 산업혁명은 '초연결'과 '지능화'라는 특성을 가진다. 그리고 이러한 특성은 스마트 시티에 그대로 적용되는 것이다. 스마트 시티 추진을 위해 반드시 염두에 둬야 할 점은 반드시 '시민'을 중심으로 이뤄져야 한다는 것이다. 두바이는 스마트 시티의 평가지표로 '행복계량기'를 설치해 시민이 행복 정도를 입력할 수 있도록 했다. 한 발 더 나아가 미국 뉴욕시는 뉴욕시민이 'NYC BIG' 앱을 통해 뉴욕의 문제점을 지적하고 서로 논의할 수 있게 했으며, 싱가포르는 '버추얼 싱가포르(3차원 가상도시 플랫폼)'를 통해 국민들에게 정보를 공유하고 제안할 수 있게 한다.

스마트 시티의 성공은 '인공지능'과의 접목을 통한 기술 향상이 아니다. 스마트 시티 추진의 목적은 바로 시민의 '행복'이다.

① 1차 산업혁명 때는 컨베이어 벨트를 이용한 자동화 기술이 들어섰다.
② 과거 인터넷 시대에는 자동차, 세탁기에만 인터넷 연결이 가능했다.
③ 4차 산업혁명 시대의 도시는 '정보 공유형' 특성을 가진다.
④ 빅데이터는 속도, 규모, 연결성으로 정의할 수 있다.
⑤ 스마트 시티는 인공지능 기술 향상만으로 성공할 수 없다.

02 A ~ C팀에 대한 근무 만족도 조사를 한 결과 근무 만족도 평균이 〈보기〉와 같을 때 이에 대한 설명으로 옳은 것은?

─〈보기〉─
• A팀은 근무 만족도 평균이 80이다.
• B팀은 근무 만족도 평균이 90이다.
• C팀은 근무 만족도 평균이 40이다.
• A팀과 B팀의 근무 만족도 평균은 88이다.
• B팀과 C팀의 근무 만족도 평균은 70이다.

① C팀의 사원 수는 짝수이다.
② A팀의 사원의 근무 만족도 평균이 가장 낮다.
③ B팀의 사원 수는 A팀 사원 수의 2배이다.
④ C팀의 사원 수는 A팀 사원 수의 3배이다.
⑤ A ~ C팀의 근무 만족도 평균은 70이 넘지 않는다.

03 다음 글에 대한 설명으로 옳은 것은?

국토교통부는 도로로 운송하던 화물을 철도로 전환하여 운송하는 사업자 또는 화주들에게 보조금을 지급하기 위한 지원 사업 대상자 선정 공모를 3월 18일(목)∼28일(일) 11일간 실시한다. 그리고 공모에 신청한 사업자들의 도로 → 철도 전환물량 등 운송계획 등을 검토한 후 4월 중 지원 대상자를 선정할 계획이라고 밝혔다.

2021년 보조금 지원 총액은 28.8억 원이며, 지원 대상자는 전환화물의 규모 등에 따라 선정하되, 우수물류기업과 중소기업은 각각 예산의 50%와 20% 범위 내에서 우선 선정할 계획이다. 올해에는 최근 철도화물 운송량 지속 감소 등을 감안하여 보조금 지급 기준을 낮추어 지원할 계획이다.

이에 따라 예년보다 철도전환 물량이 늘어난 경우에는 공제율 없이 증가 물량의 100%를 지원 대상으로 산정토록 제도도 개선하였다. 철도 전환교통 지원 사업은 지구온난화, 에너지위기 등에 대응하여, 탄소 배출량이 적고 에너지 효율이 높은 철도물류의 활성화를 위해 철도와 도로의 물류비 차액을 보조, 지급하는 제도이다. 2010년부터 시행하고 있는 본 사업은 작년까지 총 325억 원의 보조금 지원을 통해 76억 톤·km의 화물을 도로에서 철도로 전환하여 약 194만 톤의 탄소 배출을 줄인 바 있다. 이는 약 1백만 대의 화물자동차 운행을 대체한 수치로서, 약 3억 그루의 나무심기 효과라고 할 수 있다.

※ 사회·환경적 비용 : 도로대비 철도 약 1/2(철도 28.62, 도로 60.52 / 단위 : 원/톤·km)

※ 76억 톤·km=총 운송량 2,583만 톤×평균 운송거리 295km

※ 화물자동차 1백만 대=총 운송량 2,583만 톤÷화물자동차 운송량 24톤/대

국토교통부 철도운영과는 "온실가스 배출 저감을 실천할 수 있는 전환교통사업에 물류사업자 분들의 적극적인 참여를 기대한다."면서, "2050 탄소중립을 위해 철도물류의 역할이 어느 때보다 중요한 만큼 재정당국과 협의하여 관련 예산 규모와 지원대상 기업 등을 지속적으로 확대해 나갈 계획이다."라고 밝혔다.

① 대상자는 공모가 끝나는 3월 28일에 발표된다.
② 우수물류기업의 경우 예산 20% 내에서 우선 선정할 계획이다.
③ 작년에는 올해보다 대상자에 선정되기가 까다로웠다.
④ 전년보다 철도전환 물량이 늘어난 기업의 경우 전체 물량의 100%를 지원 대상으로 산정한다.
⑤ 이 사업을 통해 작년에만 약 194만 톤의 탄소 배출량이 감소했다.

04 다음 글에 대한 설명으로 옳은 것은?

마스크 5부제는 대한민국 정부가 2020년 3월 5일 내놓은 '마스크 수급 안정화 대책'에 포함된 내용이다. 코로나바이러스감염증19 확진자 증가로 마스크 수요가 급증함에도 수급이 불안정한 상황에 따른 대책으로, 2020년 3월 9일부터 5월 31일까지 시행되었다. 원활하지 않은 마스크의 공급으로 인해 구매가 어려워지자, 지정된 날에 공적 마스크를 1인당 최대 2개까지만 구입할 수 있도록 제한하였고(2020년 4월 27일부터는 총 3장까지 구매가 가능해졌다), 구매 이력은 전산에 별도 등록되어 같은 주에는 중복 구매가 불가능하며, 다음 주에 구매가 가능했다.

마스크를 구매하기 위해서는 주민등록증이나 운전면허증, 여권 등 법정신분증을 제시해야 했으며, 외국인이라면 건강보험증과 외국인등록증을 함께 보여줘야 했다. 미성년자의 경우 부모의 신분증과 주민등록등본을 지참하여 부모가 동행해서 구매하거나 여권, 청소년증, 혹은 학생증과 주민등록등본을 제시해야 했으며, 본인 확인이 불가능하다면 마스크를 혼자 구매할 수 없었다.

다만, 만 10세 이하의 아이, 80세 이상의 어르신, 장기요양 수급자, 임신부의 경우에는 대리 구매가 가능했다. 함께 사는 만 10살 이하의 아이, 80세 이상의 어르신의 몫을 대신 구매하려면 대리 구매자의 신분증과 주민등록등본 혹은 가족관계증명서를 함께 제시해야 했다. 장기요양 수급자의 경우 대리 구매 시 장기요양인증서, 장애인은 장애인등록증을 지참하면 되었다. 임신부의 경우 대리 구매자의 신분증과 주민등록등본, 임신확인서를 제시해 대리 구매를 할 수 있었다.

① 4월 27일부터는 날짜에 관계없이 인당 3개의 마스크를 구매할 수 있다.
② 7살인 자녀의 마스크를 구매하기 위해선 가족관계증명서만 지참하면 된다.
③ 마스크를 이미 구매했더라도 대리 구매를 통해 추가로 마스크 구매가 가능하다.
④ 외국인이 마스크를 구매하기 위해선 외국인 등록증과 건강보험증을 제시해야 한다.
⑤ 임신부가 사용할 마스크를 대리 구매하기 위해선 총 2개의 증명서를 지참해야 한다.

※ 다음은 A~E약물에 대한 자료이다. 〈조건〉을 바탕으로 이어지는 질문에 답하시오. [5~6]

약 종류	1주 복용 횟수	복용 시기	혼용하면 안 되는 약	복용 우선순위
A	4회	식후	B, C, E	3
B	4회	식후	A, C	1
C	3회	식전	A, B	2
D	5회	식전	-	5
E	4회	식후	A	4

─────〈조건〉─────

• S씨는 모든 약을 복용해야 한다.
• 혼용하면 안 되는 약은 한 끼니를 전후하여 혼용해서는 안 된다.
  – 아침 전후 or 점심 전후 or 저녁 전후는 혼용 불가
• 약은 우선순위대로 최대한 빨리 복용하여야 한다.
• 식사는 아침, 점심, 저녁만 해당한다.
• 하루 최대 6회까지 복용할 수 있다.
• 약은 한번 복용하기 시작하면 해당 약을 모두 먹을 때까지 중단 없이 복용하여야 한다.
• 모든 약은 하루 최대 1회 복용할 수 있다.

05 다음 중 〈조건〉을 고려할 때, 모든 약의 복용이 완료되는 시점으로 적절한 것은?

① 4일 차 점심 ② 4일 차 저녁
③ 5일 차 아침 ④ 5일 차 저녁
⑤ 6일 차 아침

06 다음 〈보기〉의 설명 중 S씨의 A~E약물 복용에 대하여 옳은 설명을 모두 고르면?

─────〈보기〉─────

ㄱ. 하루에 A~E를 모두 복용할 수 있다.
ㄴ. D는 점심에만 복용한다.
ㄷ. 최단 시일 내에 모든 약을 복용하기 위해서는 A는 저녁에만 복용하여야 한다.
ㄹ. A와 C를 동시에 복용하는 날은 총 2일이다.

① ㄱ, ㄴ ② ㄱ, ㄷ
③ ㄴ, ㄷ ④ ㄴ, ㄹ
⑤ ㄷ, ㄹ

07 K기업의 1 ~ 3년 차 근무를 마친 사원들은 인사이동 시기를 맞아 근무지를 이동해야 한다. 근무지 이동 규정과 각 사원들이 근무지 이동을 신청한 내용이 다음과 같을 때, 이에 대한 설명으로 옳지 않은 것은?

〈근무지 이동 규정〉

• 수도권 지역은 여의도, 종로, 영등포이고, 지방의 지역은 광주, 제주, 대구이다.
• 2번 이상 같은 지역을 신청할 수 없다. 예 여의도 → 여의도(X)
• 3년 연속 같은 수도권 지역이나 지방 지역을 신청할 수 없다.
• 2, 3년 차보다 1년 차 신입 및 1년 차 근무를 마친 직원이 신청한 내용을 우선적으로 반영한다.
• 1년 차 신입은 전년도 평가 점수를 100점으로 한다.
• A ~ E직원은 서로 다른 곳에 배치된다.
• 같은 지역으로의 이동을 신청한 경우 전년도 평가 점수가 더 높은 사람을 배정한다.
• 규정에 부합하지 않게 이동 신청을 한 경우, 신청한 곳에 배정받을 수 없다.

〈근무지 이동 신청〉

직원	1년 차 근무지	2년 차 근무지	3년 차 근무지	신청지	전년도 평가
A	대구	–	–	종로	–
B	여의도	광주	–	영등포	92
C	종로	대구	여의도	미정	88
D	영등포	종로	–	여의도	91
E	광주	영등포	제주	여의도	89

① B는 영등포로 이동하게 될 것이다.
② C는 지방 지역으로 이동하고, E는 여의도로 이동하게 될 것이다.
③ A는 대구를 1년 차 근무지로 신청하였을 것이다.
④ D는 자신의 신청지로 이동하게 될 것이다.
⑤ C가 제주로 이동한다면, D는 광주나 대구로 이동하게 된다.

먹거리의 안전에 대한 고민

원산지 표시제, 더 나아가 먹거리에 대한 표시제의 이점은 무엇일까? 원산지나 지리적 표시제품의 경우, 소비자 입장에서는 더 친근하게 여길 뿐만 아니라 품질에 대한 믿음 역시 강해져 구매로 이어질 가능성이 높다. 표시제는 단순한 제도 차원이 아니라 표시제의 실체에 대한 공감이 전제되어야 하며, 그 실체가 해당 품목의 부류를 대표할 수 있는 전형성을 갖추고 있어야 한다. 이러한 제품이 반복적·지속적으로 소비자들에게 노출될 경우 자연스럽게 뇌에 각인될 수 있다. 바로 단순노출효과가 나타나기 때문이다.

그런데 특히 먹거리가 그 대상이라면 좀 더 복잡해진다. 먹거리는 생명과 직결될 정도로 품질에 대한 관여가 높고, 사람들마다 그 평가기준이 상이하며, 똑같은 개인일지라도 처해있는 상황에 따라 그 기준이 달라진다.

원산지 효과는 선택의 스트레스를 줄여준다

소비자는 불확실한 상황에서 제품이나 서비스 구매에 따른 의사결정을 하는 과정에서 선택의 스트레스를 많이 받게 된다. 흔히 겪게 되는 이와 같은 선택에 따른 스트레스를 야기시키는 주된 이유 중 하나는 선택의 폭이 넓을 때 발생한다. 즉 제품의 종류가 대여섯 가지일 때보다 20여 가지인 경우, 대안 선택을 결정하기 어려울 뿐 아니라 선택에 따른 후회감 역시 커지게 된다. 비록 최선의 선택 혹은 적어도 차선의 선택일지라도, 선택에서 제외된 나머지 대안들에 대한 미련이 강하게 남아 있기에 후회감으로 나타나게 마련이다. 특히 구입하는 제품이 공산품이 아닌 먹거리인 경우 이러한 스트레스는 더욱 커지게 마련이다. 이때 상당수의 주부들은 마트에서 식료품을 구입하면서 원산지와 생산자 등이 명시된 제품을 주로 선택하게 된다. 그만큼 가시적으로 구분하기 어려운 상황에서 원산지는 하나의 믿음에 대한 징표로 작용된다고 여기기 때문이다.

원산지 효과는 유명 브랜드에 버금가

일반적으로 원산지나 생산자 정보와 같은 생산여건이 소비자의 선택에 미치는 영향은 어느 정도일까? 일반적으로 명품이나 브랜드를 보고 구입하는 것과 유사한 양상을 띨까? 과연 원산지 효과는 어느 정도일까? 이에 대한 대답은 원산지나 생산자 정보가 선택에 따른 스트레스를 얼마나 줄여줄 수 있으며, 이로 인해 의사결정을 얼마나 신속하게 진행시킬 수 있느냐에 달려 있다. 선택에 따른 스트레스는 우리들로 하여금 선택을 망설이게 하거나 잘못된 대안을 선택하게 만들기 때문이다.

더 비싸더라도 원산지 표시제품을 사는 이유

원산지나 지리적 표시제 혹은 환경인증제를 포함한 각종 인증 마크가 있는 경우, 일반 제품에 비해 가격이 10% 정도 비싸지만 판매량은 더 높다고 한다. 이처럼 소비자가 그 비용을 흔쾌히 감수하려는 이유는 뭘까? 또 소비자들이 비싸게 주면서 얻고자 하는 것은 뭘까? 이 역시 선택의 스트레스를 줄이려는 노력과 무관치 않다. 제품으로부터 얻게 될 이득보다 혹시나 발생할지 모르는 손실이나 손해를 더 두려워하는 소비자의 심리 때문이다.

소비자들은 원산지나 지리적 표시제를 시행하는 농수산물이 10% 정도 더 비싸더라도 손쉽게 손이 간다. 특히 먹거리인 경우에는 가시적 품질지표가 부족하기 때문에 손실회피성향이 더 강하게 나타날 수 있기 때문이다. 더욱이 먹거리는 사람의 생명이나 가족의 건강과도 직결되는 제품 특성으로 인해 품질이나 신뢰에 대한 관여가 높다. 따라서 비록 10% 더 비싼 가격을 치르더라도 혹여나 있을지 모를 손실을 회피할 수 있는 안전장치로 가시적 표시인 원산지나 지리적 표시제를 선호하게 된다. 뿐만 아니라 소비자는 가격－품질의 연상 인식이 강하게 작용하기 때문에 비싼 만큼 품질 역시 더 좋을 것이라고 쉽게 믿게 된다.

원산지와 지리적 표시제에는 더 큰 책임감이 따른다

만약 원산지 효과가 소비자에게 부정적으로 비춰질 경우, 특히 이러한 제품이 먹거리일 경우 소비자들이 겪게 되는 심리적 고통은 이만저만이 아니다. 일반 제품에 대한 소비자들의 불만이나 불신은 제품불매운 동처럼 극단적인 상황으로 이어질 가능성은 상대적으로 낮다. 하지만 먹거리처럼 원산지 표시가 매우 중요한 판단 지표로 작용되는 제품인 경우 소비자들의 불신은 매우 커진다. 단순히 불평불만에 그치지 않고 이보다 더 강력한 불평행동을 하게 된다. 물론 재구매는 꿈도 꾸기 어려운 상황일 것이다. 품질이나 디자인이 조금 맘에 들지 않는다면 험담이나 회사에 불평을 제기하거나 환불 / 교환 등을 하겠지만, 원산지를 속인 먹거리는 두 번 다시 구매목록에 오르지 못할 것이다. 따라서 원산지나 지리적 표시제를 시행하는 생산자 입장에서는 소비자들의 믿음과 신뢰를 얻기 위해서 더욱 막강한 책임감이 필수적이다.

원산지 표시제는 이와 같이 익명성을 탈피시켜 궁극적으로 사회적 태만을 줄일 수 있는 방안이다. 결국 원산지나 지리적 표시제는 생산자에게 유리한 브랜드자산 구축의 계기를 줄 수 있는 동시에, 생산자로 하여금 대소비자 책임감 부여라는 '양날의 칼'로 다가올 것이다.

① 먹거리는 불특정 다수를 상대로 단순노출효과를 이끌어 내기에 효과적이다.
② 소비자는 최선의 선택을 하게 될 경우 후회감이 0이 된다.
③ 소비자의 선택에 따른 스트레스를 줄여 주는 제품은 다른 제품보다 매출량이 높을 것이다.
④ 일반 제품보다 비싼 원산지 표시 제품을 구매할 때, 보통 소비자들은 선택의 스트레스를 더 많이 받는다.
⑤ 생산자는 원산지 표시제를 통해 사회적 태만을 소비자에게 전가한다.

09 다음 글을 읽고 올바르게 추론한 것은?

지난해 12만 마리 이상의 강아지가 버려졌다는 조사 결과가 나왔다. 동물보호 관련 단체는 강아지 번식장 등에 대한 적절한 규제가 필요하다고 주장했다.

27일 동물권 단체 동물구조119가 동물보호관리시스템 데이터를 분석해 발표한 자료에 따르면 유기견은 2016년 8만 8,531마리, 2017년 10만 840마리, 2018년 11만 8,710마리, 2019년 13만 3,504마리로 꾸준히 증가하다가 지난해 12만 8,719마리로 감소했다. 단체는 "유기견 발생 수가 작년 대비 소폭 하락했으나 큰 의미를 부여하긴 힘들다."고 지적했다.

지난해 유기견 발생 지역은 경기도가 2만 6,931마리로 가장 많았다. 경기 지역의 유기견은 2018년부터 매해 2만 5,000마리 ~ 2만 8,000마리 수준을 유지하고 있다. 단체는 "시골개, 떠돌이개 등이 지속적으로 유입됐기 때문"이라며 "중성화가 절실히 필요하다."고 강조했다.

① 경기 지역에서의 유기견 수는 항상 2만 5,000마리 이상을 유지했다.
② 경기 지역은 항상 버려지는 강아지가 가장 많이 발견되는 지역이다.
③ 매년 전체 유기견 수는 증가하는 추세이다.
④ 경기 지역 유기견 수가 감소하지 않는 것은 타 지역에서 지속적인 유입이 있었기 때문이다.
⑤ 적절한 유기견 관련 규제를 마련했음에도 지속적인 문제가 발생하고 있다.

10 A씨는 마스크 5부제에 따라 3월 9일이 월요일인 주의 평일에 공적마스크를 구매했다. A씨가 다음에 구입할 수 있는 날짜와 출생 연도 끝자리가 올바르게 연결된 것을 고르면?

- 공적마스크를 구매하는 인원을 제한하기 위해 마스크 5부제를 실시하고 있다.
- 마스크를 1차로 구매하고, 36일 이후에 마스크를 2차로 구매했다.
- 주중에 구매하지 못한 사람은 주말에 구매할 수 있다.
- 주말은 토요일, 일요일이다.

<마스크 구매 가능 요일>

태어난 연도의 끝자리	구매가능 요일	태어난 연도의 끝자리	구매가능 요일
1, 6	월요일	2, 7	화요일
3, 8	수요일	4, 9	목요일
5, 0	금요일		

① 4월 7일 – 2   ② 4월 23일 – 4
③ 5월 7일 – 9   ④ 5월 13일 – 3
⑤ 5월 15일 – 0

11 다음은 사거리 신호등에 대한 정보이다. 오전 8시 정각에 좌회전 신호가 켜졌다면, 오전 9시 정각의 신호로 옳은 것은?

- 정지 신호는 1분 10초 동안 켜진다.
- 좌회전 신호는 20초 동안 켜진다.
- 직진 신호는 1분 40초 동안 켜진다.
- 정지 신호 다음에 좌회전 신호, 좌회전 신호 다음에 직진 신호, 직진 신호 다음에 정지 신호가 켜진다.
- 세 가지 신호는 계속 반복된다.

① 정지 신호가 켜진다.   ② 좌회전 신호가 켜진다.
③ 직진 신호가 켜진다.   ④ 정지 신호가 켜져 있다.
⑤ 직진 신호가 켜져 있다.

12 어느 기업에서는 보안을 위해서 8자리의 비밀번호 입력을 요구하고 있다. 비밀번호는 알파벳과, 숫자, 특수문자가 각각 1개 이상 구성이 되어있어야 하며 연속된 숫자들은 소수로 구성이 되어야 한다. 다음 중 비밀번호가 될 수 없는 수는?

① Acelot3@

② 17@@ab31

③ 59a41b@@

④ 2a3b5c7!

⑤ 73a@91b@

13 다음은 국내 자동차와 주요 국가의 자동차 등록에 대한 자료이다. 자료에 대한 설명으로 옳지 않은 것은?(단, 자동차 1대당 인구 수는 소수점 이하 둘째 자리에서 반올림한다)

〈국내 연도별 자동차 등록 대수〉

국가	자동차 등록 대수(만 대)	인구 수(만 명)	자동차 1대당 인구 수(명)
미국	25,034	30,041	1.2
일본	7,625	12,963	1.7
중국	4,735	134,001	( )
독일	4,412	8,383	1.9
이탈리아	4,162	5,827	1.4
러시아	3,835	14,190	3.7
프랑스	3,726	6,334	1.7
영국	3,612	6,140	( )
스페인	2,864	4,582	1.6
브라질	2,778	19,446	7
멕시코	2,557	10,739	4.2
캐나다	2,134	3,414	1.6
폴란드	1,926	3,852	( )
한국	1,687	4,892	( )

① 중국의 자동차 1대당 인구 수는 멕시코의 자동차 1대당 인구 수의 6배 이상이다.

② 폴란드의 자동차 1대당 인구 수는 2이다.

③ 폴란드의 자동차 1대당 인구 수는 러시아와 스페인 전체 인구에서의 자동차 1대당 인구 수보다 적다.

④ 한국의 자동차 1대당 인구 수는 미국과 일본의 자동차 1대당 인구 수의 합과 같다.

⑤ 한국의 자동차 1대당 인구 수는 러시아와 스페인 전체 인구에서의 자동차 1대당 인구 수보다 적다.

14 다음 글의 제목으로 가장 적절한 것은?

요즘은 대체의학의 홍수시대라고 하여도 지나친 표현이 아니다. 우리가 먹거나 마시는 대부분의 비타민제나 건강음료 및 건강보조식품이 대체의학에서 나오지 않은 것이 없을 정도이니 말이다. 이러한 대체요법의 만연으로 한의계를 비롯한 제도권 의료계에서는 많은 경제적 위협을 받고 있다.

대체의학에 대한 정의는 일반적으로 현대의학의 표준화된 치료 이외에 환자들이 이용하는 치료법으로써 아직 증명되지는 않았으나, 혹은 일반 의료의 보조요법으로 과학자나 임상의사의 평가에 의해 증명되지는 않았으나 현재 예방, 진단, 치료에 사용되는 어떤 검사나 치료법 등을 통틀어 지칭하는 용어로 알려져 있다. 그러나 요즈음 우리나라에서 말하는 대체의학은 한마디로 정의하여 전통적인 한의학과 서양의학이 아닌 그 외의 의학을 통틀어 대체의학이라 부르고 있다. 원래는 1970년대 초반 동양의학의 침술이 미국의학계와 일반인들에게 유입되고 특별한 관심을 불러일으키면서 서양의학자들은 이들의 혼잡을 정리하기 위해 서양의학 이외의 다양한 전통의학과 민간요법을 통틀어 '대체의학'이라 부르기 시작했다. 그런 이유로 구미 각국에서는 한의학도 대체의학에 포함시키고 있으나 의료 이원화된 우리나라에서만은 한의학도 제도권 내의 공식 의학에 속하기 때문에 대체의학에서는 제외되고 있다.

서양에서 시작된 대체의학은 서양의 정통의학에서 부족한 부분을 보완하거나 대체할 새로운 치료의학에 대한 관심으로 시작하였으나 지금의 대체의학은 질병을 관찰함에 있어 부분적이기 보다는 전일(全一)적이며 질병 중심적이기 보다는 환자 중심적이고 인위적이기 보다는 자연적인 치료를 주장하는 인간중심의 한의학에 관심을 갖게 되면서 전반적인 상태나 영양 등은 물론 환자의 정신적, 사회적, 환경적인 부분까지 관찰하여 조화와 균형을 이루게 하는 치료법으로 거듭 진화하고 있으며 현재는 보완대체의학에서 보완통합의학으로, 다시 통합의학이라는 용어로 변모되어가고 있다.

대체의학을 분류하는 방법이 다양하지만 서양에서 분류한 세 가지 유형으로 구분하여 대표적인 것들을 소개하자면 다음과 같다. 첫째, 동양의학적 보완대체요법으로 침술, 기공치료, 명상요법, 요가, 아유르베다 의학, 자연요법, 생약요법, 아로마요법, 반사요법, 봉침요법, 접촉요법, 심령치료법, 기도요법 등이며 둘째, 서양의학적 보완대체요법으로는 최면요법, 신경 – 언어 프로그램 요법, 심상유도 요법, 바이오피드백 요법(생체되먹이 요법), 분자정형치료, 응용운동학, 중금속제거 요법, 해독요법, 영양보충 요법, 효소요법, 산소요법, 생물학적 치과치료법, 정골의학, 족부의학, 근자극요법, 두개천골자극 요법, 에너지의학, 롤핑요법, 세포치료법, 테이핑요법, 홍채진단학 등이 있고 셋째, 동서의학 접목형 보완대체요법으로는 동종요법, 양자의학, 식이요법, 절식요법, 주스요법, 장요법, 수치료, 광선요법, 뇨요법 등의 치료법이 있고, 요즘은 여기에다 미술치료, 음악치료 등의 새로운 치료법이 대두되고 있으며 이미 일부의 양·한방 의료계에서는 이들 중의 일부를 임상에 접목시키고 있다.

그러나 한의학으로 모든 질병을 정복하려는 우를 범해서는 아니 된다. 한의학으로 모든 질병이 정복되어진다면 서양의학이 존재할 수 없으며 대체의학이 새롭게 21세기를 지배할 이유가 없다. 한의학은 대체의학이 아니다. 마찬가지로 대체의학 역시 한의학이 아니며 서양의학도 아니다. 대체의학은 새로운 의학이다. 우리가 개척하고 정복해야 할 미지의 의학이다.

① 대체의학의 의미와 종류
② 대체의학이 지니는 문제점
③ 대체의학에 따른 부작용 사례
④ 대체의학의 한계와 개선방향
⑤ 대체의학의 연구 현황과 미래

15 다음 자료를 보고 추론한 것으로 옳지 않은 것은?

구분	올더스 헉슬리	조지 오웰
경고	스스로 압제를 환영하며, 사고력을 무력화하는 테크놀로지를 떠받을 것이다.	외부의 압제에 지배당할 것이다.
두려움	굳이 서적을 금지할 이유가 없어지는 것에 대한 두려움	서적을 금지에 대한 두려움
	지나친 정보 과잉으로 수동적이고 이기적인 존재가 될 것 같은 두려움	정보 통제에 대한 두려움
	비현실적 상황에 진실이 압도당할 것에 대한 두려움	진실 은폐에 대한 두려움
	가장현실, 약물중독 따위에 몰두함으로 인해 하찮은 문화로 전락할 것에 대한 두려움	통제에 의한 문화가 감옥이 될 것에 대한 두려움
	우리가 좋아서 집착하는 것이 오히려 우리를 파괴할 것에 대한 두려움	우리가 증오하는 것이 우리를 파괴할 것 같은 두려움
통제	즐길 것을 통해서	고통을 가해서

– 닐 포스트먼, 『죽도록 즐기기』

① 조지 오웰은 개인의 자유가 침해되는 상황을 경계하고 있다.
② 올더스 헉슬리는 개인들이 통제를 기꺼이 받아들일 것이라고 전망했다.
③ 조지 오웰은 사람들이 너무 많은 정보를 접하는 상황에 대해 두려워했다.
④ 올더스 헉슬리는 쾌락을 통해 사람들을 움직일 수 있다고 본다.
⑤ 두 사람 모두 사람들은 자기 파멸에 대해 두려움을 느낀다.

〈맞춤형 우대예약 서비스(원콜 서비스)〉

- 경로고객 및 장애인 등 인터넷 예약이 어려운 고객을 위한 우대예약 서비스입니다.
- 대상고객

  만 65세 이상의 경로고객, 장애인, 상이등급이 있는 국가유공자
- 가입 방법

  역에 대상자 자격을 확인할 수 있는 신분증, 복지카드, 유공자증 등을 제시하고 서비스를 신청하시기 바랍니다.
- 신청 방법

  역 방문 → 대상자 확인(주민등록증, 복지카드, 국가유공자 등) → 신청서 작성 및 제출 → 개인정보 입력 및
  활용 동의 → 결제 신용카드 정보 등록

  ※ 기존 우대서비스 대상자는 추가등록 없이 서비스 이용이 가능합니다.
- 제공서비스

  1. 철도고객센터로 전화 시 상담원 우선 연결
  2. 승차권 대금 결제기한을 열차출발 20분 전까지 유보
  3. 원콜(One-Call) : 전화상으로 결제·발권(전화 예약 후 역에서 발권하는 불편 개선)

원콜(One-Call) 서비스란?

- 맞춤형 우대서비스 대상자가 철도고객센터에서 전화 예약 후 역에서 대기 후 승차권을 구매해야 하는 불편함을
  개선하고, 보다 쉽고 편리하게 열차 이용이 가능하도록 전화상으로 결제·발권이 가능한 원스톱 예약·발권
  서비스를 개발
- 대상 고객이 결제·발권까지 원하는 경우

  일반휴대폰 / 코레일톡 미설치자 : '승차권 대용문자' 발권

  코레일톡 설치자(스마트폰) : 승차권 대용문자+스마트폰 티켓 혼용 발권

  ※ 승차권 대용문자 : 승차권 대신 사용이 가능하도록 휴대폰으로 전송하는 문자메시지(열차 내에서는 승차권에 표시된 대상자 이
  름과 승무원 단말기에 표시된 이름과 신분증을 같이 확인하여 유효한 승차권 여부 및 대상자임을 확인)

  ※ 1회 예약 및 발권 가능 매수는 2매입니다.

  ※ 공공할인(경로, 장애인, 어린이 등)과 중복할인이 되지 않습니다.
- 주의사항

  승차권 전화 예약 후 결제기한 3회 초과로 자동 취소 시 6개월 간 서비스 제한

  ☞ 1월 1일과 7월 1일 기준으로 반기별 예약 부도 실적이 3회 이상인 경우 다음 산정일까지 우대서비스 제한

  ※ 원콜(One-Call) 서비스를 이용한 전화 발권 방법

전화 결제·발권 방법

① 철도고객센터 전화 → ② 상담원 자동·우선연결 → ③ 대상자 유형에 따라 예약 안내 → ④ 승차권 예약(상
담원) → ⑤ 사전등록된 신용카드 정보로 결제(ARS) → ⑥ 고객의 선택에 따라 상담원 안내에 맞춰 승차권 대용
문자 단독 발권 또는 승차권 대용문자+스마트폰 티켓 혼용발권 선택 → ⑦ 발권완료(☞ 고객의 휴대폰으로 승차
권과 동일하게 대용으로 사용이 가능한 문자 전송)
- 코레일톡 사용가능 여부에 따라 '승차권 대용문자' or '승차권 대용문자'+'스마트폰 티켓' 선택
- 휴대폰을 이용한 승차권 발권을 원하지 않는 경우 전화 예약 후 역창구 발권 가능
- 열차 내에서는 승차권 대용 문자의 운송정보와 승객의 신분증, 승무원 이동단말기 정보를 동시에 확인하여
  정당한 이용 대상자임을 확인(대상자 외 타인 이용 적발 시, 무임승차 적용)

16 다음 중 맞춤형 우대예약 서비스에 대한 설명으로 옳은 것은?

① 모든 국가유공가는 해당 서비스를 이용할 수 있다.

② 전화를 통해서는 맞춤형 우대예약 서비스를 이용할 수 없다.

③ 신청을 위해서는 반드시 신분증을 지참하여야 한다.

④ 원콜 서비스를 이용하기 위해서는 반드시 신용카드를 사전등록하여야 한다.

⑤ 해당 서비스 이용에 따른 발권 방식은 이용자가 선택할 수 없다.

17 A씨는 맞춤형 우대예약 서비스를 이용하여 서울에서 대전으로 가는 KTX를 예매하고자 한다. A씨가 전화를 통한 발권 및 결제를 희망한다고 할 때, 다음 〈보기〉에서 옳지 않은 설명을 모두 고르면?

─〈보기〉─

ㄱ. A씨는 철도고객센터에 전화한 후, ARS를 통해서만 승차권을 예약이 가능하다.

ㄴ. 예약한 승차권은 복수의 방식으로 발급받을 수 있다.

ㄷ. 예약한 승차권은 별도 신청을 통해 타인에게 양도할 수 있다.

ㄹ. 예약 부도가 반복되는 경우, 서비스 이용이 제한될 수 있다.

① ㄱ, ㄴ   ② ㄱ, ㄷ

③ ㄴ, ㄷ   ④ ㄴ, ㄹ

⑤ ㄷ, ㄹ

18 다음 자료에 대한 〈보기〉의 설명 중 옳은 것을 모두 고르면?

〈결혼할 의향이 없는 1인 가구의 비중〉

(단위 : %)

구분	2019년		2020년	
	남성	여성	남성	여성
20대	8.2	4.2	15.1	15.5
30대	6.3	13.9	18.8	19.4
40대	18.6	29.5	22.1	35.5
50대	24.3	45.1	20.8	44.9

〈1인 생활 지속기간 예상〉

(단위 : %)

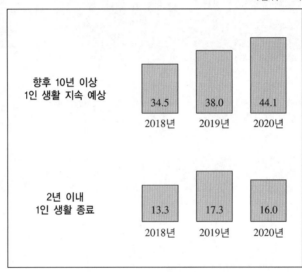

〈보기〉

ㄱ. 20대 남성은 30대 남성보다 1인 가구의 비중이 더 높다.
ㄴ. 30대 이상에서 결혼할 의향이 없는 1인 가구의 비중은 여성이 더 높다.
ㄷ. 2020년에서는 40대 남성이 남성 중 제일 높은 1인 가구 비중을 차지한다.
ㄹ. 2년 이내 1인 생활을 종료하는 1인 가구의 비중은 2018년부터 꾸준히 증가하였다.

① ㄱ
② ㄴ
③ ㄱ, ㄴ
④ ㄴ, ㄷ
⑤ ㄷ, ㄹ

19 다음 제시문을 읽고 일치하는 것을 고르면?

개인의 소득을 결정하는 데에는 다양한 요인들이 작용한다. 가장 중요한 변수가 어떤 직업일 것이다. 일반적으로 전문직의 경우 고소득이 보장되며 단순노무직의 경우 저소득층의 분포가 많다. 직업의 선택에 영향을 미치는 요인 가운데 가장 중요한 것이 개인의 학력과 능력일 것이다. 그러나 개인의 학력과 능력을 결정하는 배경변수로 무수히 많은 요인들이 작용한다. 그 가운데에서는 개인의 노력이나 선택과 관련된 요인들이 있고 그것과 무관한 환경적 요인들이 있다. 상급학교에 진학하기 위해 얼마나 공부를 열심히 했는가, 어떤 전공을 선택했는가, 직장에서 요구하는 숙련과 지식을 습득하기 위해 얼마나 노력을 했는가 하는 것들이 전자에 해당된다. 반면 부모가 얼마나 자식의 교육을 위해 투자했는가, 어떤 환경에서 성장했는가, 개인의 성이나 연령은 무엇인가 등은 개인의 선택과 무관한 대표적인 환경적 요인일 것이다. 심지어 운(불운)도 개인의 직업과 소득을 결정하는 데 직·간접적으로 작용한다.

환경적 요인에 대한 국가의 개입이 정당화될 수 있는 근거는 그러한 요인들이 개인의 통제를 벗어난 (Beyond One's Control) 요인이라는 것이다. 따라서 개인이 어찌할 수 없는 이유로 발생한 불리함(저소득)에 대해 전적으로 개인에게 책임을 묻는 것은 분배정의론의 관점에서 정당하다고 보기 힘들다. 부모의 학력은 전적으로 개인(자녀)이 선택할 수 없는 변수이다. 그런데 부모의 학력은 부모의 소득과 직결되기 쉽고 따라서 자녀에 대한 교육비지출 등 교육투자의 격차를 발생시키기 쉽다. 동일한 능력을 가졌다고 가정했을 때, 가난한 부모에게서 태어나고 성장한 자녀들은 부유한 부모에게서 태어나서 성장한 사람에 비해 본인의 학력과 직업적 능력을 취득할 기회를 상대적으로 박탈당했다고 볼 수 있다. 그 결과 저소득층 자녀들은 고소득층 자녀에 비해 상대적으로 낮은 소득을 얻을 확률이 높다. 이러한 현상이 극단적으로 심화된다면 이른바 빈부격차의 대물림 현상이 나타날 것이다. 이와 같이 부모의 학력이 자녀 세대의 소득에 영향을 미친다면, 자녀 세대의 입장에서는 본인의 노력과 무관한 요인에 의해 경제적 불이익을 당하는 것이다. 기회의 균등 원칙은 이러한 분배적 부정의를 해소하기 위한 정책적 개입을 정당화한다.

외국의 경우와 비교하여 볼 때, 사회민주주의 국가의 경우에는 이미 현재의 조세 정책으로도 충분히 기회균등화 효과를 거두고 있음을 확인하였다. 반면 미국, 이탈리아, 스페인 등 영미권이나 남유럽 국가의 경우 우리나라의 경우와 유사하거나 더 심한 기회의 불평등 양상을 보여주었다.

따라서 부모의 학력이 자녀의 소득에 영향을 미치는 효과를 차단하기 위해서는 더욱 적극적인 재정 정책이 필요하다. 세율을 보다 높이고 대신 이전지출의 크기를 늘리는 것이 세율을 낮추고 이전지출을 줄이는 것에 비해 재분배효과가 더욱 있으리라는 것은 자명한 사실이다. 기회균등화의 관점에서 볼 때 우리나라의 재분배 정책은 훨씬 강화되어야 한다는 시사점을 얻을 수 있다.

① 개인의 학력과 능력은 개인의 노력이나 선택에 의해서 결정된다.
② 분배정의론의 관점에서 개인의 선택에 의한 불리함에 대해 개인에게 책임을 묻는 것은 정당하지 않다.
③ 부모의 학력이 자녀의 소득에 영향을 미치는 현상이 심화된다면 빈부격차의 대물림 현상이 나타날 것이다.
④ 사회민주주의 국가의 경우 더 심한 기회의 불평등 양상이 나타나는 것으로 확인된다.
⑤ 이전지출을 줄이는 것은 세율을 낮추는 것보다 재분배효과가 더욱 클 것으로 전망된다.

※ 다음 자동차 수출 자료를 보고, 이어지는 질문에 답하시오. [20~21]

〈자동차 수출액〉

(단위 : 백만 달러)

구분	2019년		2020년		
	3분기	4분기	1분기	2분기	3분기
A사	342	452	163	263	234
B사	213	312	153	121	153
C사	202	153	322	261	312
D사	351	264	253	273	312
E사	92	134	262	317	324

〈자동차 수출 대수〉

(단위 : 백 개)

구분	2019년		2020년		
	3분기	4분기	1분기	2분기	3분기
A사	551	954	532	754	642
B사	935	845	904	912	845
C사	253	242	153	125	164
D사	921	955	963	964	954
E사	2,462	1,816	2,201	2,365	2,707

20 다음 〈보기〉에서 옳지 않은 것은 모두 몇 개인가?(단, 각 회사별 한 종류의 차만 판매하였다)

──〈보기〉──
ㄱ. 2019년 3분기 전체 자동차 수출액은 2020년 3분기 전체 자동차 수출액보다 적다.
ㄴ. 2020년 1분기에 가장 고가의 차를 수출한 회사는 A사이다.
ㄷ. C사의 자동차 수출 대수는 2019년 3분기 이후 계속 감소하였다.
ㄹ. E사의 자동차 수출액은 2019년 3분기 이후 계속 증가하였다.

① 0개
② 1개
③ 2개
④ 3개
⑤ 4개

21 다음은 자동차 수출 자료를 토대로 만든 표일 때, ㉠+㉡+㉢의 값을 구하면?(단, 2020년 4분기 자동차 수출 대수는 2분기 자동차 수출 대수와 같으며, 2019년 1분기와 2분기의 자동차 수출액 합은 2019년 3분기와 4분기의 합과 같다)

〈자료〉

(전체 수출액 단위 : 백만 달러, 전체 수출 대수: 백 개)

구분	2019년		2020년		
	3분기	4분기	1분기	2분기	3분기
전체 수출액					
전체 수출 대수			㉠		

구분		A사	B사	C사	D사	E사
2019년	전체 수출액	㉡				
	전체 수출 대수					
2020년	전체 수출액					
	전체 수출 대수					㉢

① 13,312

② 15,979

③ 16,197

④ 17,253

⑤ 20,541

※ 다음은 원탁 테이블 3개가 있는 어느 카페의 하루 방문자 현황이다. 다음 자료를 읽고 이어지는 질문에 답하시오. [22~23]

- 카페에서 보유한 원탁에 대한 정보는 다음과 같으며, 카페는 각 원탁을 1개씩 보유하고 있다.
  - 2인용 원탁 : 1~2인만 앉을 수 있음
  - 4인용 원탁 : 1~4인만 앉을 수 있음
  - 6인용 원탁 : 3~6인만 앉을 수 있음
- 방문한 인원수에 맞추어 원탁을 배정하며 가능한 작은 원탁을 우선 배정한다.
- 함께 온 일행은 같이 앉을 수 있는 자리가 없다면 입장할 수 없다.
- 함께 온 일행들은 함께 앉을 수 있으면 같은 원탁에 앉고, 항상 함께 온 일행과 함께 나간다.
- 한 번 들어온 손님은 반드시 1시간 동안 머문 후 나간다.
- 카페 영업시간은 오전 9시부터 오후 10시까지이다.
- 각 시각별로 새로운 고객 입장 및 새로운 고객 입장 전 기존 고객에 대한 정보는 다음과 같다. 이 외에 새로운 고객은 없다.

시간	새로운 고객	기존 고객	시간	새로운 고객	기존 고객
09:20	2	0	15:10	5	
10:10	1		16:45	2	
12:40	3		17:50	5	
13:30	5		18:40	6	
14:20	4		19:50	1	

※ 새로운 고객은 같이 온 일행이다.

22 다음 중 오후 3시 15분에 카페에 앉아 있는 손님은 총 몇 명인가?

① 1명　　　　　　　　　　　② 4명
③ 5명　　　　　　　　　　　④ 7명
⑤ 9명

23 다음 〈보기〉의 설명 중 옳지 않은 것을 모두 고르면?

─〈보기〉─
ㄱ. 오후 6시 정각에 카페에 있는 손님은 5명이다.
ㄴ. 카페를 방문한 손님 중 돌아간 일행은 없다.
ㄷ. 오전에는 총 3명의 손님이 방문하였다.
ㄹ. 오후 2시 정각에는 2인용 원탁에 손님이 앉아 있었다.

① ㄱ, ㄴ　　　　　　　　　　② ㄱ, ㄷ
③ ㄴ, ㄷ　　　　　　　　　　④ ㄴ, ㄹ
⑤ ㄷ, ㄹ

24 A씨의 부서는 총 7명이며 회사 차를 타고 미팅 장소로 이동하려고 한다. 운전석에는 운전면허증을 가진 사람이 앉고, 한 대의 차량으로 모두 이동한다. 다음 〈조건〉에 따라 회사 차에 앉을 때 A씨가 부장님의 옆자리에 앉지 않을 확률은?

---〈조건〉---

- 운전면허증을 가지고 있는 사람은 A씨를 포함하여 3명이다.
- A씨 부서의 부장님은 1명이다.
- 부장님은 운전면허증을 가지고 있지 않으며 조수석인 ★ 자리에 앉지 않는다.

〈회사 차 좌석〉

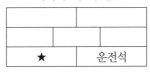

① 0.3
② 0.45
③ 0.5
④ 0.7
⑤ 0.84

25 A사진사는 다음과 〈조건〉과 같이 사진을 인화하여 고객에게 배송하려고 한다. 5×7 사이즈 사진은 최대 몇 장을 인화할 수 있는가?

---〈조건〉---

- 1장 인화하는 가격은 4×6 사이즈는 150원, 5×7 사이즈는 300원, 8×10 사이즈는 1,000원이다.
- 사진을 인화하는 데 든 총비용은 21,000원이며, 배송비는 무료이다.
- 각 사진 사이즈는 적어도 1개 이상 인화하였다.

① 36장
② 42장
③ 48장
④ 59장
⑤ 61장

| 기계일반 |

26 횡탄성계수와 종탄성계수의 관계식으로 옳은 것은?[단, 전단탄성계수(G), 종탄성계수(E), 체적탄성계수(K), 푸아송 수(m)이다]

① $G = \dfrac{E}{2(m+1)}$

② $G = \dfrac{mE}{2(m+2)}$

③ $G = \dfrac{mE}{2(m+1)}$

④ $G = \dfrac{mE}{(m+1)}$

⑤ $G = \dfrac{mE}{(2m+1)}$

27 온도가 1,000K와 200K인 두 열에너지 저장소 사이에서 작동하는 카르노 열기관의 열효율은?

① 50%

② 60%

③ 70%

④ 80%

⑤ 90%

28 다음 중 냉매 종류 중에서 암모니아의 장점이 아닌 것은?

① 우수한 열수송능력

② 높은 성능계수

③ 누선 탐지 용이성

④ 오존층 무영향

⑤ 무독성

29 가스 동력 사이클 중 2개의 등온과정과 2개의 정압과정으로 구성된 사이클은?

① 스털링 사이클

② 디젤 사이클

③ 앳킨스 사이클

④ 사바테 사이클

⑤ 에릭슨 사이클

30 비눗방울 직경이 5cm이고, 내부 초과압력 40N/m²일 때 표면장력은?

① 0.25
② 0.5
③ 0.75
④ 1
⑤ 1.25

31 다음은 증기 압축 냉동 사이클 구성요소이다. 냉매의 순환경로로 옳은 것은?

ㄱ. 증발기	ㄴ. 압축기
ㄷ. 팽창밸브	ㄹ. 응축기

① ㄹ - ㄴ - ㄷ - ㄱ
② ㄴ - ㄷ - ㄹ - ㄱ
③ ㄴ - ㄹ - ㄷ - ㄱ
④ ㄴ - ㄹ - ㄱ - ㄷ
⑤ ㄱ - ㄹ - ㄷ - ㄴ

32 다음 중 전기 전도율(Electric Conductivity)이 가장 높은 금속은?

① Pb
② Sn
③ Ni
④ Ag
⑤ Fe

33 다음 중 체결용 나사에 해당하는 것은?

① 삼각나사
② 사각나사
③ 사다리꼴나사
④ 톱니나사
⑤ 볼나사

34 다음 중 프로판 가스(Propane Gas)에 대한 설명으로 옳지 않은 것은?

① 공기보다 무겁다.
② 유독한 일산화탄소 성분이 있다.
③ 폭발할 위험이 있다.
④ 액화 수소 가스이다.
⑤ 중독의 위험이 없다.

35 다음 중 펀치(Punch)와 다이(Die)를 이용하여 판금재료로부터 제품의 외형을 따내는 작업은?

① 블랭킹(Blanking)　　　　　　　② 피어싱(Piercing)
③ 트리밍(Trimming)　　　　　　　④ 플랜징(Flanging)
⑤ 스탬핑(Stamping)

36 축(세로) 방향 단면적 A의 물체에 인장하중을 가하였을 때, 인장방향 변형률이 ε이면 단면적의 변화량은?(단, 이 물체의 푸아송의 비는 0.5이다)

① εA　　　　　　　　　　② $2\varepsilon A$
③ $3\varepsilon A$　　　　　　　　　　④ $4\varepsilon A$
⑤ $5\varepsilon A$

37 다음 중 구성인선(Build-up Edge)에 대한 설명으로 옳은 것은?

① 공구 윗면 경사각이 크면 구성인선이 커진다.
② 칩의 흐름에 대한 저항이 클수록 구성인선은 작아진다.
③ 고속으로 절삭할수록 구성인선은 작아진다.
④ 칩의 두께를 감소시키면 구성인선의 발생이 증가한다.
⑤ 바이트 날을 무디게 하면 구성인선이 작아진다.

38 하중을 들어 올릴 때 효율이 30%이고 피치가 4mm인 1줄 나사를 40N · mm의 토크로 회전시킬 때, 나사에 작용하는 축방향 하중은?(단, π는 3으로 계산한다)

① 18N　　　　　　　　　　② 19N
③ 20N　　　　　　　　　　④ 21N
⑤ 22N

39 다음 그림의 마이크로미터 측정값에 가장 가까운 것은?

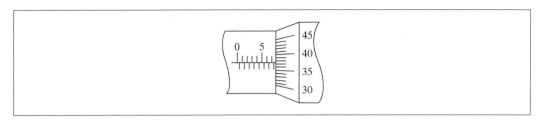

① 약 7.87mm
② 약 8.97mm
③ 약 37.87mm
④ 약 40.97mm
⑤ 약 43.98mm

40 다음 중 냉간가공과 열간가공에 대한 설명으로 옳지 않은 것은?

① 냉간가공을 하면 가공면이 깨끗하고 정확한 치수가공이 가능하다.
② 재결정온도 이상에서의 가공을 열간가공이라 한다.
③ 열간가공은 소재의 변형저항이 적어 소성가공이 용이하다.
④ 냉간가공은 열간가공보다 표면산화물의 발생이 많다.
⑤ 열간가공은 불순물이나 편석이 없어지고 재질이 균일하게 된다.

41 다음 중 증기압축식 냉동기에서 냉매가 움직이는 경로를 올바르게 나열한 것은?

① 압축기 → 응축기 → 팽창밸브 → 증발기 → 압축기
② 압축기 → 팽창밸브 → 증발기 → 응축기 → 압축기
③ 압축기 → 증발기 → 팽창밸브 → 응축기 → 압축기
④ 압축기 → 응축기 → 증발기 → 팽창밸브 → 압축기
⑤ 압축기 → 증발기 → 응축기 → 팽창밸브 → 압축기

42 길이가 3m이고 단면적이 0.01m^{2}인 원형봉이 인장하중 100kN을 받을 때, 늘어난 봉의 길이는?[단, 봉의 영계수(Young's Modulus) $E=300\text{GPa}$이다]

① 0.01m
② 0.001m
③ 0.002m
④ 0.0001m
⑤ 0.00001m

43 다음 중 강의 탄소함유량이 증가함에 따라 나타나는 특성으로 옳지 않은 것은?

① 인장강도가 증가한다.
② 항복점이 증가한다.
③ 경도가 증가한다.
④ 충격치가 증가한다.
⑤ 인성이 감소한다.

44 다음 중 가공법의 성격이 다른 하나는?

① 드릴링(Drilling)
② 보링(Boring)
③ 선삭(Lathe Turning)
④ 슈퍼 피니싱(Superfinishing)
⑤ 밀링(Milling)

45 다음 중 헬리컬 기어(Helical Gear)의 특징으로 옳지 않은 것은?

① 원통 기어의 하나이다.
② 스퍼 기어(평 기어)보다 큰 힘을 전달한다.
③ 기어 제작이 쉽다.
④ 주로 동력 전달 장치나 감속기에 사용한다.
⑤ 방향이 서로 다른 헬리컬 기어를 조합하여 산 모양의 톱니로 만든 것을 2중 헬리컬 기어라고 한다.

46 다음 그림과 같은 수평면에 놓인 50kg 무게의 상자에 힘 $P = 400$N으로 5초 동안 잡아당긴 후 운동하게 되는 상자의 속도와 가장 가까운 값은?(단, 상자와 바닥면 간의 마찰계수는 0.3이다)

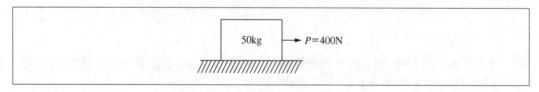

① 10m/s
② 25m/s
③ 40m/s
④ 50m/s
⑤ 60m/s

47 다음 중 디젤기관의 일반적인 특성에 대한 설명으로 옳은 것은?

① 공기와 연료를 혼합하여 동시에 공급한다.
② 전기점화방식을 사용하여 연료를 착화한다.
③ 소음과 진동이 적어 조용한 운전이 가능하다.
④ 연료장치로 연료분사펌프를 사용한다.
⑤ 가솔린 기관에 비해 열효율이 낮고 연료비가 싸다.

48 사각나사의 축방향하중이 Q, 마찰각이 p, 리드각이 α일 때 사각나사가 저절로 풀리는 조건은?

① $Q\tan(p+\alpha)>0$
② $Q\tan(p+\alpha)<0$
③ $Q\tan(p-\alpha)<0$
④ $Q\tan(p-\alpha)>0$
⑤ $Q\tan(p-\alpha)=0$

49 선재의 지름이나 판재의 두께를 측정하는 게이지는?

① 와이어 게이지
② 나사 피치 게이지
③ 반지름 게이지
④ 센터 게이지
⑤ 플러그 게이지

50 압력이 101kPa이고, 온도가 27℃일 때, 크기가 5m×5m×5m인 방에 있는 공기의 질량은?(단, 공기의 기체상수는 0.287kJ/kg · K이다)

① 118.6kg
② 128.6kg
③ 136.6kg
④ 146.6kg
⑤ 157.6kg

26 다음 중 무선 통신시스템 변조 목적으로 옳지 않은 것은?

① 전송 중에 손상된 파형을 원래 정보신호 파형으로 복원하기 위해
② 주파수분할 등을 통해 한 개의 전송매체에 여러 정보를 동시에 전송이 가능하게 하기 위해
③ 안테나 크기를 작게 하기 위해
④ 잡음 등 불필요한 신호를 제거하기 위해
⑤ 높은 주파수에서 대역폭을 효율적으로 사용하기 위해

27 다음 중 배전방식에 대한 설명으로 옳지 않은 것은?

① 환상식은 전류 통로에 대한 융통성이 있다.
② 수지식은 전압 변동이 크고 정전 범위가 좁다.
③ 뱅킹식은 전압 강하 및 전력 손실을 경감한다.
④ 망상식은 네트워크 프로젝터 설치에 따른 설치비가 비싸다.
⑤ 망상식은 무정전 공급이 가능하다.

28 다음 중 가공전선로의 지지물에 시설하는 지선에 대한 설명으로 옳은 것은?

① 연선을 사용할 경우 소선 3가닥 이상의 연선을 사용해야 한다.
② 안전율은 1.2 이상이어야 한다.
③ 허용 인장 하중의 최저는 5.26kN으로 해야 한다.
④ 철근콘크리트주는 지선을 사용한다.
⑤ 아연도금철봉은 지중 부분 및 지표상 20cm까지 사용한다.

29 다음 중 침투 깊이에 대한 설명으로 옳은 것은?

① 침투 깊이는 주파수에 비례한다.
② 침투 깊이는 투자율에 비례한다.
③ 침투 깊이는 도전율에 반비례한다.
④ 침투 깊이가 작을수록 표피 효과도 작아진다.
⑤ 침투 깊이가 작으면 전류가 도선 표피에 적게 흐른다.

30 다음 전선 약호에 대한 설명으로 옳지 않은 것은?

① ACSR – 강심 알루미늄 연선
② OC – 옥외용 가교 폴리에틸렌 절연전선
③ DV – 인입용 비닐 절연전선
④ CV – 동심중성선 수밀형 전력케이블
⑤ OW – 옥외용 비닐 절연전선

31 다음 중 동기전동기의 특징으로 옳지 않은 것은?

① 속도가 일정하다.
② 역률과 효율이 좋다.
③ 직류전원 설비가 필요하다.
④ 난조가 발생하지 않는다.
⑤ 기동 시 토크를 얻기 어렵다.

32 다음 중 저압 및 고압 가공전선에 대한 설명으로 옳지 않은 것은?

① 고압 가공전선을 도로 위에 시설하는 경우 노면상에서 6m 이상 이격해야 한다.
② 고압 가공전선을 철도 위에 시설하는 경우 노면상에서 6.5m 이상 이격해야 한다.
③ 특고압 가공전선을 횡단보도교 위에 시설하는 경우 노면상에서 4m 이상 이격해야 한다.
④ 저압 가공전선을 횡단보도교 위에 시설하는 경우 노면상에서 2.5m 이상 이격해야 한다.
⑤ 저압 가공전선을 철도 위에 시설하는 경우 노면상에서 6.5m 이상 이격해야 한다.

33 변압기의 고압측 전로 1선 지락전류가 30A이고 자동 차단 설비가 1초 이내에 동작할 때, 제2종 접지공사의 접지저항 값을 얼마 이하로 유지하여야 하는가?

① 5Ω
② 10Ω
③ 15Ω
④ 20Ω
⑤ 25Ω

34 다음 단상 유도(전동)기 중 기동토크가 큰 순서대로 나열한 것은?

ㄱ. 반발기동형   ㄴ. 모노사이클릭형

ㄷ. 반발유도형   ㄹ. 콘덴서기동형

ㅁ. 셰이딩코일형   ㅂ. 분상기동형

---

① ㄱ - ㄴ - ㄷ - ㄹ - ㅁ - ㅂ   ② ㄱ - ㄷ - ㄴ - ㅁ - ㄴ - ㅂ

③ ㄱ - ㄷ - ㄹ - ㅂ - ㅁ - ㄴ   ④ ㄴ - ㄱ - ㅂ - ㅁ - ㄷ - ㄹ

⑤ ㄷ - ㅁ - ㅂ - ㄱ - ㄹ - ㄴ

35 무부하 시 단자전압이 500V이고 정격 부하 시 단자전압이 200V일 때, 변압기의 전압변동률은?

① 10%   ② 25%

③ 50%   ④ 100%

⑤ 150%

36 다음 중 안정도(Stability)에 대한 설명으로 옳지 않은 것은?

① 정태안정도는 전력 시스템이 천천히 증가하는 부하에 대하여 전력을 계속 공급할 수 있는 능력을 말한다.

② 과도안정도는 전력 계통에서 발전기 탈착, 부하 급변, 지락(地絡), 단락(短絡) 따위의 급격한 움직임에 대하여 발전기가 안정 상태를 유지하는 정도이다.

③ 동태안정도는 여자기, 소속기 등 발전기의 제어 효과까지를 고려한 안정도이다.

④ 발전기 안정도 향상 방법으로는 단권변압기 사용하기, 단락비 크게 하기 등이 있다.

⑤ 송전선 안정도 향상 방법으로는 전압변동율 늘리기, 직렬 리액턴스 작게 하기 등이 있다.

37 다음 중 페란티 현상(Ferranti Phenomena)에 대한 설명으로 옳지 않은 것은?

① 수전단 전압이 송전단 전압보다 높아진다.

② 선로의 정전 용량이 클수록 현저하게 나타난다.

③ 송전단에 분로 리액터를 설치하여 방지한다.

④ 무부하 또는 경부하 때 발생한다.

⑤ 동기 조상기를 부족여자로 운전하여 방지할 수 있다.

38 다음 중 부동 충전에 대한 설명으로 옳은 것은?

① 전지의 내부 손실을 보충하는 정도의 낮은 충전율로 전지의 완전한 충전 상태가 유지되도록 충전하는 것이다.

② 정류기와 축전지를 부하에 병렬로 접속하고 축전지의 방전을 계속 보충하면서 부하에 전력을 공급하는 방식이다.

③ 새로운 축전지 또는 전해액을 제외하고 보관해 두었던 축전지를 사용할 때 실시하는 충전 방식이다.

④ 축전지를 충전한 상태로 장기간 보전할 때의 자기 방전 때문에 용량이 점차 저하되면서 나타나는 황산화 현상을 방지하기 위한 충전 방식이다.

⑤ 축전지의 충전 전류를 일정한 값으로 유지하고 충전하는 방법이다.

39 다음 중 축전지의 특징으로 옳지 않은 것은?

① 납축전지는 완전히 방전되기 전에 충전하는 것이 좋다.

② 납축전지는 비교적 경제적이지만, 용량에 비해 무거운 편이다.

③ 알칼리축전지는 납축전지에 비해 충전시간이 짧다.

④ 알칼리축전지는 저온에서의 안정성이 떨어진다.

⑤ 리튬이온전지는 비교적 가볍고 자기 방전이 적다.

40 다음 중 나트륨 등(Sodium Lamp)에 대한 설명으로 옳지 않은 것은?

① 단색에 가까운 황색 광선을 낸다.

② 나트륨 증기를 방전시켜 빛을 낸다.

③ 백열전구에 비해 효율이 좋다.

④ 안개 속에서도 빛을 잘 투과한다.

⑤ 형광등과 달리 안정기가 필요하지 않다.

41 기전력 1.2V, 내부 저항 0.1Ω의 전지에서 공급되는 최대 전력은 몇 W인가?

① 6W
② 6.6W
③ 3.6W
④ 360W
⑤ 3,600W

42 20kVA의 단상 변압기 2대를 사용하여 V－V결선으로 3상 전원을 얻고자 할 때, 접속시킬 수 있는 3상 부하의 용량은 몇 kVA인가?

① 약 34.64kVA   ② 약 44.64kVA

③ 약 54.64kVA   ④ 약 66.64kVA

⑤ 약 71.64kVA

43 고압 가공전선로의 지지물로 철탑을 사용하는 경우 경간은 몇 m 이하로 제한하는가?

① 150m   ② 300m

③ 500m   ④ 600m

⑤ 1,000m

44 어떤 전지에 접속된 외부회로의 부하저항은 5Ω이고, 이때 전류는 8A가 흐른다. 외부회로에 5Ω 대신 15Ω의 부하저항을 접속하면 전류는 4A로 변할 때, 전지의 기전력 및 내부저항은?

① 80V, 5Ω ② 40V, 10Ω

③ 80V, 10Ω ④ 40V, 5Ω

⑤ 20V, 10Ω

45 다음 회로에서 단자 전압을 일정하게 하고 스위치를 닫았을 때, 닫기 전 전류의 2배가 되도록 하려고 한다. 이때 저항 R의 값은 얼마이어야 하는가?

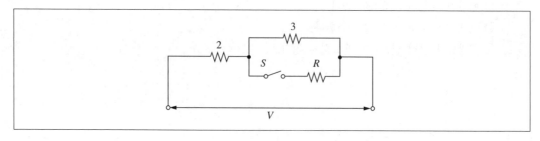

① $\dfrac{4}{5}\Omega$ ② $\dfrac{5}{3}\Omega$

③ 2Ω ④ $\dfrac{3}{5}\Omega$

⑤ 3Ω

46 2대의 3상 동기 발전기를 무부하로 병렬 운전할 때 대응하는 기전력 사이에 30°의 위상차가 있다면, 한 쪽 발전기에서 다른 쪽 발전기에 공급되는 전력은 1상당 몇 kW인가?(단, 발전기의 1상 기전력은 2,000V, 동기 리액턴스는 10Ω, 전기자 저항은 무시한다)

① 50kW ② 100kW
③ 200kW ④ 300kW
⑤ 400kW

47 다음 중 저항이 5Ω인 도체에 10A의 전류를 1분간 흘렸을 때 발생하는 열량은?

① 10,000J ② 15,000J
③ 25,000J ④ 30,000J
⑤ 35,000J

48 다음 중 간격이 d이고 도체판의 면적이 A인 두 평행판으로 만들어진 커패시터에 대한 설명으로 옳은 것은?

① 두 평행판의 면적 A를 크게 하면 커패시턴스가 감소한다.
② 두 평행판 사이의 거리 d를 짧게 하면 커패시턴스가 증가한다.
③ 두 개의 커패시터를 직렬보다 병렬로 연결하면 커패시턴스가 감소한다.
④ 두 평행판 사이에 유전율이 작은 물질을 사용하면 커패시턴스가 증가한다.
⑤ 두 개의 커패시터를 병렬보다 직렬로 연결하면 커패시턴스가 증가한다.

49 다음 중 출력 3kW, 1,500rpm인 전동기의 토크는?

① 1.5kg·m ② 1.95kg·m
③ 2kg·m ④ 2.85kg·m
⑤ 3kg·m

안심Touch

50 다음 중 직류 전동기의 최저 절연저항값은?

① $\dfrac{(\text{정격전압})}{1{,}000+(\text{정격출력})}$

② $\dfrac{(\text{정격출력})}{1{,}000+(\text{정격입력})}$

③ $\dfrac{(\text{정격입력})}{1{,}000+(\text{정격출력})}$

④ $\dfrac{(\text{정격전압})}{1{,}000+(\text{정격입력})}$

⑤ $\dfrac{(\text{정격입력})}{1{,}000+(\text{정격전압})}$

제1회
코레일 한국철도공사
차량 / 운전직

NCS 직업기초능력평가 +
직무수행능력평가

〈문항 및 시험시간〉

평가영역	문항 수	시험시간	모바일 OMR 답안분석	
[NCS] 의사소통능력＋수리능력＋문제해결능력 [전공] 기계일반 / 전기일반	50문항	60분	기계일반	전기일반

제1회 모의고사

※ 본서에는 기계일반, 전기일반 과목을 모두 수록하였으니, 희망 응시과목에 맞추어 학습하시기 바랍니다.

| 01 | 직업기초능력평가

※ 다음 기사를 읽고 이어지는 질문에 답하시오. [1~2]

(가) 개별 서비스를 살펴보면, 112센터 긴급영상 지원은 납치·강도·폭행 등 112센터에 신고 접수 시 도시통합운영센터에서 해당 위치의 CCTV영상을 현장 경찰관에게 실시간 제공하여 현장 대응을 지원하는 서비스이다. 112센터 긴급출동 지원은 도시통합운영센터에서 경찰관에게 현장 사진 및 범인 도주경로 등에 대한 정보를 제공하여 현장 도착 전 사전 정보 취득 및 신속한 현장 조치를 가능케 하는 서비스이며, 119센터 긴급출동 지원은 화재·구조·구급 등 상황발생 시, 소방관들이 현장에 대한 실시간 영상, 소방차량 진입 관련 교통정보 등을 제공받아 골든타임 확보를 가능케 하는 서비스이다.

(나) 특히 오산시는 안전 마을 가꾸기, 안전한 어린이 등하굣길 조성 등 시민안전 제고를 위한 다양한 정책을 추진 중이며, 이번 '5대 안전서비스 제공을 통한 스마트 도시 시민안전망 구축'으로 시민이 마음 놓고 살 수 있는 안전한 도시 조성에 앞장서고 있다. K공사가 오산시에 구축예정인 시민안전망 서비스는 112센터 긴급영상 지원, 112센터 긴급출동 지원, 119센터 긴급출동 지원, 사회적 약자 지원 및 재난안전상황 긴급대응 지원 총 5가지 서비스로 구성된다.

(다) K공사는 지난해 7월 20일 국토부 주관으로 국토부 및 지자체 등 6개 기관과 사회적 약자의 긴급 구호를 위해 필요한 정보시스템 구축에 대해 상호 협력을 위한 업무협약을 체결했다. 업무협약의 후속조치로 작년 11월 오산시, 화성동부경찰서, 오산소방서 및 SK텔레콤(주)와 별도의 업무협약을 체결하여 시민안전망 도입을 추진해왔다.

(라) K공사는 오산세교2지구 스마트 도시 정보통신 인프라 구축 설계용역을 통해 5대 안전서비스 시민안전망 구축을 위한 설계를 완료하고 스마트 도시 통합플랫폼 입찰을 시행하고 있다. 시민 안전망 구축을 통해 도시통합운영센터 및 유관기관에 스마트 도시 통합플랫폼 등 관련 인프라를 설치하고, 오산시, 112, 119 등 유관기관과의 연계를 통해 시민안전망 서비스 인프라 기반을 마련할 예정이다. K공사 스마트 도시 개발처장은 "이번 시행하는 5대 안전서비스는 개별적으로 운영되던 기존 안전체계의 문제점을 ___㉠___ 한 체계적인 시민안전망 구축으로 국민의 생명과 재산보호를 위한 골든타임 확보가 가능하다."며, "시범사업 결과분석 및 피드백을 통한 제도 개선, 지자체와의 상호협의를 통해 향후 K공사가 추진하는 스마트 도시를 대상으로 5대 안전서비스 시민안전망 구축을 계속 확대하겠다."고 말했다.

(마) 사회적 약자 지원은 아동·여성·치매환자 등 위급상황 발생 시, 도시통합운영센터에서 통신사로부터 위치 정보 등을 제공받아 해당 현장 주변 CCTV영상을 경찰서·소방서에 제공하여 대응케 하는 서비스이며, 재난안전상황 긴급대응 지원은 국가 대형 재난·재해 발생 시 도시통합운영센터에서 재난상황실에 실시간 현장 CCTV영상 등을 제공하여 신속한 상황파악, 상황 전파 및 피해복구에 대응하는 서비스이다.

01 다음 중 (가) ~ (마)를 논리적 순서에 맞게 나열한 것은?

① (다) – (나) – (마) – (라) – (가)　　　② (다) – (나) – (가) – (마) – (라)

③ (나) – (다) – (가) – (마) – (라)　　　④ (나) – (라) – (가) – (다) – (마)

⑤ (가) – (마) – (라) – (다) – (나)

02 다음 중 ㉠에 들어갈 단어로 가장 적절한 것은?

① 보안　　　　　　　　　　② 보존

③ 보완　　　　　　　　　　④ 보전

⑤ 보충

03 다음은 문서의 기능에 대한 설명이다. 다음 중 ㉠ ~ ㉢에 들어갈 말이 바르게 연결된 것은?

> 1) 문서는 사람의 의사를 ＿㉠＿ 적으로 표현하는 기능을 갖는다. 사람이 가지고 있는 주관적인 의사는 문자・숫자・기호 등을 활용하여 종이나 다른 매체에 표시하여 문서화함으로써 그 내용이 ＿㉠＿화된다.
> 2) 문서는 자신의 의사를 타인에게 ＿㉡＿ 하는 기능을 갖는다. 문서에 의한 의사 ＿㉡＿ 은 전화나 구두로 ＿㉡＿ 하는 것보다 좀 더 정확하고 변함없는 내용을 ＿㉡＿ 할 수 있다.
> 3) 문서는 의사를 오랫동안 ＿㉢＿ 하는 기능을 갖는다. 문서로써 ＿㉡＿ 된 의사는 지속적으로 ＿㉢＿ 할 수 있고 역사자료로서 가치를 갖기도 한다.

	㉠	㉡	㉢
①	상징	교환	정리
②	상징	전달	정리
③	상징	전달	보존
④	구체	전달	보존
⑤	구체	교환	보존

04 신영이는 제주도로 여행을 갔다. 호텔에서 공원까지의 거리는 지도상에서 10cm이고, 지도의 축척은 1 : 50,000이다. 신영이가 30km/h의 속력으로 자전거를 타고 갈 때, 호텔에서 출발하여 공원에 도착하는 데 걸리는 시간은 얼마인가?

① 10분   ② 15분
③ 20분   ④ 25분
⑤ 30분

05 M고등학교 2학년과 3학년 학생 수의 합이 350명이다. 2학년이 아닌 학생 수가 250명이고, 3학년이 아닌 학생 수가 260명이다. 이때, 1학년 학생은 총 몇 명인가?

① 80명   ② 90명
③ 100명   ④ 110명
⑤ 120명

06 다음은 2016 ~ 2020년 4종목의 스포츠 경기에 대한 경기 수를 나타낸 자료이다. 다음 중 자료에 대한 설명으로 옳지 않은 내용은?

〈국내 연도별 스포츠 경기 수〉

(단위 : 회)

구분	2016년	2017년	2018년	2019년	2020년
농구	413	403	403	403	410
야구	432	442	425	433	432
배구	226	226	227	230	230
축구	228	230	231	233	233

① 농구의 경기 수는 2017년 전년 대비 감소율이 2020년 전년 대비 증가율보다 높다.
② 2016년 농구와 배구 경기 수 차이는 야구와 축구 경기 수 차이의 90% 이상이다.
③ 2016년부터 2020년까지 야구 평균 경기 수는 축구 평균 경기 수의 2배 이하이다.
④ 2017년부터 2019년까지 경기 수가 증가하는 스포츠는 1종목이다.
⑤ 2020년 경기 수가 5년 동안의 각 종목별 평균 경기 수보다 적은 스포츠는 1종목이다.

07 다음은 중국에 진출한 프렌차이즈 커피전문점에 대해 SWOT 분석을 한 것이다. (가) ~ (라)에 들어갈 전략을 올바르게 나열한 것은?

강점(Strength)	약점(Weakness)
• 풍부한 원두커피의 맛 • 독특한 인테리어 • 브랜드 파워 • 높은 고객 충성도	• 낮은 중국 내 인지도 • 높은 시설비 • 비싼 임대료
기회(Opportunity)	**위협(Threat)**
• 중국 경제 급성장 • 서구문화에 대한 관심 • 외국인 집중 • 경쟁업체 진출 미비	• 중국의 차 문화 • 유명 상표 위조 • 커피 구매 인구의 감소

(가)	(나)
• 브랜드가 가진 미국 고유문화 고수 • 독특하고 차별화된 인테리어 유지 • 공격적 점포 확장	• 외국인 많은 곳에 점포 개설 • 본사 직영으로 인테리어
(다)	**(라)**
• 고품질 커피로 상위 소수고객에 집중	• 녹차 향 커피 • 개발 상표 도용 감시

	(가)	(나)	(다)	(라)
①	SO전략	ST전략	WO전략	WT전략
②	WT전략	ST전략	WO전략	SO전략
③	SO전략	WO전략	ST전략	WT전략
④	ST전략	WO전략	ST전략	WT전략
⑤	WT전략	WO전략	ST전략	SO전략

온갖 사물이 뒤섞여 등장하는 사진들에서 고양이를 틀림없이 알아보는 인공지능이 있다고 해 보자. 그러한 식별 능력은 고양이 개념을 이해하는 능력과 어떤 관계가 있을까? 고양이를 실수 없이 가려내는 능력이 고양이 개념을 이해하는 능력의 필요충분조건이라고 할 수 있을까?

먼저, 인공지능이든 사람이든 고양이 개념에 대해 이해하면서도 영상 속의 짐승이나 사물이 고양이인지 정확히 판단하지 못하는 경우는 있을 수 있다. 예를 들어, 누군가가 전형적인 고양이와 거리가 먼 희귀한 외양의 고양이를 보고 "좀 이상하게 생긴 족제비로군요."라고 말했다고 해 보자. 이것은 틀린 판단이지만, 그렇다고 그가 고양이 개념을 이해하지 못하고 있다고 평가하는 것은 부적절한 일일 것이다.

이번에는 다른 예로 누군가가 영상자료에서 가을에 해당하는 장면들을 실수 없이 가려낸다고 해 보자. 그는 가을 개념을 이해하고 있다고 보아야 할까? 그 장면들을 실수 없이 가려낸다고 해도 그가 가을이 적잖은 사람들을 왠지 쓸쓸하게 하는 계절이라든가, 농경문화의 전통에서 수확의 결실이 있는 계절이라는 것, 혹은 가을이 지구 자전축의 기울기와 유관하다는 것 등을 반드시 알고 있는 것은 아니다. 심지어 가을이 지구의 1년을 넷으로 나눈 시간 중 하나를 가리킨다는 사실을 모르고 있을 수도 있다. 만일 가을이 여름과 겨울 사이에 오는 계절이라는 사실조차 모르는 사람이 있다면 우리는 그가 가을 개념을 이해하고 있다고 인정할 수 있을까? 그것은 불합리한 일일 것이다.

가을이든 고양이든 인공지능이 그런 개념들을 충분히 이해하는 것은 영원히 불가능하다고 단언할 이유는 없다. 하지만 우리가 여기서 확인한 점은 개념의 사례를 식별하는 능력이 개념을 이해하는 능력을 함축하는 것은 아니고, 그 역도 마찬가지라는 것이다.

① 인간 개념과 관련된 모든 지식을 가진 사람은 아무도 없겠지만 우리는 대개 인간과 인간 아닌 존재를 어렵지 않게 구별할 줄 안다.

② 어느 정도의 훈련을 받은 사람은 병아리의 암수를 정확히 감별하지만 그렇다고 암컷과 수컷 개념을 이해하고 있다고 볼 이유는 없다.

③ 자율주행 자동차에 탑재된 인공지능이 인간 개념을 이해하고 있지 않다면 동물 복장을 하고 횡단보도를 건너는 인간 보행자를 인간으로 식별하지 못한다.

④ 정육면체 개념을 이해할 리가 없는 침팬지도 다양한 형태의 크고 작은 상자들 가운데 정육면체 모양의 상자에만 숨겨둔 과자를 족집게같이 찾아낸다.

⑤ 10월 어느 날 남반구에서 북반구로 여행을 간 사람이 그곳의 계절을 봄으로 오인한다고 해서 그가 봄과 가을의 개념을 잘못 이해하고 있다고 할 수는 없다.

09 다음 글의 내용이 참일 때, 반드시 참인 것만을 〈보기〉에서 모두 고르면?

A부서에서는 새로운 프로젝트를 진행할 예정이다. 이 부서에는 남자 직원 가훈, 나훈, 다훈, 라훈 4명과 여자 직원 모연, 보연, 소연 3명이 소속되어 있다. 아래의 조건을 지키면서 이들 가운데 4명을 뽑아 전담 팀을 꾸리고자 한다.

- 남자 직원 가운데 적어도 한 사람은 뽑아야 한다.
- 여자 직원 가운데 적어도 한 사람은 뽑지 말아야 한다.
- 가훈, 나훈 중 적어도 한 사람을 뽑으면, 라훈과 소연도 뽑아야 한다.
- 다훈을 뽑으면, 모연과 보연은 뽑지 말아야 한다.
- 소연을 뽑으면, 모연도 뽑아야 한다.

─────────〈보기〉─────────

ㄱ. 남녀 동수로 팀이 구성된다.
ㄴ. 다훈과 보연 둘 다 팀에 포함되지 않는다.
ㄷ. 라훈과 모연 둘 다 팀에 포함된다.

① ㄱ   ② ㄷ
③ ㄱ, ㄴ   ④ ㄴ, ㄷ
⑤ ㄱ, ㄴ, ㄷ

10 김 과장은 건강상의 이유로 간헐적 단식을 시작하기로 했다. 김 과장이 선택한 간헐적 단식 방법은 월요일부터 일요일까지 일주일 중에 2일을 선택하여 아침 혹은 저녁 한 끼 식사만 하는 것이다. 김 과장이 단식을 시작한 1주 차 월요일부터 일요일 중 한 끼만 먹은 요일과 식사를 한 때로 옳은 것은?

- 단식을 하는 날 전후로 각각 최소 2일간은 세 끼 식사를 한다.
- 단식을 하는 날 이외에는 항상 세 끼 식사를 한다.
- 2주 차 월요일에는 단식을 했다.
- 1주 차에 먹은 아침식사 횟수와 저녁식사 횟수가 같다.
- 1주 차 월요일, 수요일, 금요일은 조찬회의에 참석하여 아침식사를 했다.
- 1주 차 목요일은 업무약속이 있어서 점심식사를 했다.

① 월요일(아침), 목요일(저녁)   ② 월요일(저녁). 목요일(아침)
③ 화요일(아침), 금요일(아침)   ④ 화요일(저녁), 금요일(아침)
⑤ 화요일(저녁), 토요일(아침)

〈우리나라의 예산분야별 재정지출 추이〉

(단위 : 조 원, %)

구분	2016년	2017년	2018년	2019년	2020년	연평균 증가율
예산	137.3	147.5	153.7	165.5	182.8	7.4
기금	59.0	61.2	70.4	72.9	74.5	6.0
교육	24.5	27.6	28.8	31.4	35.7	9.9
사회복지 · 보건	32.4	49.6	56.0	61.4	67.5	20.1
R&D	7.1	7.8	8.9	9.8	10.9	11.3
SOC	27.1	18.3	18.4	18.4	18.9	−8.6
농림 · 해양 · 수산	12.3	14.1	15.5	15.9	16.5	7.6
산업 · 중소기업	11.4	11.9	12.4	12.6	12.6	2.5
환경	3.5	3.6	3.8	4.0	4.4	5.9
국방비	18.1	21.1	22.5	24.5	26.7	10.2
통일 · 외교	1.4	2.0	2.6	2.4	2.6	16.7
문화 · 관광	2.3	2.6	2.8	2.9	3.1	7.7
공공질서 · 안전	7.6	9.4	11.0	10.9	11.6	11.2
균형발전	5.1	5.5	6.3	7.2	8.1	12.8
기타	43.5	35.2	35.1	37.0	38.7	−2.9
총 지출	196.3	208.7	224.1	238.4	257.3	7.0

※ (총 지출)=(예산)+(기금)

11 다음 중 자료에 대한 해석으로 옳은 것은?(단, 비율은 소수점 이하 둘째 자리에서 반올림한다)

① 교육 분야의 전년 대비 재정지출 증가율이 가장 높은 해는 2017년이다.

② 전년 대비 재정지출액이 증가하지 않은 해가 있는 분야는 5개이다.

③ 사회복지 · 보건 분야가 예산에서 차지하고 있는 비율은 항상 가장 높다.

④ 기금의 연평균 증가율보다 낮은 연평균 증가율을 보이는 분야는 3개이다.

⑤ 통일 · 외교 분야와 기타 분야의 2016 ~ 2020년 재정지출 증감추이는 동일하다.

12 다음 중 2018년 대비 2019년 사회복지·보건 분야의 재정지출 증감률과 공공질서·안전 분야의 재정지출 증감률 차이는 얼마인가?(단, 소수점 이하 둘째 자리에서 반올림한다)

① 9.4%p

② 10.5%p

③ 11.2%p

④ 12.6%p

⑤ 13.2%p

13 다음 자료는 A레스토랑의 신메뉴인 콥샐러드를 만들기 위해 필요한 재료의 단가와 B지점의 재료 주문 수량이다. B지점의 재료 구입 비용의 총합은 얼마인가?

〈A레스토랑의 콥샐러드 재료 단가〉

재료명	단위	단위당 단가	구입처
올리브 통조림	1캔(3kg)	5,200원	A유통
메추리알	1봉지(1kg)	4,400원	B상사
방울토마토	1Box(5kg)	21,800원	C농산
옥수수 통조림	1캔(3kg)	6,300원	A유통
베이비 채소	1Box(500g)	8,000원	C농산

〈B지점의 재료 주문 수량〉

재료명	올리브 통조림	메추리알	방울토마토	옥수수 통조림	베이비 채소
주문량	15kg	7kg	25kg	18kg	4kg

① 264,600원

② 265,600원

③ 266,600원

④ 267,600원

⑤ 268,600원

안심Touch

14 다음은 대화 과정에서 지켜야 할 협력의 원리에 대한 설명이다. 다음을 참고할 때, 〈보기〉의 사례에 대한 설명으로 옳은 것은?

> 협력의 원리란 대화 참여자가 대화의 목적에 최대한 기여할 수 있도록 서로 협력해야 한다는 것으로, 듣는 사람이 요구하지 않은 정보를 불필요하게 많이 제공하거나 대화의 목적이나 주제에 맞지 않는 내용을 말하는 것은 바람직하지 않다. 협력의 원리를 지키기 위해서는 다음과 같은 사항을 고려해야 한다.
> • 양의 격률 : 필요한 만큼만 정보를 제공해야 한다.
> • 질의 격률 : 타당한 근거를 들어 진실한 정보를 제공해야 한다.
> • 관련성의 격률 : 대화의 목적이나 주제와 관련된 것을 말해야 한다.
> • 태도의 격률 : 모호하거나 중의적인 표현을 피하고, 간결하고 조리 있게 말해야 한다.

---〈보기〉---

> A사원 : 오늘 점심은 어디로 갈까요?
> B대리 : 아무거나 먹읍시다. 오전에 간식을 먹었더니 배가 별로 고프진 않은데, 아무 데나 괜찮습니다.

① B대리는 불필요한 정보를 제공하고 있으므로 양의 격률을 지키지 않았다.
② B대리는 거짓된 정보를 제공하고 있으므로 질의 격률을 지키지 않았다.
③ B대리는 질문에 적합하지 않은 대답을 하고 있으므로 관련성의 격률을 지키지 않았다.
④ B대리는 대답을 명료하게 하지 않고 있으므로 태도의 격률을 지키지 않았다.
⑤ A대리와 B대리는 서로 협력하여 의미 전달을 하고 있으므로 협력의 원리를 따르고 있다.

15 다음 중 밑줄 친 단어의 관계가 다른 하나는?

① ㉠ : K회사의 신규 TV 광고가 전파를 <u>탔다</u>.
　 ㉡ : 얼마 전 방문했던 식당이 방송을 <u>탔다</u>.
② ㉠ : 나는 오랫동안 길러 왔던 <u>머리</u>를 잘랐다.
　 ㉡ : 우리는 그 문제를 해결하기 위해 열심히 <u>머리</u>를 돌렸다.
③ ㉠ : 원고 마감일이 다가오자 그는 며칠 밤을 꼬박 새워 글을 <u>썼다</u>.
　 ㉡ : 가뭄으로 물을 끌어다 붓는 등 갖은 애를 <u>쓰느라</u> 농사의 생산비가 크게 증가했다.
④ ㉠ : 그는 그녀의 <u>손</u>에 반지를 끼워주며 청혼했다.
　 ㉡ : 나는 부모님이 일찍 돌아가셔서 할머니의 <u>손</u>에서 자랐다.
⑤ ㉠ : 세탁을 잘못하여 새로 산 옷에 파란 물이 <u>들었다</u>.
　 ㉡ : 올해에는 풍년이 <u>들어</u> 농민들의 걱정이 줄었다.

16 어느 기업에서 3명의 지원자(종현, 유호, 은진)에게 5명의 면접위원(A, B, C, D, E)이 평가점수와 순위를 부여하였다. 비율점수법과 순위점수법을 적용한 결과가 다음 자료와 같을 때, 이에 대한 설명으로 옳은 것은?

〈표 1〉 비율점수법 적용 결과

(단위 : 점)

지원자 \ 면접위원	A	B	C	D	E	전체합	중앙 3합
종현	7	8	6	6	1	28	19
유호	9	7	6	3	8	( )	( )
은진	5	8	7	2	6	( )	( )

※ 중앙 3합은 5명의 면접위원이 부여한 점수 중 최곳값과 최첫값을 제외한 3명의 점수를 합한 값임

〈표 2〉 순위점수법 적용 결과

(단위 : 순위, 점)

지원자 \ 면접위원	A	B	C	D	E	순위점수합
종현	2	1	2	1	3	11
유호	1	3	3	2	1	( )
은진	3	2	1	3	2	( )

※ 순위점수는 1순위에 3점, 2순위에 2점, 3순위에 1점을 부여함

① 순위점수합이 가장 큰 지원자는 '종현'이다.
② 비율점수법 중 중앙 3합이 가장 큰 지원자는 순위점수합도 가장 크다.
③ 비율점수법 적용 결과에서 평가점수의 전체합과 중앙 3합이 큰 값부터 등수를 정하면 지원자의 등수는 각각 같다.
④ 비율점수법 적용 결과에서 평가점수의 전체합이 가장 큰 지원자는 '은진'이다.
⑤ 비율점수법 적용 결과에서 중앙 3합이 높은 값부터 등수를 정하면 2등은 '유호'이다.

17 다음 그림은 OECD 국가의 대학졸업자 취업에 대한 자료이다. A ~ L국가 중 전체 대학졸업자 대비 대학졸업자 중 취업자 비율이 OECD 평균보다 높은 국가로만 바르게 짝지어진 것은?

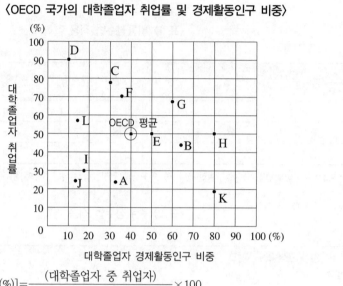

〈OECD 국가의 대학졸업자 취업률 및 경제활동인구 비중〉

- [대학졸업자 취업률(%)] = $\dfrac{(\text{대학졸업자 중 취업자})}{(\text{대학졸업자 중 경제활동인구})} \times 100$

- [대학졸업자의 경제활동인구 비중(%)] = $\dfrac{(\text{대학졸업자 중 경제활동인구})}{(\text{전체 대학졸업자})} \times 100$

① A, D

② B, C

③ D, H

④ G, K

⑤ H, L

※ 다음은 A ~ D사원의 5월 근태 현황 중 일부를 나타낸 것이다. 자료를 보고 이어지는 질문에 답하시오.
[18~19]

<5월 근태 현황>

(단위 : 회)

구분	A사원	B사원	C사원	D사원
지각	1			1
결근				
야근				2
근태 총 점수(점)	0	−4	−2	0

<5월 근태 정보>

• 근태는 지각(−1), 결근(−1), 야근(+1)으로 이루어져 있다.
• A ~ D사원의 근태 총 점수는 각각 0점, −4점, −2점, 0점이다.
• A ~ C사원은 지각, 결근, 야근을 각각 최소 1회, 최대 3회 하였고 각 근태 횟수는 모두 달랐다.
• A사원은 지각을 1회 하였다.
• 근태 중 야근은 A사원이 가장 많이 했다.
• 지각은 B사원이 C사원보다 적게 했다.

18 다음 중 항상 옳은 것은?

① 지각을 제일 많이 한 사람은 C사원이다.
② B사원은 결근을 2회 했다.
③ C사원은 야근을 1회 했다.
④ A사원은 결근을 3회 했다.
⑤ 야근은 가장 적게 한 사람은 A사원이다.

19 다음 중 지각보다 결근을 많이 한 사람은?

① A사원, B사원
② A사원, C사원
③ B사원, C사원
④ B사원, D사원
⑤ C사원, D사원

제1회 모의고사

20 다음은 우편매출액에 대한 자료이다. 자료에 대한 해석 중 올바르지 않은 것은?

〈우편매출액〉

(단위 : 만 원)

구분	2016년	2017년	2018년	2019년	2020년				
					소계	1분기	2분기	3분기	4분기
일반통상	11,373	11,152	10,793	11,107	10,899	2,665	2,581	2,641	3,012
특수통상	5,418	5,766	6,081	6,023	5,946	1,406	1,556	1,461	1,523
소포우편	3,390	3,869	4,254	4,592	5,017	1,283	1,070	1,292	1,372
합계	20,181	20,787	21,128	21,722	21,862	5,354	5,207	5,394	5,907

① 매년 매출액이 가장 높은 분야는 일반통상 분야이다.

② 1년 집계를 기준으로 매년 매출액이 꾸준히 증가하고 있는 분야는 소포우편 분야뿐이다.

③ 2020년 1분기 특수통상 분야의 매출액이 차지하고 있는 비율은 20% 이상이다.

④ 2016년 대비 2020년 소포우편 분야의 매출액 증가율은 70% 이상이다.

⑤ 2019년에는 일반통상 분야의 매출액이 전체의 50% 이상을 차지하고 있다.

21 K공사에서는 매주 수요일 오전에 주간 회의가 열린다. 주거복지기획부, 공유재산관리부, 공유재산개발부, 인재관리부, 노사협력부, 산업경제사업부 중 이번 주 주간 회의에 참여할 부서에 대한 〈조건〉이 다음과 같을 때, 이번 주 주간 회의에 참석할 부서의 최대 수는?

─〈조건〉─

• 주거복지기획부는 반드시 참석해야 한다.

• 공유재산관리부가 참석하면 공유재산개발부도 참석한다.

• 인재관리부가 참석하면 노사협력부는 참석하지 않는다.

• 산업경제사업부가 참석하면 주거복지기획부는 참석하지 않는다.

• 노사협력부와 공유재산관리부 중 한 부서만 참석한다.

① 2개

② 3개

③ 4개

④ 5개

⑤ 6개

계약서란 계약의 당사자 간의 의사표시에 따른 법률행위인 계약 내용을 문서화한 것으로 당사자 사이의 권리와 의무 등 법률관계를 규율하고 의사표시 내용을 항목별로 구분한 후, 구체적으로 명시하여 어떠한 법률 행위를 어떻게 ㉠하려고 하는지 등의 내용을 특정한 문서이다. 계약서의 작성은 미래에 계약에 관한 분쟁 발생 시 중요한 증빙자료가 된다.

계약서의 종류를 살펴보면, 먼저 임대차계약서는 임대인 소유의 부동산을 임차인에게 임대하고, 임차인은 이에 대한 약정을 합의하는 내용을 담고 있다. 임대차는 당사자의 한쪽이 상대방에게 목적물을 사용·수익하게 할 수 있도록 약정하고, 상대방이 이에 대하여 차임을 지급할 것을 ㉡약정함으로써 그 효력이 생긴다. 부동산 임대차의 경우 목적 부동산의 전세, 월세에 대한 임차보증금 및 월세를 지급할 것을 내용으로 하는 계약이 여기에 해당하며, 임대차계약서는 주택 등 집합건물의 임대차계약을 작성하는 경우에 사용되는 계약서이다. 주택 또는 상가의 임대차계약은 민법에 대한 특례를 규정한 주택임대차보호법 및 상가건물 임대차보호법의 적용을 받으며, 이 법의 적용을 받지 않은 임대차에 관하여는 민법상의 임대차 규정을 적용하고 있다.

다음으로 근로계약서는 근로자가 회사(근로기준법에서는 '사용자'라고 함)의 지시 또는 관리에 따라 일을 하고 이에 대한 ㉢댓가로 회사가 임금을 지급하기로 한 내용의 계약서로 유상·쌍무계약을 말한다. 근로자와 사용자의 근로관계는 서로 동등한 지위에서 자유의사에 의하여 결정한 계약에 의하여 성립한다. 이러한 근로관계의 성립은 구술에 의하여 약정되기도 하지만 통상적으로 근로계약서 작성에 의하여 행해지고 있다.

마지막으로 부동산 매매계약서는 당사자가 계약 목적물을 매매할 것을 합의하고, 매수인이 매도인에게 매매 대금을 지급할 것을 약정함으로 인해 그 효력이 발생한다. 부동산 매매계약서는 부동산을 사고, 팔기 위하여 매도인과 매수인이 약정하는 계약서로 매매대금 및 지급시기, 소유권 이전, 제한권 소멸, 제세공과금, 부동산의 인도, 계약의 해제에 관한 사항 등을 약정하여 교환하는 문서이다. 부동산거래는 상황에 따라 다양한 매매조건이 ㉣수반되기 때문에 획일적인 계약 내용 외에 별도 사항을 기재하는 수가 많으므로 계약서에 서명하기 전에 계약 내용을 잘 확인하여야 한다.

이처럼 계약서는 계약의 권리와 의무의 발생, 변경, 소멸 등을 도모하는 중요한 문서로 계약서를 작성할 때에는 신중하고 냉철하게 판단한 후, 권리자와 의무자의 관계, 목적물이나 권리의 행사방법 등을 명확하게 전달할 수 있도록 육하원칙에 따라 간결하고 명료하게 그리고 정확하고 ㉤평이하게 작성해야 한다.

22 다음 중 글의 내용과 일치하지 않는 것은?

① 계약 체결 이후 관련 분쟁이 발생할 경우 계약서가 중요한 증빙자료가 될 수 있다.
② 주택 또는 상가의 임대차계약은 민법상의 임대차규정의 적용을 받는다.
③ 근로계약을 통해 근로자와 사용자가 동등한 지위의 근로관계를 성립한다.
④ 부동산 매매계약서는 획일적인 계약 내용 외에 별도 사항을 기재하기도 한다.
⑤ 계약서를 작성할 때는 간결·명료하고 정확한 표현을 사용하여야 한다.

23 밑줄 친 ㉠~㉤ 중 맞춤법이 잘못된 경우는?

① ㉠　　　　　　　　　　　　② ㉡
③ ㉢　　　　　　　　　　　　④ ㉣
⑤ ㉤

24 12명의 사람이 모자, 상의, 하의를 착용하는데 모자, 상의, 하의는 빨간색 또는 파란색이다. 12명이 모두 모자, 상의, 하의를 착용했을 때, 다음 〈조건〉과 같은 모습이었다. 이때, 하의만 빨간색인 사람은 몇 명인가?

〈조건〉
- 어떤 사람을 보아도 모자와 하의는 서로 다른 색이다.
- 같은 색의 상의와 하의를 착용한 사람의 수는 6명이다.
- 빨간색 모자를 착용한 사람의 수는 5명이다.
- 모자, 상의, 하의 중 1가지만 빨간색인 사람은 7명이다.
---

① 1명
② 2명
③ 3명
④ 4명
⑤ 5명

25 다음 글의 대화 내용이 참일 때, 갑수보다 반드시 나이가 적은 사람만을 모두 고르면?

갑수, 을수, 병수, 철희, 정희 다섯 사람은 어느 외국어 학습 모임에서 서로 처음 만났다. 이후 모임을 여러 차례 갖게 되었지만 그들의 관계는 형식적인 관계 이상으로는 발전하지 않았다. 이 모임에서 주도적인 역할을 하고 있는 갑수는 서로 더 친하게 지냈으면 좋겠다는 생각에 뒤풀이를 갖자고 제안했다. 갑수의 제안에 모두 동의했다. 그들은 인근 맥줏집을 찾아갔다. 그 자리에서 그들이 제일 먼저 한 일은 서로의 나이를 묻는 것이었다.

먼저 갑수가 정희에게 말했다. "정희 씨, 나이가 몇 살이에요?" 정희는 잠시 머뭇거리더니 다음과 같이 말했다. "나이 묻는 것은 실례인 거 아시죠? 저는요, 갑수 씨 나이는 알고 있거든요. 어쨌든 갑수 씨보다는 나이가 적어요." 그리고는 "그럼 을수 씨 나이는 어떻게 되세요?"라고 을수에게 물었다. 을수는 "정희 씨, 저는 정희 씨와 철희 씨보다는 나이가 많지 않아요."라고 했다.

그때 병수가 대뜸 갑수에게 말했다. "그런데 저는 정작 갑수 씨 나이가 궁금해요. 우리들 중에서 리더 역할을 하고 있잖아요. 진짜 나이가 어떻게 되세요?" 갑수가 "저요? 음, 많아야 병수 씨 나이죠."라고 하자, "아, 그렇군요. 그럼 제가 대장해도 될까요? 하하……."라고 병수가 너털웃음을 웃으며 대꾸했다.

이때, "그럼 그렇게 하세요. 오늘 술값은 리더가 내시는 거 아시죠?"라고 정희가 끼어들었다. 그리고 "그런데 철희 씨는 좀 어려 보이는데, 몇 살이에요?"라고 물었다. 철희는 다소 수줍은 듯이 고개를 숙였다. 그리고는 "저는 병수 씨와 한 살 차이밖에 나지 않아요. 보기보다 나이가 많죠?"라고 대답했다.
---

① 정희
② 철희, 을수
③ 정희, 을수
④ 철희, 정희
⑤ 철희, 정희, 을수

| 기계일반 |

26 다음 중 금속의 접촉부를 상온 또는 가열한 상태에서 압력을 가하여 결합시키는 용접은?

① 가스용접　　　　　　　　　　② 아크용접
③ 전자빔용접　　　　　　　　　　④ 저항용접
⑤ 초음파용접

27 다음 중 연삭가공 및 특수가공에 대한 설명으로 옳지 않은 것은?

① 방전가공에서 방전액은 냉각제의 역할을 한다.
② 전해가공은 공구의 소모가 크다.
③ 초음파가공 시 공작물은 연삭입자에 의해 미소 치핑이나 침식작용을 받는다.
④ 전자빔가공은 전자의 운동에너지로부터 얻는 열에너지를 이용한다.
⑤ 레이저가공은 특수한 빛을 가진 에너지를 열에너지로 변환시켜 공작물을 국부적으로 가열한다.

28 외경 선삭에서 가공 전과 후의 평균 지름이 100mm인 황동봉을 절삭깊이 1mm, 이송속도 0.3mm/rev, 주축 회전속도 1,000rpm으로 가공하였을 때, 재료 제거율은?(단, π 는 3.14로 하고 가공 전과 후의 평균 지름, 평균 절삭속도를 이용하여 재료 제거율을 계산한다)

① 30cm³/min　　　　　　　　　② 300cm³/min
③ 9.42cm³/min　　　　　　　　④ 94.2cm³/min
⑤ 942cm³/min

29 다음 중 유압기기에 대한 설명으로 옳지 않은 것은?

① 유압기기는 큰 출력을 낼 수 있다.
② 비용적형 유압 펌프로는 베인 펌프, 피스톤 펌프 등이 있다.
③ 유압기기에서 사용되는 작동유의 종류에는 석유 계통의 오일, 합성유 등이 있다.
④ 유압실린더는 작동유의 압력 에너지를 직선 왕복운동을 하는 기계적 일로 변환시키는 기기이다.
⑤ 터보형 유압 펌프로는 벌루트 펌프와 터빈 펌프 등이 있다.

30 다음 중 소모성 전극을 사용하지 않는 용접법만을 모두 고르면?

> ㄱ. 일렉트로가스 용접(Electrogas Welding)
> ㄴ. 플라스마 아크 용접(Plasma Arc Welding)
> ㄷ. 원자 수소 용접(Atomic Hydrogen Welding)
> ㄹ. 플래시 용접(Flash Welding)

① ㄱ, ㄴ   ② ㄴ, ㄷ
③ ㄱ, ㄷ, ㄹ   ④ ㄴ, ㄷ, ㄹ
⑤ ㄷ, ㄹ

31 다음 중 비커스 경도(HV) 시험에 대한 설명으로 옳지 않은 것은?

① 꼭지각이 136°인 다이아몬드 사각추를 압입한다.
② 경도는 작용한 하중을 압입 자국의 깊이로 나눈 값이다.
③ 질화강과 침탄강의 경도 시험에 적합하다.
④ 압입자국의 대각선 길이는 현미경으로 측정한다.
⑤ 시험 하중에 무관계하게 경도의 측정값이 같은 수치로 된다고 하는 상사(相似)의 법칙이 성립된다.

32 다음 중 마그네슘(Mg)에 대한 설명으로 옳은 것은?

① 산소와 반응하지 않는다.
② 비중이 1.85로 공업용 금속 중 가장 가볍다.
③ 전기 화학적으로 전위가 높아서 내식성이 좋다.
④ 열전도율은 구리(Cu)보다 낮다.
⑤ 우주에서 9번째로 풍부한 원소이다.

33 미끄럼을 방지하기 위하여 안쪽 표면에 이가 있는 벨트로 정확한 속도가 요구되는 경우에 사용되는 전동 벨트는?

① 링크벨트   ② V벨트
③ 타이밍벨트   ④ 레이스벨트
⑤ 구동벨트

34 절삭속도 628m/min, 밀링커터의 날수를 10, 밀링커터의 지름을 100mm, 1날당 이송을 0.1mm로 할 경우 테이블의 1분간 이송량은?(단, π는 3.14이다)

① 1,000mm/min ② 2,000mm/min

③ 3,000mm/min ④ 4,000mm/min

⑤ 5,000mm/min

35 다음 중 알루미늄의 특징에 대한 설명으로 옳지 않은 것은?

① 열과 전기가 잘 통한다.
② 전연성이 좋은 성질을 가지고 있다.
③ 공기 중에서 산화가 계속 일어나는 성질을 가지고 있다.
④ 같은 부피이면 강보다 가볍다.
⑤ 염산이나 황산 등의 무기산에 잘 부식된다.

36 다음 중 탄소강의 표면경화열처리법이 아닌 것은?

① 어닐링법 ② 질화법

③ 침탄법 ④ 고주파경화법

⑤ 화염경화법

37 다음 중 금속재료의 기계적 성질과 그것을 평가하기 위한 시험을 올바르게 짝지은 것은?

① 종탄성계수 – 인장시험 ② 피로한도 – 압축시험

③ 전단항복응력 – 비틀림시험 ④ 경도 – 압입시험

⑤ 점성강도 – 충격시험

38 일반적으로 베어링은 내륜, 외륜, 볼(롤러), 리테이너의 4가지 주요 요소로 구성된다. 다음 중 볼 또는 롤러를 사용하지 않는 베어링은?

① 공기정압 베어링 ② 레이디얼 베어링

③ 스러스트 롤러베어링 ④ 레이디얼 롤러베어링

⑤ 구면 롤러베어링

39 회주철의 기호로 GC300과 같이 표시할 때 300이 의미하는 것은?

① 항복강도
② 인장강도
③ 굽힘강도
④ 전단강도
⑤ 압축강도

40 다음 중 유압장치의 일반적인 특징이 아닌 것은?

① 힘의 증폭이 용이하다.
② 제어하기 쉽고 정확하다.
③ 작동액체로는 오일이나 물 등이 사용된다.
④ 구조가 복잡하여 원격조작이 어렵다.
⑤ 공압에 비해 출력의 응답속도가 빠르다.

41 다음 중 기계요소를 설계할 때 응력집중 및 응력집중계수에 대한 설명으로 옳지 않은 것은?

① 응력집중이란 단면이 급격히 변화하는 부위에서 힘의 흐름이 심하게 변화함으로 인해 발생하는 현상이다.
② 응력집중계수는 단면부의 평균응력에 대한 최대응력의 비율이다.
③ 응력집중계수는 탄성영역 내에서 부품의 형상효과와 재질이 모두 고려된 것으로 형상이 같더라도 재질이 다르면 그 값이 다르다.
④ 응력집중을 완화하려면 단이 진 부분의 곡률반지름을 크게 하거나 단면이 완만하게 변화하도록 한다.
⑤ 응력집중은 일반적으로 구조요소의 파손·파괴의 원인이 되기 쉬우므로 설계할 때에는 탄소성 계산이나 광탄소성 해석, 스트레인미터에 의한 실험적 해석을 하여 충분히 검토해야 한다.

42 다음 중 연성파괴와 관련이 없는 것은?

① 컵 – 원뿔 파괴(Cup and Cone Fracture) 현상이 나타난다.
② 소성변형이 상당히 일어난 후에 파괴된다.
③ 균열이 매우 빠르게 진전하여 일어난다.
④ 취성파괴에 비해 덜 위험하다.
⑤ 취성파괴보다 큰 변형에너지가 필요하다.

43 다음 중 금속의 파괴현상 중 하나인 크리프(Creep)현상에 대한 설명으로 적절한 것은?

① 응력이 증가하여 재료의 항복점을 지났을 때 일어나는 파괴현상이다.

② 반복응력이 장시간 가해졌을 때 일어나는 파괴현상이다.

③ 응력과 온도가 일정한 상태에서 시간이 지남에 따라 변형이 연속적으로 진행되는 현상이다.

④ 균열이 진전되어 소성변형 없이 빠르게 파괴되는 현상이다.

⑤ 외력이 증가할 때, 시간이 흐름에 따라 재료의 변형이 증대하는 현상이다.

44 다음 중 보일러 효율을 향상시키는 부속장치인 절탄기(Econo Mizer)에 대한 설명으로 옳은 것은?

① 연도에 흐르는 연소가스의 열을 이용하여 급수를 예열하는 장치이다.

② 석탄을 잘게 부수는 장치이다.

③ 연도에 흐르는 연소가스의 열을 이용하여 연소실에 들어가는 공기를 예열하는 장치이다.

④ 연도에 흐르는 연소가스의 열을 이용하여 고온의 증기를 만드는 장치이다.

⑤ 절탄기를 이용하여 굴뚝에서 배출되는 열량의 대부분을 회수할 수 있다.

45 다음 중 주물에 사용하는 주물사가 갖추어야 할 조건으로 옳지 않은 것은?

① 열전도도가 낮아 용탕이 빨리 응고되지 않도록 한다.

② 주물표면과의 접합력이 좋아야 한다.

③ 열에 의한 화학적 변화가 일어나지 않도록 한다.

④ 통기성이 좋아야 한다.

⑤ 성형성이 있어야 한다.

46 단인공구가 사용되는 공정으로만 묶인 것은?

① 외경선삭, 형삭, 평삭
② 리밍, 브로칭, 밀링
③ 밀링, 드릴링, 형삭
④ 드릴링, 브로칭, 외경선삭
⑤ 리밍, 외경선삭, 브로칭

47 다음 중 공작물을 양극으로 하고 공구를 음극으로 하여 전기화학적 작용으로 공작물을 전기분해시켜 원하는 부분을 제거하는 가공공정은?

① 전해가공
② 방전가공
③ 전자빔가공
④ 초음파가공
⑤ 호닝가공

48 다음 중 유압회로에서 접속된 회로의 압력을 설정된 압력으로 유지시켜 주는 밸브는?

① 릴리프밸브
② 교축밸브
③ 카운터밸런스밸브
④ 시퀀스밸브
⑤ 체크밸브

49 다음 중 잔류응력(Residual Stress)에 대한 설명으로 옳지 않은 것은?

① 변형 후 외력을 제거한 상태에서 소재에 남아 있는 응력을 말한다.
② 물체 내의 온도구배에 의해서도 발생할 수 있다.
③ 잔류응력은 추가적인 소성변형에 의해서도 감소될 수 있다.
④ 표면의 인장잔류응력은 소재의 피로수명을 향상시킨다.
⑤ 변태로 인해 생기는 응력은 표면에는 인장력이 나타나고 내부에는 압축 잔류 응력이 발생한다.

50 금속결정 중 체심입방격자(BCC)의 단위격자에 속하는 원자의 수는?

① 1개
② 2개
③ 4개
④ 8개
⑤ 10개

26 다음 그림에서 c, d간의 합성 저항은 a, b간의 합성 저항의 몇 배인가?

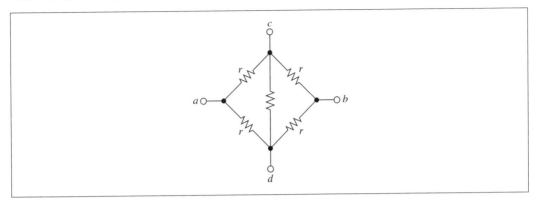

① $\frac{1}{2}$ 배

② $\frac{2}{3}$ 배

③ $\frac{4}{3}$ 배

④ $\frac{3}{4}$ 배

⑤ 3배

27 구리전선과 전기 기계기구 단지를 접속하는 경우에 진동 등으로 인하여 헐거워질 염려가 있는 곳에는 어떤 것을 사용하여 접속하여야 하는가?

① 정 슬리브를 끼운다.

② 평 와셔 2개를 끼운다.

③ 코드 패스너를 끼운다.

④ 스프링 와셔를 끼운다.

⑤ 로크볼트를 끼운다.

28 다음 중 전류가 전압에 비례하는 것은 어느 것과 관계가 있는가?

① 키르히호프의 법칙

② 옴의 법칙

③ 줄의 법칙

④ 렌츠의 법칙

⑤ 앙페르의 법칙

29 접지를 하는 목적이 아닌 것은?

① 이상 전압의 발생

② 전로의 대지 전압의 저하

③ 보호 계전기의 동작 확보

④ 감전 방지

⑤ 의도되지 않은 합선 대비

30 다음 그림과 같은 회로에서 점 A와 점 B 사이의 전위차는?

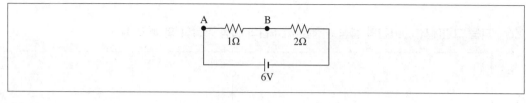

① 1V   ② 2V

③ 4V   ④ 6V

⑤ 7V

31 다음 중 3상 유도 전동기의 회전방향을 바꾸기 위한 방법은?

① 3상의 3선 접속을 모두 바꾼다.

② 3상의 3선 중 2선의 접속을 바꾼다.

③ 3상의 3선 중 1선에 리액턴스를 연결한다.

④ 3상의 3선 중 2선에 같은 값의 리액턴스를 연결한다.

⑤ 3상의 3선 중 1선의 접속을 바꾼다.

32 저항 강하 1.8, 리액턴스 강하가 2.0인 변압기의 전압 변동률의 최댓값과 이때의 역률은 각각 몇 %인가?

① 약 7.2%, 약 27%   ② 약 2.7%, 약 18%

③ 약 2.7%, 약 67%   ④ 약 1.8%, 약 38%

⑤ 약 1.8%, 약 45%

33 그림에서 $R=10\,\Omega$, $L=0.1\mathrm{H}$인 직렬 회로에 직류 전압 100V를 가했을 때 0.01초 후의 전류는 몇 A인가?

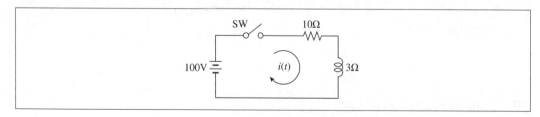

① 약 632A   ② 약 63.2A

③ 약 6.32A   ④ 약 0.632A

⑤ 약 0.0632A

34 0.5Ω의 컨덕턴스를 가진 저항체에 6A의 전류를 흘리려면 몇 V의 전압을 가해야 하는가?

① 10V ② 12V

③ 14V ④ 15V

⑤ 30V

35 다음 그림과 같은 유도 전동기가 있다. 고정자가 매초 100회전하고 회전자가 매초 95회전하고 있을 때, 회전자의 도체에 유기되는 기전력의 주파수는?

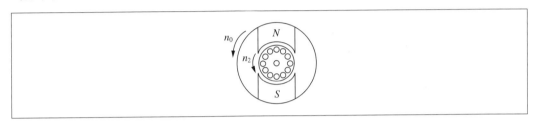

① 5Hz ② 10Hz

③ 15Hz ④ 20Hz

⑤ 25Hz

36 평행판 콘덴서에 전하량 Q가 충전되어 있다. 이 콘덴서의 내부 유전체의 유전율이 두 배로 변한다면 콘덴서 내부의 전속밀도는?

① 변화 없다. ② 2배가 된다.

③ 4배가 된다. ④ 6배가 된다.

⑤ 절반으로 감소한다.

37 다음 중 전류와 자속에 대한 설명으로 옳은 것은?

① 전류와 자속은 항상 폐회로를 이룬다.

② 전류와 자속은 항상 폐회로를 이루지 않는다.

③ 전류는 폐회로이나 자속은 아니다.

④ 자속은 폐회로이나 전류는 아니다.

⑤ 자속은 어떤 표면을 통과하는 자기력선의 수에 비례하는 양이다.

38 전동기에 공급하는 간선의 굵기는 그 간선에 접속하는 전동기의 정격 전류의 합계가 50A를 초과하는 경우, 그 정격 전류 합계의 몇 배 이상의 허용 전류를 갖는 전선을 사용하여야 하는가?

① 1.1배
② 1.25배
③ 1.3배
④ 2.0배
⑤ 2.4배

39 다음 중 용량을 변화시킬 수 있는 콘덴서는?

① 세라믹 콘덴서
② 마일러 콘덴서
③ 전해 콘덴서
④ 바리콘
⑤ MP 콘덴서

40 RLC 직렬회로에 공급되는 교류전압의 주파수가 $f = \dfrac{1}{2\pi\sqrt{LC}}$ [Hz]일 때, 〈보기〉의 설명 중 옳은 것을 모두 고르면?

―――――――〈보기〉―――――――
ㄱ. L 또는 C 양단에 가장 큰 전압이 걸리게 된다.
ㄴ. 회로의 임피던스는 가장 작은 값을 가지게 된다.
ㄷ. 회로에 흐른 전류는 공급전압보다 위상이 뒤진다.
ㄹ. L에 걸리는 전압과 C에 걸리는 전압의 위상은 서로 같다.

① ㄱ, ㄴ
② ㄴ, ㄷ
③ ㄱ, ㄷ, ㄹ
④ ㄴ, ㄷ, ㄹ
⑤ ㄷ, ㄹ

41 일정한 속도로 운동하던 어떤 대전 입자가 균일한 자기장 속에, 자기장의 방향과 수직으로 입사하였다. 이때 자기장 안에서 이 입자가 하는 운동으로 옳은 것은?

① 직선 운동을 한다.
② 일정한 운동 에너지를 갖는다.
③ 포물선 운동을 한다.
④ 힘을 받지 않는다.
⑤ 나선 운동을 한다.

42 다음 〈보기〉에서 설명하는 이론으로 옳은 것은?

───〈보기〉───

2개 이상의 기전력을 포함한 회로망 중의 어떤 점의 전위 또는 전류는 각 기전력이 각각 단독으로 존재한다고 생각했을 경우 그 점의 전위 또는 전류의 합과 같다.

① 데브낭의 정리   ② 중첩의 정리
③ 노튼의 정리   ④ 헤르츠의 정리
⑤ 밀만의 정리

43 다음 중 전하의 성질에 대한 설명으로 옳지 않은 것은?

① 같은 종류의 전하는 흡인하고 다른 종류의 전하끼리는 반발한다.
② 대전체에 들어있는 전하를 없애려면 접지시킨다.
③ 대전체의 영향으로 비대전체에 전기가 유도된다.
④ 전하는 가장 안정한 상태를 유지하려는 성질이 있다.
⑤ 인접한 전하의 극성에 따라 인력 또는 척력이 작용한다.

44 다음 중 교류회로에 대한 설명으로 옳지 않은 것은?

① 저항 부하만의 회로는 역률이 1이 된다.
② RLC 직렬 교류회로에서 유효전력은 전류의 제곱과 전체 임피던스에 비례한다.
③ RLC 직렬 교류회로에서 L을 제거하면 전류가 진상이 된다.
④ R과 L의 직렬 교류회로의 역률을 보상하기 위해서는 C를 추가하면 된다.
⑤ 교류회로에서 전류와 전압은 실횻값의 개념을 사용한다.

45 다음 중 단상 유도 전동기의 기동방법 중 기동토크가 가장 큰 것은?

① 반발 기동형   ② 분상 기동형
③ 반발 유도형   ④ 콘덴서 기동형
⑤ 셰이딩 코일형

46 다음 중 전선의 접속법에서 두 개 이상의 전선을 병렬로 사용하는 경우의 시설기준으로 옳지 않은 것은?

① 각 전선의 굵기는 구리인 경우 50mm^2 이상이어야 한다.
② 각 전선의 굵기는 알루미늄인 경우 70mm^2 이상이어야 한다.
③ 병렬로 사용하는 전선은 각각에 퓨즈를 설치하여야 한다.
④ 동극의 각 전선은 동일한 터미널러그에 완전히 접속해야 한다.
⑤ 각 전선에 흐르는 전류는 불평형을 초래하지 않도록 해야 한다.

안심Touch

47 다음 중 전자기파에 대한 설명으로 옳은 것은?

① 진공 중에서의 전파 속도는 파장에 따라 다르다.
② 음극선은 전자기파의 일종이다.
③ 전기장과 자기장의 방향은 평행이다.
④ 시간에 따른 전기장의 변화가 자기장을 유도한다.
⑤ 전자기파는 양자들의 집합이다.

48 다음 중 정상상태에서의 원자에 대한 설명으로 옳지 않은 것은?

① 양성자와 전자의 극성은 같다.
② 원자는 전체적으로 보면 전기적으로 중성이다.
③ 원자를 이루고 있는 양성자의 수는 전자의 수와 같다.
④ 양성자 1개가 지니는 전기량은 전자 1개가 지니는 전기량과 크기가 같다.
⑤ 중성자는 전하를 띠지 않는다.

49 다음 중 유도 전동기 권선법에 대한 설명으로 옳지 않은 것은?

① 홈 수는 24개 또는 36개이다.
② 고정자 권선은 3상 권선이 쓰인다.
③ 소형 전동기는 보통 4극이다.
④ 고정자 권선은 단층 파권이다.
⑤ 일반적으로 중권을 사용한다.

50 다음 중 동기 전동기를 송전선의 전압 조정 및 역률 개선에 사용하는 것을 무엇이라 하는가?

① 댐퍼
② 동기 이탈
③ 제동권선
④ 동기 조상기
⑤ 유도 전동기

제2회
코레일 한국철도공사
차량 / 운전직

www.sdedu.co.kr

NCS 직업기초능력평가 +
직무수행능력평가

〈문항 및 시험시간〉

평가영역	문항 수	시험시간	모바일 OMR 답안분석	
[NCS] 의사소통능력+수리능력+문제해결능력 [전공] 기계일반 / 전기일반	50문항	60분	기계일반	전기일반

제2회 모의고사

문 항 수 : 50문항
시험시간 : 60분

※ 본서에는 기계일반, 전기일반 과목을 모두 수록하였으니, 희망 응시과목에 맞추어 학습하시기 바랍니다.

| 01 | 직업기초능력평가

※ 불법개조 자동차로 인한 피해가 늘어남에 따라 K공사에서는 불법자동차 연중 상시 단속을 시행하고 있다. 글을 읽고, 이어지는 질문에 답하시오. [1~2]

(가) 자동차를 타고 도로를 운행하다 보면 귀에 거슬릴 정도의 배기 소음 소리, 차 실내의 시끄러운 음악 소리, 야간 운전 시 마주 오는 차량의 시야 확보를 곤란하게 하는 밝은 전조등, 정지를 알리는 빨간색의 제동등을 검게 코팅을 하거나 푸른색 등화를 장착해서 앞차의 급정차를 미처 알지 못해 후방 추돌 사고의 위험을 초래하는 자동차, 방향지시등의 색상을 바꾸어 혼란을 주는 행위, 자동차 사고 시 인체 또는 상대방 차량에 심각한 손상을 줄 수 있는 철제 범퍼 설치, 자동차의 차체 옆으로 타이어 또는 휠이 튀어나와 보행자에게 피해를 줄 수 있는 자동차, 자동차등록번호판이 훼손되거나 봉인이 없이 운행되어 자동차관리법 위반 및 불법에 이용될 소지가 있는 자동차, 화물자동차의 적재장치를 임의변경하여 화물을 과다하게 적재하고 다니는 자동차 등 우리 주변에서 불법개조 자동차를 심심찮게 접할 수 있다.

(나) 현재 우리나라 자동차문화지수는 국민 1인당 차량 보유 대수와는 무관하게 선진국보다 못 미치는 것이 사실이다. 이는 급속한 경제발전과 발맞춘 자동차관리, 교통법규준수 등 교통문화정착에 대한 국가차원의 홍보부족 및 자동차 소유자들의 무관심에 기인한 것으로 보인다. 실제 우리나라 차량 소유자들은 자동차 사용에 따른 의무나 타인에 대한 배려, 환경오염에 따른 피해 등에 관련된 사항보다는 '어떤 자동차를 운행하는가?'를 더 중요하게 생각하고 있는 실정이다.

(다) 하지만 지금까지 불법자동차에 대한 단속이 체계적으로 이루어지지 않아 법령위반 자동차가 급증하는 추세이며, 선량한 일반 자동차 소유자를 자극하여 모방 사례가 확산되는 실정이다. 이에 따라 2004년 국정감사 시에도 교통사고 발생 및 환경오염 유발 등 불법자동차 운행으로 발생하는 문제점에 대하여 논의된 바가 있다. 이러한 문제점을 해결하기 위해 정부에서는 자동차검사 전문기관인 K공사가 주관이 되어 법령위반 자동차의 연중 수시 단속을 시행하게 되었다. 이번 불법자동차 연중 상시 단속은 K공사에서 위법차량 적발 시 증거를 확보하여 관할 관청에 통보하고, 해당 지방자치단체는 임시검사명령 등의 행정조치를 하고 자동차 소유자는 적발된 위반사항에 대하여 원상복구 등의 조치를 하여야 한다.

01 다음 중 (가) ~ (다)를 논리적 순서에 맞게 나열한 것은?

① (가) – (나) – (다)
② (가) – (다) – (나)
③ (나) – (가) – (다)
④ (나) – (다) – (가)
⑤ (다) – (가) – (나)

02 다음 중 K공사의 단속 대상에 해당하지 않는 자동차는?

① 화물자동차 물품적재장치 높이를 임의로 개조한 자동차

② 제동등과 방향지시등의 색을 파랗게 바꾼 자동차

③ 철제 범퍼를 착용한 자동차

④ 스피커를 개조하여 음악을 크게 틀어놓은 자동차

⑤ 자동차를 새로 구입하여 등록 전 임시번호판을 달아놓은 자동차

03 다음 글의 '나'의 견해와 부합하는 것만을 〈보기〉에서 모두 고르면?

이제 '나'는 사람들이 동물실험의 모순적 상황을 직시하기를 바랍니다. 생리에 대한 실험이건, 심리에 대한 실험이건, 동물을 대상으로 하는 실험은 동물이 어떤 자극에 대해 반응하고 행동하는 양상이 인간과 유사하다는 것을 전제합니다. 동물실험을 옹호하는 측에서는 인간과 동물이 유사하기 때문에 실험 결과에 실효성이 있다고 주장합니다. 그런데 설령 동물실험을 통해 아무리 큰 성과를 얻을지라도 동물실험 옹호론자들은 중대한 모순을 피할 수 없습니다. 그들은 인간과 동물이 다르다는 것을 실험에서 동물을 이용해도 된다는 이유로 제시하고 있기 때문입니다. 이것은 명백히 모순적인 상황이 아닐 수 없습니다.

이러한 모순적 상황은 영장류의 심리를 연구할 때 확연히 드러납니다. 최근 어느 실험에서 심리 연구를 위해 아기 원숭이를 장기간 어미 원숭이와 떼어놓아 정서적으로 고립시켰습니다. 사람들은 이 실험이 우울증과 같은 인간의 심리적 질환을 이해하기 위한 연구라는 구실을 앞세워 이 잔인한 행위를 합리화하고자 했습니다. 즉, 이 실험은 원숭이가 인간과 유사하게 고통과 우울을 느끼는 존재라는 사실을 가정하고 있습니다. 인간과 동물이 심리적으로 유사하다는 사실을 인정하면서도 사람에게는 차마 하지 못할 잔인한 행동을 동물에게 하고 있는 것입니다.

또 동물의 피부나 혈액을 이용해서 제품을 실험할 때, 동물실험 옹호론자들은 이 실험이 오로지 인간과 동물 사이의 '생리적 유사성'에만 바탕을 두고 있을 뿐이라고 변명합니다. 이처럼 인간과 동물이 오로지 '생리적'으로만 유사할 뿐이라고 생각한다면, 이는 동물실험의 모순적 상황을 외면하는 것입니다.

〈보기〉

ㄱ. 동물실험은 동물이 인간과 유사하면서도 유사하지 않다고 가정하는 모순적 상황에 놓여 있다.

ㄴ. 인간과 동물 간 생리적 유사성에도 불구하고 심리적 유사성이 불확실하기 때문에 동물실험은 모순적 상황에 있다.

ㄷ. 인간과 원숭이 간에 심리적 유사성이 존재하기 때문에 인간의 우울증 연구를 위해 아기 원숭이를 정서적으로 고립시키는 실험은 윤리적으로 정당화된다.

① ㄱ

② ㄴ

③ ㄱ, ㄷ

④ ㄴ, ㄷ

⑤ ㄱ, ㄴ, ㄷ

안심Touch

04 다음 글과 상황을 근거로 판단할 때, 갑이 납부하는 송달료의 합계는?

송달이란 소송의 당사자와 그 밖의 이해관계인에게 소송상의 서류의 내용을 알 수 있는 기회를 주기 위해 법에 정한 방식에 따라 하는 통지행위를 말하며, 송달에 드는 비용을 송달료라고 한다. 소 또는 상소를 제기하려는 사람은, 소장이나 상소장을 제출할 때 당사자 수에 따른 계산방식으로 산출된 송달료를 수납은행(대부분 법원구내 은행)에 납부하고 그 은행으로부터 교부받은 송달료납부서를 소장이나 상소장에 첨부하여야 한다. 송달료 납부의 기준은 아래와 같다.

- 소 또는 상소 제기 시 납부해야 할 송달료
  - 가. 민사 제1심 소액사건 : (당사자 수)×(송달료 10회분)
  - 나. 민사 제1심 소액사건 이외의 사건 : (당사자 수)×(송달료 15회분)
  - 다. 민사 항소사건 : (당사자 수)×(송달료 12회분)
  - 라. 민사 상고사건 : (당사자 수)×(송달료 8회분)
- 송달료 1회분 : 3,200원
- 당사자 : 원고, 피고
- 사건의 구별
  - 가. 소액사건 : 소가 2,000만 원 이하의 사건
  - 나. 소액사건 이외의 사건 : 소가 2,000만 원을 초과하는 사건
- ※ 소가(訴價)라 함은 원고가 승소하면 얻게 될 경제적 이익을 화폐단위로 평가한 금액을 말한다.

〈상황〉

갑은 보행로에서 자전거를 타다가 을의 상품진열대에 부딪쳐서 부상을 당하였고, 이 상황을 병이 목격하였다. 갑은 을에게 자신의 병원치료비와 위자료를 요구하였다. 그러나 을은 갑의 잘못으로 부상당한 것으로 자신에게는 책임이 없으며, 오히려 갑 때문에 진열대가 파손되어 손해가 발생했으므로 갑이 손해를 배상해야 한다고 주장하였다. 갑은 자신을 원고로, 을을 피고로 하여 병원치료비와 위자료로 합계 금 2,000만 원을 구하는 소를 제기하였다. 제1심 법원은 증인 병의 증언을 바탕으로 갑에게 책임이 있다는 을의 주장이 옳다고 인정하여, 갑의 청구를 기각하는 판결을 선고하였다. 이 판결에 대해서 갑은 항소를 제기하였다.

① 76,800원
② 104,800원
③ 124,800원
④ 140,800원
⑤ 172,800원

05 다음 SWOT 분석 결과를 바탕으로 섬유 산업이 발전할 수 있는 방안으로 적절한 것을 〈보기〉에서 모두 고르면?

강점(Strength)	약점(Weakness)
• 빠른 제품 개발 시스템	• 기능 인력 부족 심화 • 인건비 상승
기회(Opportunity)	위협(Threat)
• 한류의 영향으로 한국 제품 선호 • 국내 기업의 첨단 소재 개발 성공	• 외국산 저가 제품 공세 강화 • 선진국의 기술 보호주의

〈보기〉
ㄱ. 한류 배우를 모델로 브랜드 홍보 전략을 추진한다.
ㄴ. 단순 노동 집약적인 소품종 대량 생산 체제를 갖춘다.
ㄷ. 소비자 기호를 빠르게 분석하여 제품 생산에 반영한다.
ㄹ. 선진국의 원천 기술을 이용한 기능성 섬유를 생산한다.

① ㄱ, ㄴ
② ㄱ, ㄷ
③ ㄴ, ㄷ
④ ㄴ, ㄹ
⑤ ㄷ, ㄹ

06 K공사에서 근무 중인 A사원은 거래처에 계약서를 전달해야 한다. K공사에서 거래처까지 갈 때는 국도를 이용하여 속력 80km/h로, K공사로 복귀할 때는 고속도로를 이용하여 속력 120km/h로 복귀하였다. A사원이 K공사에서 거래처까지 1시간 이내로 왕복했다면, 거래처와 K공사의 거리는 최대 몇 km 이내겠는가?

① 44km
② 46km
③ 48km
④ 50km
⑤ 52km

07 다음 글을 근거로 판단할 때, B전시관 앞을 지나가거나 관람한 총 인원은?

- 전시관은 A → B → C → D 순서로 배정되어 있다. 행사장 출입구는 아래 그림과 같이 두 곳이며 다른 곳으로는 출입이 불가능하다.
- 관람객은 행사장 출입구 두 곳 중 한 곳으로 들어와서 시계 반대 방향으로 돌며, 모든 관람객은 4개의 전시관 중 2개의 전시관만을 골라 관람한다.
- 자신이 원하는 2개의 전시관을 모두 관람하면 그 다음 만나게 되는 첫 번째 행사장 출입구를 통해 나가기 때문에, 관람객 중 일부는 반 바퀴를, 일부는 한 바퀴를 돌게 되지만 한 바퀴를 초과해서 도는 관람객은 없다.
- 행사장 출입구 두 곳을 통해 행사장에 입장한 관람객 수의 합은 400명이며, 이 중 한 바퀴를 돈 관람객은 200명이고 D전시관 앞을 지나가거나 관람한 인원은 350명이다.

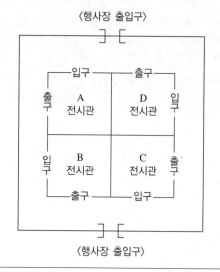

① 50명
② 100명
③ 200명
④ 250명
⑤ 350명

08 다음 글을 근거로 판단할 때 옳지 않은 것은?

여러분이 컴퓨터 키보드의 @ 키를 하루에 몇 번이나 누르는 지 한번 생각해 보라. 아마도 이메일 덕분에 사용 빈도가 매우 높을 것이다. 이탈리아에서는 '달팽이', 네덜란드에서는 '원숭이 꼬리'라 부르고 한국에서는 '골뱅이'라 불리는 이 '앳(at)' 키는 한때 수동 타자기와 함께 영영 잊혀질 위기에 처하기도 하였다. 6세기에 @는 라틴어 전치사인 'ad'를 한 획에 쓰기 위한 합자(合字)였다. 그리고 시간이 흐르면서 @는 베니스, 스페인, 포르투갈 상인들 사이에 측정 단위를 나타내는 기호로 사용되었다. 베니스 상인들은 @를 부피의 단위인 암포라(Amphora)를 나타내는 기호로 사용하였으며, 스페인과 포르투갈의 상인들은 질량의 단위인 아로바(Arroba)를 나타내는 기호로 사용하였다. 스페인에서의 1아로바는 현재의 9.5kg에 해당하며, 포르투갈에서의 1아로바는 현재의 12kg에 해당한다. 이후에 @는 단가를 뜻하는 기호로 변화하였다. 예컨대 '복숭아 12개@1.5달러'로 표기한 경우 복숭아 12개의 가격이 18달러라는 것을 의미했다. @ 키는 1885년 미국에서 언더우드 타자기에 등장하였고 20세기까지 자판에서 자리를 지키고 있었지만 사용 빈도는 점차 줄어들었다. 그런데 1971년 미국의 한 프로그래머가 잊혀지다시피 하였던 @ 키를 살려낸다. 연구개발 업체에서 인터넷상의 컴퓨터 간 메시지 송신기술 개발을 담당했던 그는 @ 키를 이메일 기호로 활용했던 것이다.

※ ad : 현대 영어의 'at' 또는 'to'에 해당하는 전치사

① 1960년대 말 @ 키는 타자기 자판에서 사라지면서 사용빈도가 점차 줄어들었다.
② @가 사용되기 시작한 지는 1,000년이 넘었다.
③ @가 단가를 뜻하는 기호로 쓰였을 때, '토마토 15개@3달러'라면 토마토 15개의 가격은 45달러였을 것이다.
④ @는 전치사, 측정 단위, 단가, 이메일 기호 등 다양한 의미로 활용되어 왔다.
⑤ 스페인 상인과 포르투갈 상인이 측정 단위로 사용했던 1@는 그 질량이 동일하지 않았을 것이다.

09 다음 글에서 추론할 수 있는 내용은?

어떤 시점에 당신만이 느끼는 어떤 감각을 지시하여 'W'라는 용어의 의미로 삼는다고 해 보자. 그 이후에 가끔 그 감각을 느끼게 되면, "'W'라고 불리는 그 감각이 나타났다."고 당신은 말할 것이다. 그렇지만 그 경우에 당신이 그 용어를 올바로 사용했는지 그렇지 않은지를 어떻게 결정할 수 있는가? 만에 하나 첫 번째 감각을 잘못 기억할 수도 있는 것이고, 혹은 실제로는 단지 희미하고 어렴풋한 유사성밖에 없는데도 첫 번째 감각과 두 번째 감각 사이에 밀접한 유사성이 있는 것으로 착각할 수도 있다. 더구나 그것이 착각인지 아닌지를 판단할 근거가 없다. 만약 'W'라는 용어의 의미가 당신만이 느끼는 그 감각에만 해당한다면, 'W'라는 용어의 올바른 사용과 잘못된 사용을 구분할 방법은 어디에도 없게 될 것이다. 올바른 적용에 관해 결정을 내릴 수 없는 용어는 아무런 의미도 갖지 않는다.

① 본인만이 느끼는 감각을 지시하는 용어는 아무 의미도 없다.
② 어떤 용어도 구체적 사례를 통해서 의미를 얻게 될 수 없다.
③ 감각을 지시하는 용어는 사용하는 사람에 따라 상대적인 의미를 갖는다.
④ 감각을 지시하는 용어의 의미는 그것이 무엇을 지시하는가와 아무 상관이 없다.
⑤ 감각을 지시하는 용어의 의미는 다른 사람들과 공유하는 의미로 확장될 수 있다.

10 다음 글의 상황에서 〈보기〉의 사실을 토대로 신입사원이 김 과장을 찾기 위해 추측한 내용 중 반드시 참인 것은?

> 김 과장은 오늘 아침 조기 축구 시합에 나갔다. 그런데 김 과장을 한 번도 본 적이 없는 같은 회사의 어떤 신입사원이 김 과장에게 급히 전할 서류가 있어 직접 축구 시합장을 찾았다. 시합은 이미 시작되었고, 김 과장이 현재 양 팀의 수비수나 공격수 중 한 사람으로 뛰고 있다는 것은 분명하다.

─────────〈보기〉─────────
> ㉠ A팀은 검정색 상의를, B팀은 흰색 상의를 입고 있다.
> ㉡ 양 팀에서 축구화를 신고 있는 사람은 모두 안경을 쓰고 있다.
> ㉢ 양 팀에서 안경을 쓴 사람은 모두 수비수이다.

① 김 과장이 공격수라면 안경을 쓰고 있다.
② 김 과장이 A팀의 공격수라면 흰색 상의를 입고 있거나 축구화를 신고 있다.
③ 김 과장이 B팀의 공격수라면 축구화를 신고 있지 않다.
④ 김 과장이 검정색 상의를 입고 있다면 안경을 쓰고 있다.
⑤ 김 과장이 A팀의 수비수라면 검정색 상의를 입고 있으며 안경을 쓰고 있지 않다.

11 다음은 업무 수행 과정에서 발생하는 문제의 유형 3가지를 소개한 자료이다. 자료에서 설명하는 문제의 유형에 대하여 〈보기〉의 사례가 적절하게 연결된 것은?

〈문제의 유형〉	
발생형 문제	현재 직면한 문제로, 어떤 기준에 대하여 일탈 또는 미달함으로써 발생하는 문제이다.
탐색형 문제	탐색하지 않으면 나타나지 않는 문제로, 현재 상황을 개선하거나 효율을 더 높이기 위해 발생하는 문제이다.
설정형 문제	미래지향적인 새로운 과제 또는 목표를 설정하면서 발생하는 문제이다.

─────────〈보기〉─────────
> (가) A회사는 초콜릿 과자에서 애벌레로 보이는 곤충 사체가 발견되어 과자 제조과정에 대해 고민하고 있다.
> (나) B회사는 점차 다가오는 초고령사회에 대비하여 노인들을 위한 애플리케이션을 개발하기로 했다.
> (다) C회사는 현재의 충전지보다 더 많은 전압을 회복시킬 수 있는 충전지를 연구하고 있다.
> (라) D회사는 발전하고 있는 드론시대를 위해 드론센터를 건립하기로 결정했다.
> (마) E회사는 업무 효율을 높이기 위해 근로시간을 단축하기로 결정했다.
> (바) F회사는 올해 개발한 침대에 방사능이 검출되어 안전기준에 부적합 판정을 받았다.

	발생형 문제	탐색형 문제	설정형 문제		발생형 문제	탐색형 문제	설정형 문제
①	(가), (바)	(다), (마)	(나), (라)	②	(가), (마)	(나), (라)	(다), (바)
③	(가), (나)	(다), (바)	(라), (마)	④	(가), (나)	(마), (바)	(다), (라)
⑤	(가), (바)	(나), (다)	(라), (마)				

12 다음 글의 문맥상 (가) ~ (라)에 들어갈 말을 〈보기〉에서 골라 올바르게 짝지은 것을 고르면?

심각한 수준의 멸종 위기에 처한 생태계를 보호하기 위해 생물다양성 관련 정책이 시행되고 있다. 먼저 보호지역 지정은 생물다양성을 보존하는 데 반드시 필요한 정책 수단이다. 이 정책 수단은 각국에 의해 빈번히 사용되었다. 그러나 보호지역의 숫자는 생물다양성의 보존과 지속가능한 이용 정책의 성공 여부를 피상적으로 알려주는 지표에 지나지 않으며, _____(가)_____ 없이는 생물다양성의 감소를 막을 수 없다. 세계자연보전연맹에 따르면, 보호지역으로 지정되었음에도 실제로는 최소한의 것도 실시되지 않는 곳이 많다. 보호지역 관리에 충분한 인력을 투입하는 것은 보호지역 수를 늘리는 것만큼이나 필요하다.

_____(나)_____은/는 민간시장에서 '생물다양성 관련 제품과 서비스'가 갖는 가치와 사회 전체 내에서 그것이 갖는 가치 간의 격차를 해소하기 위해 도입된다. 이를 통해 생태계 훼손에 대한 비용 부담은 높이고 생물다양성의 보존, 강화, 복구 노력에 대해서는 보상을 한다. 상품으로서의 가치와 공공재로서의 가치 간의 격차를 좁히는 데에 원칙적으로 이 제도만큼 적합한 것이 없다.

생물다양성을 증가시키는 유인책 중에서 _____(다)_____의 효과가 큰 편이다. 시장 형성이 마땅치 않아 이전에는 무료로 이용할 수 있었던 것에 대해 요금을 부과함으로써 생태계의 무분별한 이용을 억제하는 것이 이 제도의 골자이다. 최근 이 제도의 도입 사례가 증가하고 있으며 앞으로도 늘어날 전망이다.

생물다양성 친화적 제품 시장에 대한 전망에는 관련 정보를 지닌 소비자들이 _____(라)_____을/를 선택할 것이라는 가정이 전제되어야 한다. 친환경 농산물, 무공해 비누, 생태 관광 등에 대한 인기가 증대되고 있는 현상은 소비자들이 친환경 제품이나 서비스에 더 비싼 값을 지불할 수도 있다는 사실을 보여주는 사례이다.

〈보기〉
ㄱ. 생태계 사용료　　　　　　　　ㄴ. 경제적인 유인책
ㄷ. 생물다양성 보호 제품　　　　　ㄹ. 보호조치

	(가)	(나)	(다)	(라)
①	ㄱ	ㄴ	ㄹ	ㄷ
②	ㄴ	ㄱ	ㄷ	ㄹ
③	ㄴ	ㄹ	ㄷ	ㄱ
④	ㄹ	ㄱ	ㄷ	ㄴ
⑤	ㄹ	ㄴ	ㄱ	ㄷ

※ 다음은 연령별 어린이집 이용 영유아 현황에 관한 자료이다. 자료를 참고하여 이어지는 질문에 답하시오.
[13~14]

<연령별 어린이집 이용 영유아 현황>

(단위 : 명)

구분		국·공립 어린이집	법인 어린이집	민간 어린이집	가정 어린이집	부모협동 어린이집	직장 어린이집	합계
2017년	0 ~ 2세	36,530	35,502	229,414	193,412	463	6,517	501,838
	3 ~ 4세	56,342	50,497	293,086	13,587	705	7,875	422,092
	5세 이상	30,533	27,895	146,965	3,388	323	2,417	211,521
2018년	0 ~ 2세	42,331	38,648	262,728	222,332	540	7,815	574,394
	3 ~ 4세	59,947	49,969	290,620	12,091	755	8,518	421,900
	5세 이상	27,378	23,721	122,415	2,420	360	2,461	178,755
2019년	0 ~ 2세	47,081	42,445	317,489	269,243	639	9,359	686,256
	3 ~ 4세	61,609	48,543	292,599	10,603	881	9,571	423,806
	5세 이상	28,914	23,066	112,929	1,590	378	2,971	169,848
2020년	0 ~ 2세	49,892	41,685	337,573	298,470	817	10,895	739,332
	3 ~ 4세	64,696	49,527	319,903	8,869	1,046	10,992	455,033
	5세 이상	28,447	21,476	99,847	1,071	423	3,100	154,364

13 다음 중 자료를 판단한 내용으로 적절하지 않은 것은?

① 2017 ~ 2020년 0 ~ 2세와 3 ~ 4세 국·공립 어린이집 이용 영유아 수는 계속 증가하고 있다.

② 2017 ~ 2020년 부모협동 어린이집과 직장 어린이집을 이용하는 각 연령별 영유아 수의 증감추이는 동일하다.

③ 전년 대비 2018 ~ 2020년 가정 어린이집을 이용하는 0 ~ 2세 영유아 수는 2020년에 가장 크게 증가했다.

④ 법인 어린이집을 이용하는 5세 이상 영유아 수는 매년 감소하고 있다.

⑤ 매년 3 ~ 4세 영유아가 가장 많이 이용하는 곳을 순서대로 나열하면 상위 3곳의 순서가 같다.

14 다음 중 2017년과 2020년 전체 어린이집 이용 영유아 수의 차는 몇 명인가?

① 146,829명　　　　　　　　　② 169,386명

③ 195,298명　　　　　　　　　④ 213,278명

⑤ 237,536명

※ 다음은 인구 고령화 추이를 나타낸 자료이다. 자료를 참고하여 이어지는 질문에 답하시오. [15~17]

〈인구 고령화 추이〉

(단위 : %)

구분	1999년	2004년	2009년	2014년	2019년
노인부양비	5.2	7.0	11.3	15.6	22.1
고령화지수	19.7	27.6	43.1	69.9	107.1

※ [노인부양비(%)] $=\dfrac{(65세\ 이상\ 인구)}{(15\sim64세\ 인구)}\times100$

※ [고령화지수(%)] $=\dfrac{(65세\ 이상\ 인구)}{(0\sim14세\ 인구)}\times100$

15 1999년 0 ~ 14세 인구가 50,000명이었을 때, 1999년 65세 이상 인구는 몇 명인가?

① 8,650명　　　　　　　　② 8,750명
③ 9,850명　　　　　　　　④ 9,950명
⑤ 10,650명

16 다음 중 2019년 고령화지수는 2014년 대비 몇 % 증가하였는가?(단, 소수점 이하 첫째 자리에서 반올림한다)

① 31%　　　　　　　　② 42%
③ 53%　　　　　　　　④ 64%
⑤ 75%

17 다음 〈보기〉의 설명 중 옳은 것을 모두 고르면?

〈보기〉

㉠ 노인부양비 추이는 5년 단위로 계속 증가하고 있다.
㉡ 고령화지수 추이는 5년 단위로 같은 비율로 증가하고 있다.
㉢ 2004년 대비 2009년의 노인부양비 증가폭은 4.3%p이다.
㉣ 5년 단위의 고령화지수 증가폭은 2014년 대비 2019년 증가폭이 가장 크다.

① ㉠, ㉡　　　　　　　　② ㉠, ㉢
③ ㉠, ㉡, ㉢　　　　　　　④ ㉠, ㉢, ㉣
⑤ ㉠, ㉡, ㉢, ㉣

안심Touch

18 다음 글에서 추론할 수 있는 것만을 〈보기〉에서 모두 고르면?

생산자가 어떤 자원을 투입물로 사용해서 어떤 제품이나 서비스 등의 산출물을 만드는 생산과정을 생각하자. 산출물의 가치에서 생산하는 데 소요된 모든 비용을 뺀 것이 '순생산가치'이다. 생산자가 생산과정에서 투입물 1단위를 추가할 때 순생산가치의 증가분이 '한계순생산가치'이다. 경제학자 P는 이를 ⓐ'사적(私的) 한계순생산가치'와 ⓑ'사회적 한계순생산가치'로 구분했다.

사적 한계순생산가치란 한 기업이 생산과정에서 투입물 1단위를 추가할 때 그 기업에 직접 발생하는 순생산가치의 증가분이다. 사회적 한계순생산가치란 한 기업이 투입물 1단위를 추가할 때 발생하는 사적 한계순생산가치에 그 생산에 의해 부가적으로 발생하는 사회적 비용을 빼고 편익을 더한 것이다. 여기서 이 생산과정에서 부가적으로 발생하는 사회적 비용이나 편익에는 그 기업의 사적 한계순생산가치가 포함되지 않는다.

〈보기〉

ㄱ. ⓐ의 크기는 기업의 생산이 사회에 부가적인 편익을 발생시키는지의 여부와 무관하게 결정된다.

ㄴ. 어떤 기업이 투입물 1단위를 추가할 때 사회에 발생하는 부가적인 편익이나 비용이 없는 경우, 이 기업이 야기하는 ⓐ와 ⓑ의 크기는 같다.

ㄷ. 기업 A와 기업 B가 동일한 투입물 1단위를 추가했을 때 각 기업에 의해 사회에 부가적으로 발생하는 비용이 같을 경우, 두 기업이 야기하는 ⓑ의 크기는 같다.

① ㄱ
② ㄷ
③ ㄱ, ㄴ
④ ㄴ, ㄷ
⑤ ㄱ, ㄴ, ㄷ

19 다음 글의 내용이 어떤 주장을 비판하는 논거일 때, 적절한 것은?

'모래언덕'이나 '바람'같은 개념은 매우 모호해 보인다. 작은 모래 무더기가 모래언덕이라고 불리려면 얼마나 높이 쌓여야 하는가? 바람이 되려면 공기는 얼마나 빨리 움직여야 하는가?

그러나 지질학자들이 관심 있는 대부분의 문제 상황에서 이런 개념들은 아무 문제없이 작동한다. 더 높은 수준의 세분화가 요구될 만한 맥락에서는 그때마다 '30m에서 40m 사이의 높이를 가진 모래언덕'이나 '시속 20km와 시속 40km 사이의 바람'처럼 수식어구가 달린 표현이 과학적 용어의 객관적인 사용을 뒷받침한다.

물리학 같은 정밀과학에서도 사정은 비슷하다. 물리학의 한 연구 분야인 저온물리학은 저온현상, 즉 초전도 현상을 비롯하여 절대온도 0K인 $-273.16℃$ 부근의 저온에서 나타나는 흥미로운 현상들을 연구한다. 그렇다면 정확히 몇 ℃부터 저온인가? 물리학자들은 이 문제를 놓고 다투지 않는다. 때로는 이 말이 헬륨의 끓는점($-268.6℃$) 같은 극저온 근방을 가리키는가 하면, 질소의 끓는점($-195.8℃$)이 기준이 되기도 한다.

과학자들은 모호한 것을 싫어한다. 모호성은 과학의 정밀성을 훼손할 뿐만 아니라 궁극적으로 과학의 객관성을 약화하기 때문이다. 그러나 모호성에 대응하는 길은 모든 측정의 오차를 0으로 만드는 데 있는 것이 아니라 대화를 통해 그 상황에 적절한 합의를 하는 데 있다.

① 과학의 정확성은 측정기술의 정확성에 달려 있다.
② 물리학 같은 정밀과학에서도 오차는 발생하기 마련이다.
③ 과학의 발달은 과학적 용어체계의 변화를 유발할 수 있다.
④ 과학적 언어의 객관성은 그 언어가 사용되는 맥락 속에서 확보된다.
⑤ 과학적 언어의 객관성은 용어의 엄밀하고 보편적인 정의에 의해서만 보장된다.

안심Touch

20 다음은 2015년부터 2020년까지 소유자별 국토면적을 나타낸 자료이다. 자료에 대한 설명 중 옳지 않은 것은?

〈소유자별 국토면적〉

(단위 : km²)

구분	2015년	2016년	2017년	2018년	2019년	2020년
전체	99,646	99,679	99,720	99,828	99,897	100,033
민유지	56,457	55,789	54,991	54,217	53,767	53,357
국유지	23,033	23,275	23,460	23,705	23,891	24,087
도유지	2,451	2,479	2,534	2,580	2,618	2,631
군유지	4,741	4,788	4,799	4,838	4,917	4,971
법인	5,207	5,464	5,734	5,926	6,105	6,287
비법인	7,377	7,495	7,828	8,197	8,251	8,283
기타	380	389	374	365	348	417

① 국유지 면적은 매년 증가하였고, 민유지 면적은 매년 감소하였다.
② 전년 대비 2016 ~ 2020년 군유지 면적의 증가량은 2019년에 가장 많다.
③ 2015년과 2020년을 비교했을 때, 법인보다 국유지 면적의 차이가 크다.
④ 전체 국토면적은 매년 조금씩 증가하고 있다.
⑤ 전년 대비 2020년 전체 국토면적의 증가율은 1% 미만이다.

21 A는 서점에서 소설, 에세이, 만화, 수험서, 잡지를 구매했다. 〈조건〉이 참일 때 A가 세 번째로 구매한 책으로 옳은 것은?

───〈조건〉───

• A는 만화와 소설보다 잡지를 먼저 구매했다.
• A는 수험서를 가장 먼저 구매하지 않았다.
• A는 에세이와 만화를 연달아 구매하지 않았다.
• A는 수험서를 구매한 다음 곧바로 에세이를 구매했다.
• A는 에세이나 소설을 마지막에 구매하지 않았다.

① 소설   ② 만화
③ 에세이   ④ 잡지
⑤ 수험서

22 철수는 서로 무게가 다른 각각 5개의 상자 A ~ E의 무게를 비교하려고 한다. 다음 〈조건〉을 만족할 때, 상자의 무게 순서로 적절한 것은?

〈조건〉

- C+D<A
- A+B>C+E
- A+C<E
- B=C+D

① D<C<B<A<E

② C<D<B<A<E

③ C<D<A<B<E

④ C<B<D<A<E

⑤ D<A<B<C<E

23 다음 중 SWOT 분석에 대한 설명으로 적절하지 않은 것은?

〈SWOT 분석〉

강점, 약점, 기회, 위협요인을 분석·평가하고 이들을 서로 연관 지어 전략을 개발하고 문제해결 방안을 개발하는 방법이다.

	강점 (Strength)	약점 (Weakness)
기회 (Opportunity)	SO	WO
위협 (Threat)	ST	WT

① 강점과 약점은 외부 환경요인에 해당하며, 기회와 위협은 내부 환경요인에 해당한다.

② SO전략은 강점을 살려 기회를 포착하는 전략을 의미한다.

③ ST전략은 강점을 살려 위협을 회피하는 전략을 의미한다.

④ WO전략은 약점을 보완하여 기회를 포착하는 전략을 의미한다.

⑤ WT전략은 약점을 보완하여 위협을 회피하는 전략을 의미한다.

24 다음은 A ~ C회사의 부서 간 정보교환을 나타낸 자료이다. 자료와 〈조건〉을 이용하여 작성한 각 회사의 부서 간 정보교환 형태가 그림과 같을 때, 그림의 (가) ~ (다)에 해당하는 회사를 바르게 나열한 것은?

〈표 1〉 A회사의 부서 간 정보교환

부서	a	b	c	d	e	f	g
a		1	1	1	1	1	1
b	1		0	0	0	0	0
c	1	0		0	0	0	0
d	1	0	0		0	0	0
e	1	0	0	0		0	0
f	1	0	0	0	0		0
g	1	0	0	0	0	0	

〈표 2〉 B회사의 부서 간 정보교환

부서	a	b	c	d	e	f	g
a		1	1	0	0	0	0
b	1		0	1	1	0	0
c	1	0		0	0	1	1
d	0	1	0		0	0	0
e	0	1	0	0		0	0
f	0	0	1	0	0		0
g	0	0	1	0	0	0	

〈표 3〉 C회사의 부서 간 정보교환

부서	a	b	c	d	e	f	g
a		1	0	0	0	0	1
b	1		1	0	0	0	0
c	0	1		1	0	0	0
d	0	0	1		1	0	0
e	0	0	0	1		1	0
f	0	0	0	0	1		1
g	1	0	0	0	0	1	

※ A ~ C회사는 각각 a ~ g의 7개 부서만으로 이루어지며, 부서 간 정보교환이 있으면 1, 없으면 0으로 표시함

〈조건〉

- 점(·)은 부서를 의미한다.
- 두 부서 간 정보교환이 있으면 두 점을 선(—)으로 직접 연결한다.
- 두 부서 간 정보교환이 없으면 두 점을 선(—)으로 직접 연결하지 않는다.

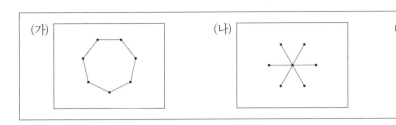

	(가)	(나)	(다)		(가)	(나)	(다)
①	A	B	C	②	A	C	B
③	B	A	C	④	B	C	A
⑤	C	A	B				

25 갑은 효율적인 월급 관리를 위해 펀드에 가입하고자 한다. A ~ D펀드 중에 하나를 골라 가입하려고 하는데, 안정적이고 우수한 펀드에 가입하기 위해 〈조건〉에 따라 비교하여 다음과 같은 결과를 얻었다. 〈보기〉에서 옳은 것만 골라 짝지은 것은?

─〈조건〉─
- 둘을 비교하여 우열을 가릴 수 있으면 우수한 쪽에는 5점, 아닌 쪽에는 2점을 부여한다.
- 둘을 비교하여 어느 한 쪽이 우수하다고 말할 수 없는 경우에는 둘 다 0점을 부여한다.
- 각 펀드는 다른 펀드 중 두 개를 골라 총 4번의 비교를 했다.
- 총합의 점수로는 우열을 가릴 수 없으며 각 펀드와의 비교를 통해서만 우열을 가릴 수 있다.

〈결과〉			
A펀드	B펀드	C펀드	D펀드
7점	7점	4점	10점

─〈보기〉─
ㄱ. D펀드는 C펀드보다 우수하다.
ㄴ. B펀드가 D펀드보다 우수하다고 말할 수 없다.
ㄷ. A펀드와 B펀드의 우열을 가릴 수 있으면 A ~ D까지의 우열순위를 매길 수 있다.

① ㄱ
② ㄱ, ㄴ
③ ㄱ, ㄷ
④ ㄴ, ㄷ
⑤ ㄱ, ㄴ, ㄷ

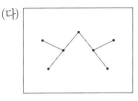

26 다음 중 키(Key)에 대한 설명으로 옳지 않은 것은?

① 축과 보스(풀리, 기어)를 결합하는 기계요소이다.

② 원주방향과 축방향 모두를 고정할 수 있지만 축방향은 고정하지 않아 축을 따라 미끄럼운동을 할 수도 있다.

③ 축방향으로 평행한 평행형이 있고 구배진 테이퍼형이 있다.

④ 키홈은 깊이가 깊어서 응력집중이 일어나지 않는 좋은 체결기구이다.

⑤ 주로 경강(硬鋼)으로 만들며, 일반적으로 키의 윗면에 1/100 정도의 기울기를 두어 쐐기와 같은 작용을 하게 한다.

27 길이 2m의 강체 OE는 그림에서 보여지는 순간에 시계방향의 각속도 $\omega = 10\text{rad/sec}$와 반시계방향 각가속도 $\alpha = 1,000\text{rad/sec}^2$으로 점 O에 대하여 평면 회전운동한다. 이 순간 E점의 가속도에 대한 설명으로 옳은 것은?

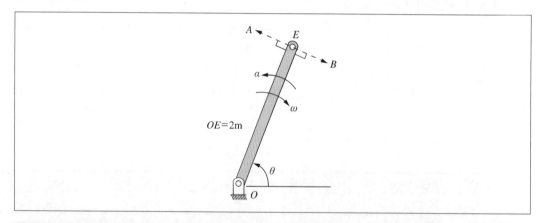

	접선가속도		법선가속도	
	방향	크기	방향	크기
①	$\overrightarrow{EA}$	200m/sec^2	$\overrightarrow{OE}$	$2,000\text{m/sec}^2$
②	$\overrightarrow{EA}$	$2,000\text{m/sec}^2$	$\overrightarrow{EO}$	200m/sec^2
③	$\overrightarrow{EA}$	$2,000\text{m/sec}^2$	$\overrightarrow{OE}$	200m/sec^2
④	$\overrightarrow{EB}$	$2,000\text{m/sec}^2$	$\overrightarrow{EO}$	200m/sec^2
⑤	$\overrightarrow{EB}$	200m/sec^2	$\overrightarrow{EO}$	$2,000\text{m/sec}^2$

28 다음 중 구성인선(Built Up Edge)에 대한 설명으로 옳지 않은 것은?

① 구성인선은 일반적으로 연성재료에서 많이 발생한다.
② 구성인선은 공구 윗면경사면에 윤활을 하면 줄일 수 있다.
③ 구성인선에 의해 절삭된 가공면은 거칠게 된다.
④ 구성인선은 절삭속도를 느리게 하면 방지할 수 있다.
⑤ 구성인선은 절삭깊이를 작게 하여 방지할 수 있다.

29 다음 중 강의 열처리 및 표면경화에 대한 설명으로 옳지 않은 것은?

① 구상화 풀림(Spheroidizing Annealing) : 과공석강에서 초석탄화물이 석출되어 기계가공성이 저하되는 문제를 해결하기 위해 행하는 열처리 공정으로, 탄화물을 구상화하여 기계가공성 및 인성을 향상시키기 위해 수행된다.
② 불림(Normalizing) : 가공의 영향을 제거하고 결정립을 조대화시켜 기계적 성질을 향상시키기 위해 수행된다.
③ 침탄법 : 표면은 내마멸성이 좋고 중심부는 인성이 있는 기계 부품을 만들기 위해 표면층만을 고탄소로 조성하는 방법이다.
④ 심랭처리 : 잔류 오스테나이트를 마텐자이트화 하기 위한 공정이다.
⑤ 질화법 : 질화용 강의 표면층에 질소를 확산시켜 표면층을 경화하는 방법이다.

30 다음 중 수차에 대한 설명으로 옳지 않은 것은?

① 프란시스 수차는 반동수차의 일종이다.
② 프란시스 수차에서는 고정깃과 안내깃에 의해 유도된 물이 회전차를 회전시키고 축방향으로 송출된다.
③ 프로펠러 수차는 축류형 반동수차로 수량이 많고 저낙차인 곳에 적용된다.
④ 펠턴 수차는 고낙차에서 수량이 많은 곳에 사용하기 적합하다.
⑤ 카플란 수차는 프로펠러 수차의 일종이다.

31 다음 중 가솔린기관과 디젤기관에 대한 설명으로 옳지 않은 것은?

① 디젤기관은 연료소비율이 낮고 열효율이 높다.
② 디젤기관은 평균유효압력 차이가 크지 않아 회전력 변동이 작다.
③ 디젤기관은 압축압력, 연소압력이 가솔린기관에 비해 낮아 출력당 중량이 작고, 제작비가 싸다.
④ 디젤기관은 연소속도가 느린 경유나 중유를 사용하므로 기관의 회전속도를 높이기 어렵다.
⑤ 디젤기관은 가솔린기관에 비해 진동 및 소음이 크다.

32 다음 중 펌프(Pump)에 대한 설명으로 옳지 않은 것은?

① 송출량 및 송출압력이 주기적으로 변화하는 현상을 수격현상(Water Hammering)이라 한다.

② 왕복펌프는 회전수에 제한을 받지 않아 고양정에 적합하다.

③ 원심펌프는 회전차가 케이싱 내에서 회전할 때 발생하는 원심력을 이용한다.

④ 축류 펌프는 유량이 크고 저양정인 경우에 적합하다.

⑤ 회전펌프는 운동부분이 등속회전을 하기 때문에 토출량의 변동이 적다.

33 다음 중 SM35C, SC350으로 표현된 재료규격의 설명으로 옳지 않은 것은?

① SM35C에서 SM은 기계구조용 탄소강재라는 것이다.

② SM35C에서 35C는 탄소함유량이 3.5%라는 것이다.

③ SC350에서 SC는 탄소강 주강품이라는 것이다.

④ SC350에서 350은 인장강도 350N/mm^2 이상을 나타낸다.

⑤ SM35C의 경우 평균 탄소량을 나타내는 숫자를 S(Steel)와 C(Carbon) 사이에 써서 표시한다.

34 단면이 원형이고 직경이 d인 막대의 길이(축)방향으로 인장하중이 작용하여 막대에 인장응력 σ가 생겼다면 이때 직경의 감소량을 나타내는 식은?[단, v는 푸아송의 비(Poisson's Ratio)이고, G는 전단탄성계수(Shear Modulus)이고, E는 영의 계수(Young's Modulus)이다]

① $\dfrac{vdG}{\sigma}$

② $\dfrac{v\sigma G}{d}$

③ $\dfrac{v\sigma d}{E}$

④ $\dfrac{v\sigma E}{d}$

⑤ $\dfrac{vdE}{\sigma}$

35 소성가공의 종류 중 압출가공에 대한 설명으로 옳은 것은?

① 소재를 용기에 넣고 높은 압력을 가하여 다이구멍으로 통과시켜 형상을 만드는 가공법이다.

② 소재를 일정온도 이상으로 가열하고 해머 등으로 타격하여 모양이나 크기를 만드는 가공법이다.

③ 원뿔형 다이구멍으로 통과시킨 소재의 선단을 끌어당기는 방법으로 형상을 만드는 가공법이다.

④ 회전하는 한 쌍의 롤 사이로 소재를 통과시켜 두께와 단면적을 감소시키고 길이방향으로 늘리는 가공법이다.

⑤ 소재나 공구(롤) 또는 그 양쪽을 회전시켜서 밀어붙여 공구의 모양과 같은 형상을 소재에 각인하는 가공법이다.

36 다음 중 리벳작업에서 코킹을 하는 목적으로 적절한 것은?

① 패킹재료를 삽입하기 위해 ② 파손재료를 수리하기 위해

③ 부식을 방지하기 위해 ④ 기밀을 유지하기 위해

⑤ 구멍을 뚫기 위해

37 다음 중 연마제를 압축공기를 이용하여 노즐로 고속분사시켜 고운 다듬질면을 얻는 가공법은?

① 액체호닝 ② 래핑

③ 호닝 ④ 슈퍼 피니싱

⑤ 숏 피닝

38 다음 중 인성(Toughness)에 대한 설명으로 옳은 것은?

① 국부 소성변형에 대한 재료의 저항성이다.

② 파괴가 일어나기까지의 재료의 에너지 흡수력이다.

③ 탄성변형에 따른 에너지 흡수력과 하중 제거에 따른 에너지의 회복력이다.

④ 파괴가 일어날 때까지의 소성변형의 정도이다.

⑤ 점성이 약하고 충격에 잘 견디는 성질이다.

39 다음 중 금속재료를 냉간소성가공하여 부품을 생산할 때 소재에서 일어나는 변화가 아닌 것은?

① 결정립의 변형으로 인한 단류선(Grain Flow Line) 형성

② 전위의 집적으로 인한 가공경화

③ 불균질한 응력을 받음으로 인한 잔류응력의 발생

④ 풀림효과에 의한 연성의 증대

⑤ 가공경화로 강도 증가

40 선반을 이용하여 지름이 50mm인 공작물을 절삭속도 196m/min로 절삭할 때 필요한 주축의 회전수는? (단, π는 3.14로 계산하고, 회전수는 일의 자리에서 반올림한다)

① 1,000rpm ② 1,250rpm

③ 3,120rpm ④ 3,920rpm

⑤ 4,320rpm

안심Touch

41 다음 중 강의 탄소함유량이 증가함에 따라 나타나는 특성으로 옳은 것은?

① 인장강도가 증가한다.　　　　　② 항복점이 감소한다.

③ 경도가 감소한다.　　　　　　　④ 충격치가 증가한다.

⑤ 인성이 증가한다.

42 다음 중 원심식 펌프에 해당하는 것만으로 짝지은 것은?

① 피스톤 펌프, 플런저 펌프　　　　② 벌루트 펌프, 터빈 펌프

③ 기어 펌프, 베인 펌프　　　　　　④ 마찰 펌프, 제트 펌프

⑤ 다이어프램 펌프, 나사 펌프

43 다음 중 큰 회전력을 전달할 수 있는 기계요소를 순서대로 나열한 것은?

① 안장키> 경사키> 스플라인키> 평키　　② 스플라인키> 경사키> 평키> 안장키

③ 안장키> 평키> 경사키> 스플라인키　　④ 스플라인키> 평키> 경사키> 안장키

③ 안장키> 경사키> 평키> 스플라인키

44 다음 중 재결정온도에 대한 설명으로 옳은 것은?

① 1시간 안에 95% 이상의 재결정이 이루어지는 온도이다.

② 재결정이 시작되는 온도이다.

③ 시간에 상관없이 재결정이 완결되는 온도이다.

④ 재결정이 완료되어 결정립성장이 시작되는 온도이다.

⑤ 가공도가 클수록 낮아지는 온도이다.

45 강의 열처리에서 생기는 조직 중 가장 경도가 높은 것은?

① 펄라이트(Pearlite)　　　　　　② 소르바이트(Sorbite)

③ 마텐자이트(Martensite)　　　　④ 트루스타이트(Troostite)

⑤ 페라이트(Ferrite)

46 다음 중 연삭숫돌 및 연삭공정에 대한 설명으로 옳지 않은 것은?

① 연삭숫돌의 숫돌입자 크기를 나타내는 입도번호가 낮을수록 연삭공정으로 우수한 표면 정도를 얻을 수 있다.

② 결합도가 높은 연삭숫돌은 연한 재료의 연삭공정에 사용된다.

③ 연삭숫돌은 숫돌입자, 결합제, 기공의 세 가지 요소로 구성된다.

④ 연삭공정은 전통적인 절삭공정보다 높은 비에너지를 요구한다.

⑤ 연삭숫돌의 종류는 A계 연삭숫돌과 C계 연삭숫돌이 있다.

47 나사산의 각도가 55°인 나사는?

① 관용나사　　　　　　　　　　② 미터보통나사

③ 미터계(TM) 사다리꼴나사　　　④ 인치계(TW) 사다리꼴나사

⑤ 아메리카 나사

48 환경경영체제에 관한 국제표준화규격의 통칭으로, 기업 활동 전반에 걸친 환경경영체제를 평가하여 객관적으로 인증(認證)하는 것은 무엇인가?

① ISO 14000　　　　　　　　　② ISO 9004

③ ISO 9001　　　　　　　　　　④ ISO 9000

⑤ ISO 8402

49 다음 중 마그네슘에 관한 설명으로 옳지 않은 것은?

① 비중이 알루미늄보다 크다.

② 조밀육방격자이며 고온에서 발화하기 쉽다.

③ 대기 중에서 내식성이 양호하나 산 및 바닷물에 침식되기 쉽다.

④ 알칼리성에 거의 부식되지 않는다.

⑤ 비강도가 우수하여 항공기나 자동차부품으로 사용된다.

50 다음 중 탄소강 판재로 이음매가 없는 국그릇모양의 몸체를 만드는 가공법은?

① 스피닝　　　　　　　　　　　② 컬링

③ 비딩　　　　　　　　　　　　④ 플랜징

⑤ 벌징

26 다음 중 PN접합 다이오드의 대표적 응용작용은?

① 증폭작용　　　　　　　　　　② 발진작용

③ 정류작용　　　　　　　　　　④ 변조작용

⑤ 승압작용

27 다음 중 전류에 의한 자계의 세기와 관계가 있는 법칙은?

① 비오 - 사바르의 법칙　　　　② 렌츠의 법칙

③ 키르히호프의 법칙　　　　　④ 옴의 법칙

⑤ 플레밍의 왼손 법칙

28 다음 그림과 같은 회로에서 전류는 몇 A인가?

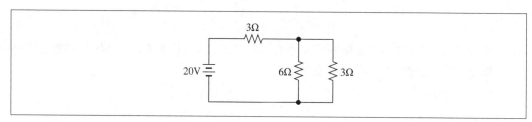

① 2A　　　　　　　　　　　　② 3A

③ 4A　　　　　　　　　　　　④ 5A

⑤ 6A

29 어떤 회로에 $V=200\sin\omega t$의 전압을 가했더니 $I=50\sin(\omega t+\frac{\pi}{2})$의 전류가 흘렀다. 다음 중 이 회로는?

① 저항회로　　　　　　　　　　② 유도성회로

③ 임피던스회로　　　　　　　　④ 용량성회로

⑤ 부성저항회로

30 보통 전기 기계에서는 규소 강판을 성층하여 사용하는 경우가 많다. 성층하는 이유는 다음 중 어느 것을 줄이기 위한 것인가?

① 히스테리시스손　　　　　　　② 와류손

③ 동손　　　　　　　　　　　　④ 기계손

⑤ 마찰손

31 다음 중 데이터 전송 제어에서 수행되는 내용에 속하지 않는 것은?

① 회선 제어
② 흐름 제어
③ 에러 제어
④ 동기 제어
⑤ 입출력 제어

32 다음 중 직류기에서 전기자 반작용을 방지하기 위한 보상권선의 전류 방향은?

① 계자 전류의 방향과 같다.
② 계자 전류의 방향과 반대이다.
③ 전기자 전류 방향과 같다.
④ 정류자 전류 방향과 같다.
⑤ 전기자 전류 방향과 반대이다.

33 충전된 대전체를 대지(大地)에 연결하면 대전체는 어떻게 되는가?

① 방전한다.
② 반발한다.
③ 충전이 계속된다.
④ 반발과 흡인을 반복한다.
⑤ 대전한다.

34 다음 그림과 같은 파형의 파형률은 얼마인가?

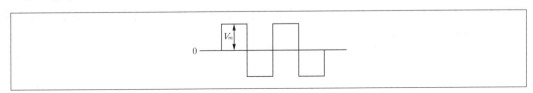

① 1
② 1.11
③ 1.2
④ 1.4
⑤ 1.5

35 다음 기전력에 대한 설명으로 옳은 것은?

① 전기 저항의 역수
② 전류를 흐르게 하는 원동력
③ 도체에 흐르는 전류의 세기
④ 전기의 흐름
⑤ 전위의 차

36 $v = V_m \sin(\omega t + 30°)[V]$, $i = Im \sin(\omega t - 30°)[A]$일 때 전압을 기준으로 하면 전류의 위상차는?

① 60° 뒤진다.

② 60° 앞선다.

③ 30° 뒤진다.

④ 30° 앞선다.

⑤ 15° 뒤진다.

37 다음 중 2대의 동기 발전기의 병렬 운전 조건으로 같지 않아도 되는 것은?

① 기전력의 위상

② 기전력의 주파수

③ 기전력의 임피던스

④ 기전력의 크기

⑤ 기전력의 파형

38 다음 중 코일에 발생하는 유기 기전력의 크기에 대한 설명으로 옳은 것은?

① 코일의 권수에 비례한다.

② 시간의 변화에 비례한다.

③ 시간의 변화에 반비례한다.

④ 코일에 쇄교하는 자속수에 비례한다.

⑤ 코일에 쇄교하는 자속수에 반비례한다.

39 5A의 전류를 흘려 질산은 용액에 10g의 은을 석출하는 데 걸리는 시간은 몇 분인가?(단, 전기 화학 당량은 0.001118g/c이다)

① 약 30분

② 약 32분

③ 약 34분

④ 약 36분

⑤ 약 38분

40 다음 중 회전 변류기의 직류측 전압을 조정하는 방법이 아닌 것은?

① 직렬 리액턴스에 의한 방법

② 여자 전류를 조정하는 방법

③ 동기 승압기를 사용하는 방법

④ 부하 시 전압 조정 변압기를 사용하는 방법

⑤ 유도 전압 조정기를 사용하는 방법

41 다음 중 동기기를 병렬운전 할 때, 순환 전류가 흐르는 원인은?

① 기전력의 저항이 다른 경우 ② 기전력의 위상이 다른 경우
③ 기전력의 전류가 다른 경우 ④ 기전력의 역률이 다른 경우
⑤ 기전력의 전압이 다른 경우

42 다음 중 직류기에 있어서 불꽃 없는 정류를 얻는 데 가장 유효한 방법은?

① 보극과 탄소브러시 ② 탄소브러시와 보상권선
③ 보극과 보상권선 ④ 자기포화와 보극
⑤ 자기포화와 탄소브러시

43 변압기 중성점에 2종 접지공사를 하는 이유는?

① 전류 변동의 방지 ② 전압 변동의 방지
③ 전력 변동의 방지 ④ 고저압 혼촉 방지
⑤ 전류 단락의 방지

44 다음 플로어 덕트 부속품 중 박스의 플러그 구멍을 메우는 것의 명칭은?

① 덕트 서포트 ② 아이언 플러그
③ 덕트 플러그 ④ 인서트 마커
⑤ 터미널 러그

45 주파수 60Hz 회로에 접속되어 슬립 3%, 회전수 1,164rpm으로 회전하고 있는 유도 전동기의 극수는?

① 5극 ② 6극
③ 7극 ④ 10극
⑤ 12극

46 유기 기전력과 관계가 있는 것은 다음 중 어느 것인가?

① 쇄교 자속수의 변화에 비례한다. ② 쇄교 자속수에 비례한다.
③ 시간에 비례한다. ④ 쇄교 자속수에 반비례한다.
⑤ 쇄교 자속수의 변화에 반비례한다.

47 2kVA의 단상 변압기 3대를 써서 △ 결선하여 급전하고 있는 경우 1대가 소손되어 나머지 2대로 급전하게 되었다. 이 2대의 변압기는 과부하를 20%까지 견딜 수 있다고 하면 2대가 부담할 수 있는 최대 부하는?(단, 소수점 이하 셋째 자리에서 반올림한다)

① 3.46kVA
② 4.16kVA
③ 5.16kVA
④ 6.92kVA
⑤ 7.56kVA

48 그림과 같이 3Ω, 7Ω, 10Ω의 세 개의 저항을 직렬로 접속하여 이 양단에 100V 직류 전압을 가했을 때, 세 개의 저항에 흐르는 전류는 얼마인가?

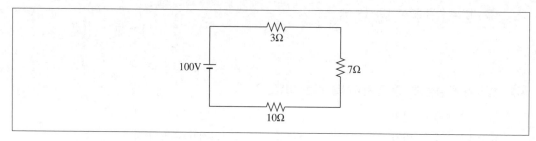

① 1A
② 5A
③ 8A
④ 15A
⑤ 18A

49 다음 중 코드 상호, 캡타이어 케이블 상호 접속 시 사용해야 하는 것은?

① 와이어 커넥터
② 코드 접속기
③ 케이블 타이
④ 테이블 탭
⑤ 리셉터클

50 다음 중 활선 상태에서 전선의 피복을 벗기는 공구는?

① 전선 피박기
② 애자커버
③ 와이어 통
④ 데드앤드 커버
⑤ 마이크로미터

제3회
코레일 한국철도공사
차량 / 운전직

NCS 직업기초능력평가 +
직무수행능력평가

〈문항 및 시험시간〉

평가영역	문항 수	시험시간	모바일 OMR 답안분석	
[NCS] 의사소통능력＋수리능력＋문제해결능력 [전공] 기계일반 / 전기일반	50문항	60분	기계일반	전기일반

제3회 모의고사

※ 본서에는 기계일반, 전기일반 과목을 모두 수록하였으니, 희망 응시과목에 맞추어 학습하시기 바랍니다.

| 01 | 직업기초능력평가

01 다음 글의 내용과 부합하는 것은?

> '청렴(淸廉)'은 현대 사회에서 좁게는 반부패와 동의어로 사용되며 넓게는 투명성과 책임성 등을 포괄하는 통합적 개념으로 사용되고 있다. 유학자들은 청렴을 효제와 같은 인륜의 덕목보다는 하위에 두었지만 군자라면 마땅히 지켜야 할 일상의 덕목으로 중시하였다. 조선의 대표적 유학자였던 이황과 이이는 청렴을 사회 규율이자 개인 처세의 지침으로 강조하였다. 특히 공적 업무에 종사하는 사람이라면 사회 규율로서의 청렴이 개인의 처세와 직결된다는 점에 유념해야 한다고 보았다.
>
> 청렴에 대한 논의는 정약용의 『목민심서』에서 본격적으로 나타난다. 정약용은 청렴이야말로 목민관이 지켜야 할 근본적인 덕목이며, 목민관의 직무는 청렴이 없이는 불가능하다고 강조하였다. 정약용은 청렴을 당위의 차원에서 주장하는 기존의 학자들과 달리 행위자 자신에게 실질적 이익이 된다는 점을 들어 설득하고자 하였다. 그는 청렴은 큰 이득이 남는 장사라고 말하면서, 지혜롭고 욕심이 큰 사람은 청렴을 택하지만 지혜가 짧고 욕심이 작은 사람은 탐욕을 택한다고 설명한다. 정약용은 "지자(知者)는 인(仁)을 이롭게 여긴다."라는 공자의 말을 빌려 "지혜로운 자는 청렴함을 이롭게 여긴다."라고 하였다. 비록 재물을 얻는 데 뜻이 있더라도 청렴함을 택하는 것이 결과적으로는 지혜로운 선택이라고 정약용은 말한다. 목민관의 작은 탐욕은 단기적으로 보면 눈 앞의 재물을 취하여 이익을 얻을 수 있겠지만 궁극에는 개인의 몰락과 가문의 불명예를 가져올 수 있기 때문이다.
>
> 정약용은 청렴을 지키는 것은 두 가지 효과가 있다고 보았다. 첫째, 청렴은 다른 사람에게 긍정적 효과를 미친다. 목민관이 청렴할 경우 백성을 비롯한 공동체 구성원에게 좋은 혜택이 돌아갈 것이다. 둘째, 청렴한 행위를 하는 것은 목민관 자신에게도 좋은 결과를 가져다 준다. 청렴은 그 자신의 덕을 높이는 것일 뿐 아니라 자신의 가문에 빛나는 명성과 영광을 가져다줄 것이다.

① 정약용은 청렴이 목민관이 반드시 지켜야 할 덕목임을 당위론 차원에서 정당화하였다.

② 정약용은 탐욕을 택하는 것보다 청렴을 택하는 것이 이롭다는 공자의 뜻을 계승하였다.

③ 정약용은 청렴한 사람은 욕심이 작기 때문에 재물에 대한 탐욕에 빠지지 않는다고 보았다.

④ 정약용은 청렴이 백성에게 이로움을 줄 뿐 아니라 목민관 자신에게도 이로운 행위라고 보았다.

⑤ 이황과 이이는 청렴을 개인의 처세에 있어 주요 지침으로 여겼으나 사회 규율로는 보지 않았다.

02 다음은 문서의 종류에 따른 문서 작성법이다. 문서 작성법에 따른 문서의 종류가 바르게 연결된 것은?

> (가) 상품이나 제품에 대해 정확하게 기술하기 위해서는 가급적 전문용어의 사용을 삼가고 복잡한 내용은 도표화한다.
> (나) 대외문서이고, 장기간 보관되는 문서이므로 정확하게 기술해야 하며, 한 장에 담아내는 것이 원칙이다.
> (다) 보통 업무 진행 과정에서 쓰는 경우가 대부분이므로 무엇을 도출하고자 했는지 핵심내용을 구체적으로 제시한다. 이때, 간결하고 핵심적인 내용의 도출이 우선이므로 내용의 중복을 피해야 한다.
> (라) 상대가 요구하는 것이 무엇인지 고려하여 설득력을 갖추어야 하며, 제출하기 전에 충분히 검토해야 한다.

	(가)	(나)	(다)	(라)
①	공문서	보고서	설명서	기획서
②	공문서	기획서	설명서	보고서
③	설명서	공문서	기획서	보고서
④	설명서	공문서	보고서	기획서
⑤	기획서	설명서	보고서	공문서

03 다음 글의 주제로 적절한 것은?

> 싱가포르에서는 1982년부터 자동차에 대한 정기검사 제도가 시행되었는데, 그 체계가 우리나라의 검사제도와 매우 유사하다. 단, 국내와는 다르게 재검사에 대해 수수료를 부과하고 있고, 그 금액은 처음 검사 수수료의 절반이다.
> 자동차검사에서 특이한 점은 2007년 1월 1일부터 디젤 자동차에 대한 배출가스 정밀검사가 시행되고 있다는 점이다. 안전도검사의 검사방법 및 기준은 교통부에서 주관하고, 배출가스검사의 검사방법 및 기준은 환경부에서 주관하고 있다.
> 싱가포르는 사실상 자동차 등록 총량제에 의해 관리되고 있다. 우리나라와는 다르게 자동차를 운행할 수 있는 권리증을 자동차 구매와 별도로 구매하여야 하며 그 가격이 매우 높다. 또한, 일정 구간(혼잡구역)에 대한 도로세를 우리나라의 하이패스시스템과 유사한 시스템인 ERP시스템을 통하여 징수하고 있다.
> 강력한 자동차 안전도 규제, 이륜차에 대한 체계적인 검사와 ERP를 이용한 관리를 통해 검사진로 내에서 사진촬영보다 유용한 시스템을 적용한다. 그리고 분기별 기기 정밀도 검사를 시행하여 국민에게 신뢰받을 수 있는 정기검사 제도를 시행하고 국민의 신고에 의한 수시 검사제도를 통하여 불법자동차 근절에 앞장서고 있다.

① 싱가포르 자동차 관리 시스템
② 싱가포르와 우리나라의 교통규제시스템
③ 싱가포르의 자동차 정기검사 제도
④ 싱가포르의 불법자동차 근절방법
⑤ 국민에게 신뢰받는 싱가포르의 교통법규

04 다음은 서울 및 수도권 지역의 가구를 대상으로 난방방식 현황 및 난방연료 사용현황을 조사한 자료이다. 자료에 대한 설명으로 옳은 것은?

〈난방방식 현황〉

(단위 : %)

종류	서울	인천	경기남부	경기북부	전국 평균
중앙난방	22.3	13.5	6.3	11.8	14.4
개별난방	64.3	78.7	26.2	60.8	58.2
지역난방	13.4	7.8	67.5	27.4	27.4

※ 경기지역은 남부와 북부로 나눠 조사함

〈난방연료 사용현황〉

(단위 : %)

종류	서울	인천	경기남부	경기북부	전국 평균
도시가스	84.5	91.8	33.5	66.1	69.5
LPG	0.1	0.1	0.4	3.2	1.4
등유	2.4	0.4	0.8	3.0	2.2
열병합	12.6	7.4	64.3	27.1	26.6
기타	0.4	0.3	1.0	0.6	0.3

① 경기북부지역의 경우 도시가스를 사용하는 가구 수가 등유를 사용하는 가구 수의 30배 이상이다.
② 다른 난방연료와 비교했을 때 서울과 인천지역에서는 등유를 사용하는 비율이 가장 낮다.
③ 지역난방을 사용하는 가구 수는 서울이 인천의 약 1.7배이다.
④ 경기지역은 남부가 북부보다 지역난방을 사용하는 비율이 낮다.
⑤ 경기남부의 가구 수가 경기북부의 가구 수의 2배라면, 경기지역에서 개별난방을 사용하는 가구 수의 비율은 약 37.7%이다.

※ 다음은 K공사의 해외출장 보고서의 일부 내용이다. 다음 보고서를 참고하여 이어지는 질문에 답하시오.
[5~6]

Ⅰ. 해외출장 개요
  1. 목적 : K공사 호주 연구개발 정책 및 기술현황 조사
  2. 기간 : 2020년 7월 1일 ~ 2020년 7월 10일(10일간)
  3. 국가 : 호주(멜버른, 시드니)
  4. 출장자 인적사항

소속		직위	성명	비고
사업실	사업기획부	1급	김영훈	팀장
	사업관리부	2급	김중민	팀원
	품질관리부	4급	최고진	팀원
	자산관리부	4급	이기현	팀원
	수수료관리부	3급	정유민	팀원
인사실	인사관리부	2급	서가람	팀원

Ⅱ. 주요업무 수행 사항
  1. 출장의 배경 및 세부 일정
    가. 출장 배경
      ㄱ. K공사는 호주 기관과 1998년 2월 양자협력 양해각서(MOU)를 체결하여 2년 주기로 양 기관 간 협력 회의 개최
      ㄴ. 연구개발 주요 정책 및 중장기 핵심 정책 조사
      ㄷ. 지역특화 연구개발 서비스 현황 조사

---

05 다음 중 제시된 보고서에 반드시 포함되어야 할 내용으로 적절한 것은?

① 대상이 되는 사람들의 나이와 성별 정보, 시간 단위별로 제시된 자세한 일정 관련 정보
② 출장지에서 특별히 주의해야 할 사항, 과거 협력 회의 시 다루었던 내용 요약
③ 자세한 일정 관련 정보, 과거 협력 회의 시 다루었던 내용 요약
④ 과거 협력 회의 시 다루었던 내용 요약, 대상이 되는 사람들의 나이와 성별 정보
⑤ 대상이 되는 사람들의 나이와 성별 정보, 출장지에서 특별히 주의해야 할 사항

06 다음 중 전체 보고서의 흐름으로 적절한 것은?

① 해외 출장 개요 – 주요 수행내용 – 첨부 자료 – 결과보고서 – 수행 내용별 세부사항
② 해외 출장 개요 – 주요 수행내용 – 결과보고서 – 수행 내용별 세부사항 – 첨부 자료
③ 해외 출장 개요 – 주요 수행내용 – 결과보고서 – 첨부 자료 – 수행 내용별 세부사항
④ 해외 출장 개요 – 주요 수행내용 – 수행 내용별 세부사항 – 첨부 자료 – 결과보고서
⑤ 해외 출장 개요 – 주요 수행내용 – 수행 내용별 세부사항 – 결과보고서 – 첨부 자료

제3회 모의고사

07 다음은 단위면적당 도시공원 · 녹지 · 유원지 현황을 나타낸 표이다. 자료를 통해 얻을 수 있는 정보로 옳지 않은 것은?

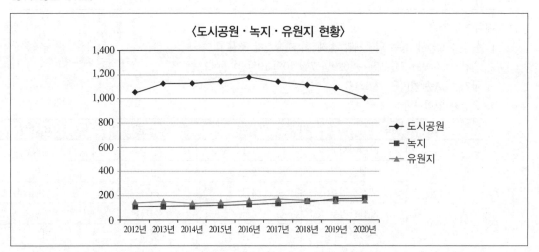

① 도시공원의 면적은 2017년부터 감소하고 있다.
② 녹지의 면적은 꾸준히 증가하고 있다.
③ 도시공원의 면적은 녹지와 유원지의 면적보다 월등히 넓다.
④ 2017년부터 녹지의 면적은 유원지 면적을 추월했다.
⑤ 도시공원의 면적은 2016년에 가장 넓다.

08 A씨는 오후 2시에 예정되어 있는 면접을 보기 위해 집에서 오후 1시에 출발하였다. 시속 80km인 버스를 타고 가다가 1시 30분에 갑자기 사고가 나서 바로 버스에서 내렸다. 집에서 면접 장소까지 50km 떨어져 있고 남은 거리를 달려간다고 할 때, 면접 시각까지 늦지 않고 도착하려면 최소 몇 km/h로 가야 하는가?

① 10km/h   ② 15km/h
③ 20km/h   ④ 25km/h
⑤ 30km/h

09 다음은 Z국의 PC와 스마트폰 기반 웹 브라우저 이용에 대한 설문조사를 바탕으로, 2020년 10월 ~ 2021년 1월 동안 매월 이용률 상위 5종 웹 브라우저의 이용률 현황을 정리한 자료이다. 자료에 대한 설명으로 옳은 것은?

〈표 1〉 PC 기반 웹 브라우저

(단위 : %)

조사시기 웹 브라우저 종류	2020년			2021년
	10월	11월	12월	1월
인터넷 익스플로러	58.22	58.36	57.91	58.21
파이어폭스	17.70	17.54	17.22	17.35
크롬	16.42	16.44	17.35	17.02
사파리	5.84	5.90	5.82	5.78
오페라	1.42	1.39	1.33	1.28
상위 5종 전체	99.60	99.63	99.63	99.64

※ 무응답자는 없으며, 응답자는 1종의 웹 브라우저만을 이용하였다.

〈표 2〉 스마트폰 기반 웹 브라우저

(단위 : %)

조사시기 웹 브라우저 종류	2020년			2021년
	10월	11월	12월	1월
사파리	55.88	55.61	54.82	54.97
안드로이드 기본 브라우저	23.45	25.22	25.43	23.49
크롬	6.85	8.33	9.70	10.87
오페라	6.91	4.81	4.15	4.51
인터넷 익스플로러	1.30	1.56	1.58	1.63
상위 5종 전체	94.39	95.53	95.68	95.47

※ 무응답자는 없으며, 응답자는 1종의 웹 브라우저만을 이용하였다.

① 2020년 10월 전체 설문조사 대상 스마트폰 기반 웹 브라우저는 10종 이상이다.
② 2021년 1월 이용률 상위 5종 웹 브라우저 중 PC 기반 이용률 순위와 스마트폰 기반 이용률 순위가 일치하는 웹 브라우저는 없다.
③ PC 기반 이용률 상위 5종 웹 브라우저의 이용률 순위는 매월 동일하다.
④ 스마트폰 기반 이용률 상위 5종 웹 브라우저 중 2020년 10월과 2021년 1월 이용률의 차이가 2%p 이상인 것은 크롬뿐이다.
⑤ 스마트폰 기반 이용률 상위 3종 웹 브라우저 이용률의 합은 매월 90% 이상이다.

※ 다음은 워라밸(Work and Life Balance)을 주제로 한 기사 내용이다. 다음 기사를 읽고 이어지는 질문에 답하시오. [10~11]

(가) 최근 정부는 '일자리 정책 5년 로드맵'에서 주당 최대 근로시간을 52시간으로 확립해 국민의 삶의 질을 개선하고 생산성을 높이겠다는 계획을 밝혔다. 계획대로라면 연간 평균 근로시간이 2016년의 2,052시간에서 2022년에는 1,890시간으로 줄어들게 되는 것이다. 이처럼 국민의 일과 생활의 균형을 찾아주겠다는 현 정부의 의지는 유통업계를 중심으로 '워라밸' 문화 열풍을 몰고 왔다.

(나) 워라밸은 영문표현 'Work and Life Balance'의 줄임말로 개인의 일과 생활이 조화롭게 균형을 유지하고 있는 상태를 의미한다. 워라밸을 통해 직원들의 업무 만족도가 높아지고, 이는 회사에 대한 애사심으로 이어져 결국 퇴사율을 낮춘다는 연구 결과를 통해 최근 여러 기업에서는 단축 근무 실시, 연가 사용 활성화 등 다양한 워라밸 제도를 앞다퉈 실시하고 있다.

(다) 게임 서비스 회사 A엔터테인먼트는 작년 하반기부터 '퍼플타임제'를 시행해 출근 시간을 자유롭게 선택해서 일정 시간을 근무한 후 각자 다른 시간에 퇴근하는 탄력 근무제도를 시행해 왔다. 즉 오전 8시 30분에서 오전 10시 30분 사이에 직원들이 출근 시간을 자율적으로 결정해 육아, 자기계발 등 직원 본인과 가족의 라이프스타일에 맞춰 활용할 수 있도록 한 것이다. 그리고 B그룹은 5년마다 최대 한 달간 자기 계발의 시간을 가질 수 있는 '창의 휴가 제도'를 운용 중이다. 창의 휴가 제도는 입사일을 기준으로 5년마다 4주간의 휴가를 낼 수 있으며, 근속 연수에 따라 50만~500만 원의 휴가비를 지급한다.

(라) C그룹은 업무 시간 이후 직원들에게 메시지, 메일, 전화 등을 통한 업무 지시를 일절 금지한다. 또한, 퇴근 시간이 임박했을 때는 새로운 업무 지시를 할 수 없도록 하고 있다. 직원들의 퇴근 후 휴식권을 보장하기 위함이다. D그룹은 대기업 최초 주 35시간 근무제를 도입했다. 오전 9시에 출근해 오후 5시에 퇴근하는 '9 to 5제'가 적용되어 임직원은 하루 7시간만 근무하면 된다. 오후 5시면 컴퓨터가 저절로 꺼져 직원들은 사무실에 남아 있어도 업무를 볼 수가 없다.

(마) 지난해 발표된 OECD의 '2017 고용 동향'에 따르면 한국의 2016년 기준 국내 취업자 1인당 평균 노동시간은 2,069시간으로 OECD 회원 35개국의 평균보다 무려 305시간 많았다. 이를 하루 법정 노동시간인 8시간으로 나누면 한국 취업자는 OECD 평균보다 38일 더 일한 셈이다. 하지만 같은 해 OECD 발표에 따르면, 각국의 노동생산성 수준은 미국, 프랑스, 독일이 시간당 약 60달러에 이르는데 비해, 한국은 33.1달러로 이들 국가의 절반 수준에 그쳤다. 오랜 근무시간이 노동 생산성과 비례하지 않음을 알 수 있는 것이다. 이러한 상황에서 과로 사회를 탈피하고 일과 생활의 균형을 유지하고자 하는 워라밸 열풍이 한국 노동 생산성에 긍정적인 영향을 미칠지 귀추가 주목된다.

10 다음 중 기사에 대한 (가)~(마) 문단의 제목으로 적절하지 않은 것은?

① (가) : 정부의 정책으로 나타난 워라밸 열풍
② (나) : 워라밸의 의미와 최근 실태
③ (다) : 퍼플타임제와 창의 휴가 제도에서 나타나는 워라밸
④ (라) : 퇴근 후 업무 지시와 야근의 심각성
⑤ (마) : 비효율적인 한국 노동의 실태와 워라밸 열풍에 대한 기대

11 다음 중 기사를 읽고 이해한 내용으로 올바른 것은?

① 5년마다 최대 한 달간 자기 계발의 시간을 가질 수 있는 제도는 주 35시간 근무제이다.
② 2016년 한국의 노동생산성 수준이 프랑스보다 낮음을 알 수 있다.
③ 주 35시간 근무제는 야근을 희망하는 사람들을 제외하고는 오후 5시 이후에 업무를 볼 수 없다.
④ 워라밸은 기업의 매출 감소로 이어져 퇴사율이 높아질 수 있다.
⑤ 출근 시간은 정해져 있지만, 각자 다른 시간에 퇴근하는 근무제도는 퍼플타임제이다.

12 다음은 기술 보급 실패의 사례 중 하나인 플레이펌프에 대한 글이다. 다음 글에 대한 교훈으로 가장 적절한 것은?

플레이펌프는 아이들의 회전놀이 기구이자 물을 끌어올리는 펌프이다. 아이들이 플레이펌프를 돌리면서 놀기만 하면 그것이 동력이 되어 지하수를 끌어올려 탱크에 물을 저장하는 것이다. 이 간단한 아이디어 사업에 미국의 정치가와 기부자들이 동참했고, 수천만 불의 기부금을 모아 남아프리카와 모잠비크에 1,500대가 넘는 플레이펌프를 공급했다. 아이들은 플레이펌프를 보며 좋아했으며, 이 사업은 성공적으로 보였다. 하지만 결론적으로 이 사업은 실패했고, 아무도 플레이펌프에 대해 더 이상 이야기하려 하지 않는다. 그 원인을 살펴보자면 우선 어린이 한 명당 겨우 2리터의 물을 끌어올려 기존의 펌프보다 훨씬 효율이 좋지 않았다. 또한 물을 끌어올리기가 쉽지 않아 플레이펌프는 아이들에게 더 이상 놀이가 아닌 일이 되어 버린 것이다.

이러한 플레이펌프는 기술 보급 실패의 사례로 볼 수 있다. 저개발국가의 빈곤 문제에 경제적인 지원만으로 접근해서는 성공할 수 없음을 분명히 보여주고 있는 것이다. 적정기술의 정의에 따르면, 기술은 현지인의 문화와 사회에 적합해야 한다. 또 현지인들이 참여하는 방식이 되어야 한다. 기술의 현지 적용 가능성에 대한 테스트도 없이 무리하게 보급된 플레이펌프는 결국 대부분 폐기처리되었다. 현지인들은 말한다. "언제 우리가 이런 것을 갖다 달라고 했나."라고. 이 사례는 적정기술의 개발과 보급에 신중해야 함을 시사한다.

① 실패는 전달되는 중에 항상 축소된다.
② 실패를 비난·추궁할수록 더 큰 실패를 낳는다.
③ 방치해놓은 실패는 성장한다.
④ 성공은 99%의 실패로부터 얻은 교훈과 1%의 영감으로 구성된다.
⑤ 좁게 보면 성공인 것이 전체를 보면 실패일 수 있다.

13 다음은 발명 기법인 SCAMPER 발상법의 7단계이다. 〈보기〉와 같은 사례는 어느 단계에 속하는가?

〈SCAMPER〉						
S	C	A	M	P	E	R
대체하기	결합하기	조절하기	수정·확대·축소하기	용도 바꾸기	제거하기	역발상·재정리하기

────────〈보기〉────────

㉠ 짚신 → 고무신 → 구두
㉡ (스마트폰)=(컴퓨터)+(휴대폰)+(카메라)
㉢ 화약 : 폭죽 → 총

	㉠	㉡	㉢			㉠	㉡	㉢
①	A	E	E		②	S	C	P
③	M	C	C		④	A	P	P
⑤	S	R	S					

14 서로 다른 직업을 가진 남자 2명과 여자 2명이 다음 〈조건〉에 맞게 원탁에 앉아있을 때, 설명으로 옳은 것은?

────────〈조건〉────────

- 네 사람의 직업은 각각 교사, 변호사, 자영업자, 의사이다.
- 네 사람은 각각 검은색 원피스, 파란색 자켓, 흰색 니트, 밤색 티셔츠를 입고 있으며, 이 중 검은색 원피스는 여자, 파란색 자켓은 남자가 입고 있다.
- 남자는 남자끼리, 여자는 여자끼리 인접해서 앉아 있다.
- 변호사는 흰색 니트를 입고 있다.
- 자영업자는 남자이다.
- 의사의 왼쪽 자리에 앉은 사람은 검은색 원피스를 입었다.
- 교사는 밤색 티셔츠를 입은 사람과 원탁을 사이에 두고 마주보고 있다.

① 교사와 의사는 원탁을 사이에 두고 마주보고 있다.
② 변호사는 남자이다.
③ 밤색 티셔츠를 입은 사람은 여자이다.
④ 의사는 파란색 자켓을 입고 있다.
⑤ 검은색 원피스를 입은 여자는 자영업자의 옆에 앉아 있다.

사회 현상을 볼 때는 돋보기로 세밀하게, 그리고 때로는 멀리 떨어져서 전체 속에 어떻게 위치하고 있는가를 동시에 봐야 한다. 숲과 나무는 서로 다르지만 따로 떼어 생각할 수 없기 때문이다. 현대 사회 현상의 최대 쟁점인 과학 기술에 대해 평가할 때도 마찬가지이다. 로봇 탄생의 숲을 보면, 그 로봇 개발에 투자한 사람과 로봇을 개발한 사람들의 의도가 드러난다. 그리고 나무인 로봇을 세밀히 보면, 그 로봇이 생산에 이용되는지 아니면 감옥의 죄수들을 감시하기 위한 것인지 그 용도를 알 수가 있다. 이 광범한 기술의 성격을 객관적이고 물질적이어서 가치관이 없다고 쉽게 생각하면 로봇에 당하기 십상이다.

자동화는 자본주의의 실업을 늘려 실업자에 대해 생계의 위협을 가하는 측면뿐 아니라, 기존 근로자에 대한 감시를 더욱 효율적으로 해내는 역할도 수행한다. 자동화를 적용하는 기업 측에서는 자동화가 인간의 삶을 증대시키는 이미지로 일반 사람들에게 인식되기를 바란다. 그래야 자동화 도입에 대한 노동자의 반발을 무마하고 기업가의 구상을 관철시킬 수 있기 때문이다. 그러나 자동화나 기계화 도입으로 인해 실업을 두려워하고, 업무 내용이 바뀌는 것을 탐탁해 하지 않았던 유럽의 노동자들은 자동화 도입에 대해 극렬히 반대했던 경험들을 갖고 있다.

지금도 자동화·기계화는 좋은 것이라는 고정관념을 가진 사람들이 많고, 현실에서 이러한 고정관념이 가져오는 파급 효과는 의외로 크다. 예를 들어 은행에 현금을 자동으로 세는 기계가 등장하면 은행원들이 현금을 세는 작업량은 줄어든다. 손님들도 기계가 현금을 재빨리 세는 것을 보고 감탄해 하면서 행원이 세는 것보다 더 많은 신뢰를 보낸다. 그러나 현금 세는 기계의 도입에는 이익 추구라는 의도가 숨어 있다. 현금 세는 기계는 행원의 수고를 덜어 준다. 그러나 현금 세는 기계를 들여옴으로써 실업자가 생기고 만다. 사람이 잘만 이용하면 잘 써먹을 수 있을 것만 같은 기계가 엄청나게 혹독한 성품을 지닌 프랑켄슈타인으로 돌변하는 것이다.

자동화와 정보화를 추진하는 핵심 조직이 기업이란 것에서도 알 수 있듯이 기업은 이윤 추구에 도움이 되지 않는 행위는 무가치하다고 판단한다. 그러므로 자동화는 그 계획 단계에서부터 기업의 의도가 스며들어가 탄생된다. 또한 그 의도대로 자동화나 정보화가 진행되면, 다른 한편으로 의도하지 않은 결과를 초래한다. 자동화와 같은 과학 기술이 풍요를 생산하는 수단이라고 생각하는 것은 하나의 고정관념에 불과하다.

채플린이 제작한 영화 〈모던 타임즈〉에 나타난 것처럼 초기 산업화 시대에는 기계에 종속된 인간의 모습이 가시적으로 드러날 수밖에 없었다. 그래서 이러한 종속에 저항하고자 하는 인간의 노력도 적극적인 모습을 보였다. 그러나 현대의 자동화기기는 그 첨병이 정보 통신기기로 바뀌면서 문제는 질적으로 달라진다. 무인 생산까지 진전된 자동화나 정보 통신화는 인간에게 단순 노동을 반복시키는 그런 모습을 보이지 않는다. 그래서인지는 몰라도 정보 통신은 별 무리 없이 어느 나라에서나 급격하게 개발·보급되고 보편화되어 있다. 그런데 문제는 이 자동화기기가 생산에만 이용되는 것이 아니라, 노동자를 감시하거나 관리하는 데도 이용될 수 있다는 것이다. 오히려 정보 통신의 발달로 이전보다 사람들은 더 많은 감시와 통제를 받게 되었다.

① 기업의 이윤 추구가 사회 복지 증진과 직결될 수 있음을 간과하고 있어.
② 기계화·정보화가 인간의 삶의 질 개선에 기여하고 있음을 경시하고 있어.
③ 기계화를 비판하는 주장만 되풀이할 뿐, 구체적인 근거를 제시하지 않고 있어.
④ 화제의 부분적 측면에 관계된 이론을 소개하여 편향적 시각을 갖게 하고 있어.
⑤ 현대의 기술 문명이 가져다 줄 수 있는 긍정적인 측면을 과장하여 강조하고 있어.

16 다음 글의 내용이 참일 때, 반드시 거짓인 것은?

갑, 을, 병, 정, 무는 P부서에 근무하고 있다. 이 부서에서는 Z공사와의 업무 협조를 위해 지방의 네 지역으로 직원을 출장 보낼 계획을 수립하였다. 원활한 업무 수행을 위해서, 모든 출장은 갑 ~ 무 중 두 명 또는 세 명으로 구성된 팀 단위로 이루어진다. 네 팀이 구성되어 네 지역에 각각 한 팀씩 출장이 배정되며, 네 지역 출장 날짜는 모두 다르다. 모든 직원은 최소한 한 번 출장에 참가한다. 이번 출장 업무를 총괄하는 직원은 단 한 명밖에 없으며, 그는 네 지역 모두의 출장에 참가한다. 더불어 업무 경력을 고려하여, 단 한 지역의 출장에만 참가하는 것은 신입사원으로 제한한다. P부서에 근무하는 신입사원은 한 명밖에 없다. 이런 기준 아래에서 출장 계획을 수립한 결과, 을은 갑과 단둘이 가는 한 번의 출장 이외에 다른 어떤 출장도 가지 않으며, 병과 정이 함께 출장을 가는 경우는 단 한 번밖에 없다. 그리고 네 지역 가운데 광역시가 두 곳인데, 단 두 명의 직원만이 두 광역시 모두에 출장을 간다.

① 갑은 이번 출장 업무를 총괄하는 직원이다.
② 을은 광역시에 출장을 가지 않는다.
③ 병이 갑, 무와 함께 출장을 가는 지역이 있다.
④ 정은 총 세 곳에 출장을 간다.
⑤ 무가 출장을 가는 지역은 두 곳이고 그 중 한 곳은 정과 함께 간다.

17 다음 문제해결절차에 따라 (가) ~ (마)를 순서대로 바르게 나열한 것은?

〈문제해결절차〉

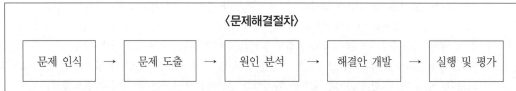

문제 인식 → 문제 도출 → 원인 분석 → 해결안 개발 → 실행 및 평가

(가) 파악된 핵심문제에 대한 분석을 통해 근본 원인을 도출한다.
(나) 실행계획을 실제 상황에 적용하는 활동으로 당초 장애가 되는 문제의 원인들을 해결안을 사용하여 제거한다.
(다) 해결해야 할 전체 문제를 파악하여 우선순위를 정하고, 선정 문제에 대한 목표를 명확히 한다.
(라) 문제로부터 도출된 근본 원인을 효과적으로 해결할 수 있는 최적의 해결방안을 수립한다.
(마) 선정된 문제를 분석하여 해결해야 할 것이 무엇인지를 명확히 한다.

① (가) – (나) – (다) – (라) – (마)
② (다) – (가) – (마) – (나) – (라)
③ (라) – (다) – (마) – (가) – (나)
② (나) – (마) – (가) – (라) – (다)
④ (다) – (마) – (가) – (라) – (나)

18 다음은 K공사의 연도별 재무자료이다. 자료에 대한 설명으로 옳지 않은 것은?

〈K공사 연도별 재무자료〉

(단위 : 억 원, %)

연도	자산	부채	자본	부채 비율
2011년	41,298	15,738	25,560	61.6
2012년	46,852	23,467	23,385	100.4
2013년	46,787	21,701	25,086	86.5
2014년	50,096	23,818	26,278	80.6
2015년	60,388	26,828	33,560	79.9
2016년	64,416	30,385	34,031	89.3
2017년	73,602	39,063	34,539	113.1
2018년	87,033	52,299	34,734	150.6
2019년	92,161	55,259	36,902	149.7
2020년	98,065	56,381	41,684	135.3

① A : K공사의 자본금은 2015년에 전년 대비 7,000억 원 이상 증가했는데, 이는 10년간 자본금 추이를 볼 때 두드러진 변화야.
② B : 부채 비율이 전년 대비 가장 많이 증가한 해는 2012년이네.
③ C : 10년간 평균 부채 비율은 90% 미만이야.
④ D : 2020년의 자산과 자본은 10년 중 가장 많았지만, 그만큼 부채도 가장 많았네.
⑤ E : K공사의 자산과 부채는 2013년부터 8년간 꾸준히 증가했어.

※ 다음은 Z사의 직원 A ~ G가 서로 주고받은 이메일 교신건수와 교신용량에 관한 자료이다. 이어지는 질문에 답하시오. [19~20]

〈이메일 교신건수〉

(단위 : 건)

발신자＼수신자	A	B	C	D	E	F	G	합계
A		15	0	7	0	9	4	35
B	8		4	8	0	2	0	22
C	0	2		2	8	0	1	13
D	4	3	2		0	3	2	14
E	10	7	0	3		12	4	36
F	4	6	18	22	9		2	61
G	2	12	8	4	3	9		38
합계	28	45	32	46	20	35	13	219

※ 한 달 동안 A가 B에게 보낸 이메일은 15건이며, A가 B로부터 받은 이메일은 8건이다.
※ 자신에게 보내는 이메일은 없다고 가정한다.

〈이메일 교신용량〉

(단위 : Mb)

발신자＼수신자	A	B	C	D	E	F	G	합계
A		35	0	13	0	27	12	87
B	11		6	26	0	5	0	48
C	0	9		2	30	0	3	44
D	15	6	6		0	14	1	42
E	24	15	0	11		32	17	99
F	7	22	36	64	38		5	172
G	1	16	38	21	5	42		123
합계	58	103	86	137	73	120	38	615

※ 한 달 동안 A가 B에게 보낸 이메일의 총 용량은 35Mb이며, A가 B로부터 받은 이메일의 총 용량은 11Mb이다.

19 다음 중 자료를 판단한 내용으로 옳지 않은 것은?

① C와 D 사이의 이메일 교환건수는 동일하다.

② 수신용량이 가장 많은 사람과 발신용량이 가장 적은 사람의 용량 차이는 95Mb 이상이다.

③ 수신건수가 가장 많은 사람과 발신건수가 가장 적은 사람은 일치한다.

④ F가 송수신한 용량은 전체 이메일 송수신 총량의 20% 이상이다.

⑤ 두 사람 간 이메일 교신용량이 가장 많은 사람은 D와 F이다.

20 F가 D에게 보낸 메일의 평균 용량과 E가 G에게 보낸 메일의 평균 용량의 차이는 얼마인가?(단, 평균은 소수점 이하 셋째 자리에서 반올림한다)

① 0.84Mb   ② 1.34Mb

③ 1.51Mb   ④ 1.70Mb

⑤ 2.00Mb

21 다음은 A～E 5개국의 경제 및 사회 지표 자료이다. 자료에 대한 설명 중 옳지 않은 것은?

〈주요 5개국의 경제 및 사회 지표〉

구분	1인당 GDP(달러)	경제성장률(%)	수출(백만 달러)	수입(백만 달러)	총인구(백만 명)
A	27,214	2.6	526,757	436,499	50.6
B	32,477	0.5	624,787	648,315	126.6
C	55,837	2.4	1,504,580	2,315,300	321.8
D	25,832	3.2	277,423	304,315	46.1
E	56,328	2.3	188,445	208,414	24.0

※ (총 GDP)=(1인당 GDP)×(총인구)

① 경제성장률이 가장 큰 나라가 총 GDP는 가장 작다.

② 총 GDP가 가장 큰 나라의 GDP는 가장 작은 나라의 GDP보다 10배 이상 더 크다.

③ 5개국 중 수출과 수입에 있어서 규모에 따라 나열한 순위는 서로 일치한다.

④ A국이 E국보다 총 GDP가 더 크다.

⑤ 1인당 GDP에 따른 순위와 총 GDP에 따른 순위는 서로 일치한다.

22 남성 정장 제조 전문회사에서 20대를 위한 캐주얼 SPA 브랜드에 신규 진출하려고 한다. 귀하는 3C 분석 방법을 취하여 다양한 자료를 조사했으며, 다음과 같은 분석내용을 도출하였다. 자사에서 추진하려는 신규 사업 계획의 타당성에 대해서 올바르게 설명한 것은?

3C	상황분석
고객(Customer)	• 40대 중년 남성을 대상으로 한 정장 시장은 정체 및 감소 추세 • 20대 캐주얼 및 SPA 시장은 매년 급성장
경쟁사(Competitor)	• 20대 캐주얼 SPA 시장에 진출할 경우, 경쟁사는 글로벌 및 토종 SPA 기업, 캐주얼 전문 기업 외에도 비즈니스 캐주얼, 아웃도어 의류 기업도 포함 • 경쟁사들은 브랜드 인지도, 유통망, 생산 등에서 차별화된 경쟁력을 가짐 • 경쟁사 중 상위업체는 하위업체와의 격차 확대를 위해 파격적 가격 정책과 20대 지향 디지털마케팅 전략을 구사
자사(Company)	• 신규 시장 진출 시 막대한 마케팅 비용 발생 • 낮은 브랜드 인지도 • 기존 신사 정장 이미지 고착 • 유통과 생산 노하우 부족 • 디지털마케팅 역량 미흡

① 20대 SPA 시장이 급성장하고, 경쟁이 치열해지고 있지만, 자사의 유통 및 생산 노하우로 가격경쟁력을 확보할 수 있으므로 신규 사업을 추진하는 것이 바람직하다.

② 40대 중년 정장 시장은 감소 추세에 있으므로 새로운 수요발굴이 필요하며, 기존의 신사 정장 이미지를 벗어나 20대 지향 디지털마케팅 전략을 구사하면 신규 시장의 진입이 가능하므로 신규 사업을 진행하는 것이 바람직하다.

③ 20대 SPA 시장이 급성장하고 있지만, 하위업체의 파격적인 가격정책을 이겨 내기에 막대한 비용이 발생하므로 신규 사업 진출은 적절하지 않다.

④ 20대 SPA 시장은 계속해서 성장하고 매력적이지만, 경쟁이 치열하고 경쟁자의 전략이 막강하다. 이에 비해 자사의 자원과 역량은 부족하여 신규 사업 진출은 하지 않는 것이 바람직하다.

⑤ 브랜드 경쟁력을 유지하기 위해서는 20대 SPA 시장 진출이 필요하며, 파격적 가격정책을 도입하면 자사의 높은 브랜드 이미지와 시너지 효과를 낼 수 있기에 신규 사업을 진행하는 것이 바람직하다.

※ 다음은 호텔별 연회장 대여 현황에 대한 자료이다. 자료를 보고 이어지는 질문에 답하시오. [23~24]

〈호텔별 연회장 대여 현황〉

건물	연회장	대여료	수용 가능 인원	회사로부터 거리	비고
A호텔	연꽃실	140만 원	200명	6km	2시간 이상 대여 시 추가비용 40만 원
B호텔	백합실	150만 원	300명	2.5km	1시간 초과 대여 불가능
C호텔	매화실	150만 원	200명	4km	이동수단 제공
C호텔	튤립실	180만 원	300명	4km	이동수단 제공
D호텔	장미실	150만 원	250명	4km	–

23 총무팀에 근무하고 있는 이 대리는 김 부장에게 다음과 같은 지시를 받았다. 이 대리가 연회장 예약을 위해 지불해야 하는 예약금은 얼마인가?

> 다음 주에 있을 회사창립 20주년 기념행사를 위해 준비해야 할 것들 알려줄게요. 먼저 다음 주 금요일 오후 6시부터 오후 8시까지 사용 가능한 연회장 리스트를 뽑아서 행사에 적합한 연회장을 예약해 주세요. 연회장 대여를 위한 예산은 160만 원이고, 회사에서의 거리가 가까워야 임직원들이 이동하기에 좋을 것 같아요. 행사 참석 인원은 240명이고, 이동수단을 제공해 준다면 우선적으로 고려하도록 하세요. 예약금은 대여료의 10%라고 하니 예약 완료하고 지불하도록 하세요.

① 14만 원　　　　　　　　　　② 15만 원
③ 16만 원　　　　　　　　　　④ 17만 원
⑤ 18만 원

24 회사창립 20주년 기념행사의 연회장 대여 예산이 200만 원으로 증액된다면, 이 대리는 어떤 연회장을 예약하겠는가?

① A호텔 연꽃실　　　　　　　　② B호텔 백합실
③ C호텔 매화실　　　　　　　　④ C호텔 튤립실
⑤ D호텔 장미실

25 음료수를 생산하는 A회사의 SWOT 분석을 실시하기 위해 다음과 같이 조직 환경을 분석하였다. 다음 중 SWOT 분석의 정의에 따라 분석결과를 올바르게 분류한 것은?

ⓐ 생수시장 및 기능성 음료 시장의 급속한 성장
ⓑ 확고한 유통망(유통채널상의 지배력이 크다)
ⓒ 새로운 시장모색의 부족
ⓓ 경기 회복으로 인한 수요의 회복 추세
ⓔ 무역자유화(유통시장 개방, 다국적 기업의 국내진출)
ⓕ 종합식품업체의 음료시장 잠식
ⓖ 짧은 제품주기(마케팅비용의 증가)
ⓗ 지구온난화 현상(음료 소비 증가)
ⓘ 과다한 고정 / 재고비율로 인한 유동성 하락
ⓙ 계절에 따른 불규칙한 수요
ⓚ 대형할인점의 등장으로 인한 가격인하 압박 증가
ⓛ 매출액 대비 경상이익률의 계속적인 증가
ⓜ 국내 브랜드로서의 확고한 이미지
ⓝ 합병으로 인해 기업 유연성의 하락
ⓞ 주력 소수 제품에 대한 매출의존도 심각(탄산, 주스 음료가 많은 비중 차지)
ⓟ 경쟁업체에 비해 취약한 마케팅능력과 홍보력

---

① 강점(S) : ⓑ, ⓓ, ⓗ
　약점(W) : ⓒ, ⓔ, ⓘ, ⓝ, ⓟ
　기회(O) : ⓐ, ⓛ, ⓜ
　위협(T) : ⓕ, ⓖ, ⓙ, ⓞ, ⓚ

② 강점(S) : ⓑ, ⓛ, ⓜ
　약점(W) : ⓒ, ⓘ, ⓝ, ⓞ, ⓟ
　기회(O) : ⓐ, ⓓ, ⓗ
　위협(T) : ⓔ, ⓕ, ⓖ, ⓙ, ⓚ

③ 강점(S) : ⓐ, ⓛ, ⓜ
　약점(W) : ⓒ, ⓔ, ⓘ, ⓝ
　기회(O) : ⓑ, ⓓ, ⓗ
　위협(T) : ⓕ, ⓖ, ⓙ, ⓞ, ⓟ, ⓚ

④ 강점(S) : ⓑ, ⓛ, ⓜ
　약점(W) : ⓔ, ⓕ, ⓖ, ⓙ, ⓝ
　기회(O) : ⓐ, ⓓ, ⓗ
　위협(T) : ⓒ, ⓘ, ⓞ, ⓟ, ⓚ

⑤ 강점(S) : ⓑ, ⓓ, ⓗ
　약점(W) : ⓒ, ⓘ, ⓝ, ⓞ, ⓟ
　기회(O) : ⓐ, ⓛ, ⓜ
　위협(T) : ⓔ, ⓕ, ⓖ, ⓙ, ⓚ

| 기계일반 |

26 다음 중 허용할 수 있는 부품의 오차 정도를 결정한 후 각각 최대 및 최소치수를 설정하여 부품의 치수가 그 범위 내에 드는지를 검사하는 게이지는?

① 블록게이지　　　　　　　　　② 한계게이지
③ 간극게이지　　　　　　　　　④ 다이얼게이지
⑤ 센터게이지

27 다음 〈보기〉에서 설명하는 것은?

───────〈보기〉───────
판재가공에서 모양과 크기가 다른 판재조각을 레이저 용접한 후, 그 판재를 성형하여 최종형상으로 만드는 기술이다.

① 테일러블랭킹　　　　　　　　② 전자기성형
③ 정밀블랭킹　　　　　　　　　④ 하이드로포밍
⑤ 디프드로잉

28 다음 중 미끄럼베어링의 특징이 아닌 것은?

① 비교적 낮은 회전속도에 사용한다.　　② 윤활성이 좋지 않다.
③ 시동할 때 마찰저항이 작다.　　　　　④ 진동과 소음이 작다.
⑤ 구조가 간단하며 수리가 쉽다.

29 다음 중 관통하는 구멍을 뚫을 수 없는 경우에 사용하는 것으로 볼트의 양쪽 모두 수나사로 가공되어 있는 머리 없는 볼트는?

① 스터드볼트　　　　　　　　　② 관통볼트
③ 아이볼트　　　　　　　　　　④ 나비볼트
⑤ 탭볼트

30 다음의 공구재료를 200℃ 이상의 고온에서 경도가 높은 순으로 옳게 나열한 것은?

탄소공구강, 세라믹공구, 고속도강, 초경합금

① 초경합금 > 세라믹공구 > 고속도강 > 탄소공구강
② 초경합금 > 세라믹공구 > 탄소공구강 > 고속도강
③ 세라믹공구 > 초경합금 > 고속도강 > 탄소공구강
④ 세라믹공구 > 초경합금 > 탄소공구강 > 고속도강
⑤ 고속도강 > 초경합금 > 탄소공구강 > 세라믹공구

31 다음 중 주조 공정 중에 용탕이 주입될 때 증발되는 모형(Pattern)을 사용하는 주조법은?

① 셸 몰드법(Shell Molding)
② 인베스트먼트 주조법(Investment Casting)
③ 풀 몰드법(Full Molding)
④ 슬러시 주조법(Slush Casting)
⑤ 가압 주조법(Pressure Diecasting Process)

32 다음 중 가솔린기관의 노킹현상에 대한 설명으로 옳은 것은?

① 공기 – 연료혼합기가 어느 온도 이상 가열되어 점화하지 않아도 연소하기 시작하는 현상이다.
② 흡입공기의 압력을 높여 기관의 출력을 증가시키는 현상이다.
③ 가솔린과 공기의 혼합비를 조절하여 혼합기를 발생시키는 현상이다.
④ 연소 후반에 미연소가스의 급격한 연소에 의한 충격파로 실린더 내 금속을 타격하는 현상이다.
⑤ 피스톤, 실린더헤드, 크랭크축의 손상을 가져오는 현상이다.

33 기계가공 중에서 표면거칠기가 가장 우수한 것은?

① 내면연삭가공
② 래핑가공
③ 평면연삭가공
④ 호닝가공
⑤ 슈퍼 피니싱

34 길이가 6m, 단면적이 0.01m²인 원형봉이 인장하중 100kN을 받을 때 봉이 늘어난 길이는?[단, 봉의 영계수(Young's Modulus) $E = 300$GPa이다]

① 0.02m ② 0.002m

③ 0.007m ④ 0.0002m

⑤ 0.0007m

35 다음 중 딥드로잉된 컵의 두께를 더욱 균일하게 만들기 위한 후속 공정으로 옳은 것은?

① 아이어닝 ② 코이닝

③ 랜싱 ④ 허빙

⑤ 엠보싱

36 알루미늄 합금인 두랄루민은 기계적 성질이 탄소강과 비슷하며 무게를 중시하고 강도가 큰 것을 요구하는 항공기, 자동차, 유람선 등에 사용된다. 다음 중 두랄루민의 주요 성분은?

① Al – Cu – Ni ② Al – Cu – Cr

③ Al – Cu – Mg – Mn ④ Al – Si – Ni

⑤ Al – Cu – Mg – Ni

37 다음 중 서브머지드 아크용접에 대한 설명으로 옳지 않은 것은?

① 용접부가 곡선형상일 때 주로 사용한다.
② 아크가 용제 속에서 발생하여 보이지 않는다.
③ 용접봉의 공급과 이송 등을 자동화한 자동용접법이다.
④ 복사열과 연기가 많이 발생하지 않는다.
⑤ 사용하는 용접봉은 나용접봉이며, 자동으로 일정한 크기의 아크가 생긴다.

38 다음 중 액체의 역류를 방지하기 위해 한쪽 방향으로만 흐르게 하는 밸브는?

① 체크밸브 ② 교축밸브

③ 카운터밸런스밸브 ④ 시퀀스밸브

⑤ 릴리프밸브

39 다음 중 ㉠, ㉡에 들어갈 말을 올바르게 짝지은 것은?

> 강에서 _____㉠_____이라 함은 변태점온도 이상으로 가열한 후 물 또는 기름과 같은 냉각제 속에 넣어 급랭시키는 열처리를 말하며, 일반적으로 강은 급랭시키면 _____㉡_____ 조직이 된다.

	㉠	㉡
①	어닐링(Annealing)	마텐자이트(Martensite)
②	퀜칭(Quenching)	마텐자이트(Martensite)
③	어닐링(Annealing)	오스테나이트(Austenite)
④	퀜칭(Quenching)	오스테나이트(Austenite)
⑤	어닐링(Annealing)	트루스타이트(Troostite)

40 다음 중 속이 찬 봉재로부터 길이방향으로 이음매가 없는 긴 강관(鋼管)을 제조하는 방법은?

① 프레스가공 ② 전조가공
③ 만네스만가공 ④ 드로잉가공
⑤ 전해가공

41 다음 중 기준 치수에 대한 공차가 $\phi 150^{+0.04}_{0}$ mm인 구멍에, $\phi 150^{+0.03}_{-0.08}$ mm인 축을 조립할 때 해당되는 끼워맞춤의 종류는?

① 억지 끼워맞춤 ② 아주 억지 끼워맞춤
③ 중간 끼워맞춤 ④ 헐거운 끼워맞춤
⑤ 아주 헐거운 끼워맞춤

42 다음 중 상원사의 동종과 같이 고대부터 사용한 청동의 합금은?

① 철과 아연 ② 철과 주석
③ 구리와 아연 ④ 구리와 주석
⑤ 구리와 철

43 Fe – C 평형상태도에 표시된 S, C, J점에 대한 설명으로 옳은 것은?

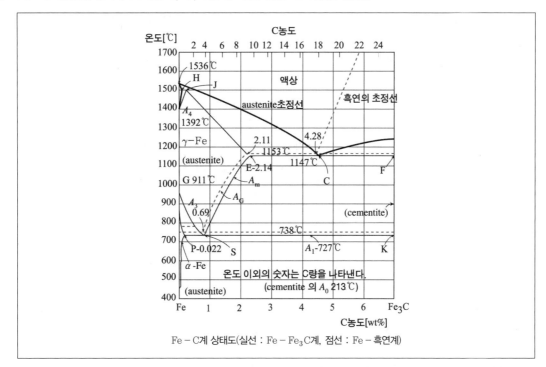

	S	C	J
①	포정점	공정점	공석점
②	공정점	공석점	포정점
③	공석점	공정점	포정점
④	공정점	포정점	공석점
⑤	공석점	포정점	공정점

44 드릴링머신으로 가공할 수 있는 작업을 모두 고르면?

ㄱ. 리밍	ㄴ. 브로칭
ㄷ. 보링	ㄹ. 스폿페이싱
ㅁ. 카운터싱킹	ㅂ. 슬로팅

① ㄱ, ㄴ, ㄷ, ㅁ
② ㄱ, ㄴ, ㄷ, ㄹ
③ ㄱ, ㄷ, ㄹ, ㅁ
④ ㄱ, ㄷ, ㅁ, ㅂ
⑤ ㄱ, ㄹ, ㅁ, ㅂ

45 다음 중 불활성가스 아크용접법에 대한 설명으로 옳지 않은 것은?

① 아르곤, 헬륨 등과 같이 고온에서도 금속과 반응하지 않는 불활성가스를 차폐가스로 하여 대기로부터 아크와 용융금속을 보호하며 행하는 아크용접이다.

② 비소모성 텅스텐봉을 전극으로 사용하고 별도의 용가재를 사용하는 MIG용접(불활성가스 금속 아크용접)이 대표적이다.

③ 불활성가스는 용접봉 지지기 내를 통과시켜 용접물에 분출시키며 보통의 아크용접법보다 생산비가 고가이다.

④ 용접부가 불활성가스로 보호되어 용가재합금 성분의 용착효율은 거의 100%에 가깝다.

⑤ 대기 중에서 용접 불가능한 티탄, 질코늄 등의 용접도 가능하다.

46 다음 중 침탄법과 질화법에 대한 설명으로 옳지 않은 것은?

① 침탄법은 질화법에 비해 같은 깊이의 표면경화를 짧은 시간에 할 수 있다.

② 질화법은 침탄법에 비해 변형이 적다.

③ 질화법은 침탄법에 비해 경화층은 얇으나 경도가 높다.

④ 질화법은 질화 후 열처리가 필요하다.

⑤ 침탄법은 질화법보다 가열온도가 높다.

47 다음 중 연삭가공에 대한 설명으로 옳지 않은 것은?

① 연삭입자는 불규칙한 형상을 가진다.

② 연삭입자는 깨짐성이 있어 가공면의 치수정확도가 떨어진다.

③ 연삭입자는 평균적으로 큰 음의 경사각을 가진다.

④ 경도가 크고 취성이 있는 공작물 가공에 적합하다.

⑤ 연삭기의 종류로는 원통연삭기, 내면연삭기, 평면연삭기, 만능연삭기 등을 볼 수 있다.

48 압력용기 내의 게이지 압력이 30kPa로 측정되었다. 대기압력이 100kPa일 때 압력용기 내의 절대압력은?

① 130kPa
② 70kPa
③ 30kPa
④ 15kPa
⑤ 0kPa

49 호칭이 2N M8×1인 나사에 대한 설명으로 옳지 않은 것은?

① 리드는 2mm이다.
② 오른나사이다.
③ 피치는 1mm이다.
④ 유효지름은 8mm이다.
⑤ M은 미터나사를 말한다.

50 운동용 나사 중 다음 조건을 충족시키는 것은?

• 애크미(Acme) 나사라고도 하며, 정밀가공이 용이하다.
• 공작기계의 리드스크루와 같이 정밀한 운동의 전달용으로 사용한다.

---

① 사각나사
② 톱니나사
③ 사다리꼴나사
④ 둥근나사
⑤ 볼나사

26 차단기 문자 기호 중 'OCB'는?

① 진공차단기   ② 기중차단기

③ 자기차단기   ④ 유입차단기

⑤ 누전차단기

27 반지름이 0.6mm, 고유 저항이 $1.78 \times 10^{-8} \, \Omega \cdot$ m인 코일의 저항이 20Ω이 되도록 전자석을 만들 때 이 전선의 길이는 몇 m인가?

① 580m   ② 865m

③ 1,271m   ④ 1,642m

⑤ 1,841m

28 다음 그림과 같은 단상 전파 정류에서 직류 전압 100V를 얻는 데 필요한 변압기 2차 한상의 전압은 얼마 인가?(단, 부하는 순저항으로 하고 변압기 내의 전압 강하는 무시하고 정류기의 전압 강하는 10V로 한다)

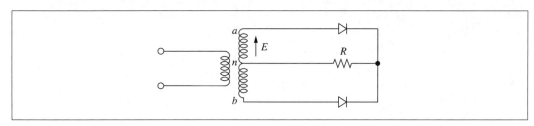

① 약 156V   ② 약 144V

③ 약 122V   ④ 약 100V

⑤ 약 80V

29 면적 5cm^2의 금속판을 평행하게 공기 중에서 1mm의 간격을 두고 있을 때 이 도체 사이의 정전 용량을 구하면?

① 약 4.428×10^{-12} F   ② 약 44.28×10^{-12} F

③ 약 2.214×10^{-12} F   ④ 약 22.14×10^{-12} F

⑤ 약 221.4×10^{-12} F

30 다음 중 가정용 전등에 사용되는 점멸 스위치를 설치하여야 할 위치에 대한 설명으로 가장 적절한 것은?

① 접지측 전선에 설치한다.　　　　② 중성선에 설치한다.
③ 부하의 2차측에 설치한다.　　　　④ 전압측 전선에 설치한다.
⑤ 부하의 1차측에 설치한다.

31 다음 중 전류에 의한 자기장 현상에 대한 설명으로 옳지 않은 것은?

① 렌츠(Lenz)의 법칙으로 유도기전력의 방향을 알 수 있다.
② 직선도체에 흐르는 전류 주위에는 원형의 자기력선이 발생한다.
③ 직선도체에 전류가 흐를 때 자기력선의 방향은 앙페르(Ampere)의 오른나사법칙을 따른다.
④ 플레밍(Fleming)의 오른손법칙으로 직선도체에 흐르는 전류의 방향과 자기장의 방향이 수직인 경우, 직선도체가 자기장에서 받는 힘의 방향을 알 수 있다.
⑤ 플레밍(Fleming)의 왼손법칙은 자기장의 방향과 도선에 흐르는 전류의 방향으로 도선이 받는 힘의 방향을 결정하는 규칙이다.

32 다음 중 동기 발전기를 계통에 접속하여 병렬 운전할 때 관계없는 것은?

① 주파수　　　　　　　　　　② 전압
③ 위상　　　　　　　　　　　④ 전류
⑤ 파형

33 다음 중 도체의 저항값에 대한 설명으로 옳지 않은 것은?

① 저항값은 도체의 고유 저항에 비례한다.
② 저항값은 도체의 단면적에 비례한다.
③ 저항값은 도체의 길이에 비례한다.
④ 저항값은 도체의 단면적에 반비례한다.
⑤ 전기저항 $R = \rho \dfrac{l}{A}$ 이다.

34 다음 그림과 같은 전기 회로 a, b 간의 합성 저항은 얼마인가?

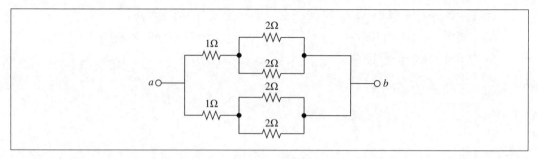

① $0.5\,\Omega$

② $2\,\Omega$

③ $1\,\Omega$

④ $3\,\Omega$

⑤ $4\,\Omega$

35 다음 중 부식성 가스 등이 있는 장소에 시설할 수 없는 배선은?

① 금속관 배선

② 1종 금속제 가요 전선관 배선

③ 케이블 배선

④ 캡타이어 케이블 배선

⑤ 애자 사용 배선

36 다음 중 비유전율이 6인 유전체 내에 전속 밀도가 $2 \times 10^{-6}\,C/m^2$인 점의 전기장의 세기는 얼마인가?

① 약 $3.764 \times 10^6\,V/m$

② 약 $3.764 \times 10^5\,V/m$

③ 약 $3.764 \times 10^4\,V/m$

④ 약 $3.764 \times 10^3\,V/m$

⑤ 약 $3.764 \times 10^2\,V/m$

37 다음 중 자체 인덕턴스에 축적되는 에너지에 대한 설명으로 옳은 것은?

① 자체 인덕턴스 및 전류에 비례한다.

② 자체 인덕턴스 및 전류에 반비례한다.

③ 자체 인덕턴스와 전류의 제곱에 반비례한다.

④ 자체 인덕턴스에 비례하고, 전류의 제곱에 비례한다.

⑤ 자체 인덕턴스에 반비례하고, 전류의 제곱에 반비례한다.

38 다음 중 피시 테이프(Fish Tape)의 용도로 옳은 것은?

① 전선을 테이핑하기 위해서 사용
② 전선관의 끝마무리를 위해서 사용
③ 전선관에 전선을 넣을 때 사용
④ 합성 수지관을 구부릴 때 사용
⑤ 활선 상태에서 케이블 피복을 탈피할 때 사용

39 다음 중 3상 교류 발전기의 기전력에 대하여 $\frac{\pi}{2}$ rad 뒤진 전기자 전류가 흐를 때, 전기자 반작용으로 옳은 것은?

① 횡축 반작용으로 기전력을 증가시킨다.
② 증자 작용을 하여 기전력을 증가시킨다.
③ 감자 작용을 하여 기전력을 감소시킨다.
④ 교차 자화작용으로 기전력을 감소시킨다.
⑤ 전기자 반작용으로 기전력을 감소시킨다.

40 다음 중 배선기구가 아닌 것은?

① 배전반   ② 개폐기
③ 접속기   ④ 배선용 차단기
⑤ 스위치

41 다음 중 쿨롱의 법칙에 대한 설명으로 옳지 않은 것은?

① 힘의 크기는 두 전하량의 곱에 비례한다.
② 작용하는 힘의 방향은 두 전하를 연결하는 직선과 일치한다.
③ 작용하는 힘은 반발력과 흡인력이 있다.
④ 힘의 크기는 두 전하 사이의 거리에 반비례한다.
⑤ 정지해 있는 두 개의 점전하 사이에 작용하는 힘을 기술하는 물리법칙이다.

안심Touch

42 다음 중 특이함수(스위칭 함수)에 대한 설명으로 옳은 것을 〈보기〉에서 모두 고르면?

〈보기〉

ㄱ. 특이함수는 그 함수가 불연속이거나 그 도함수가 불연속인 함수이다.
ㄴ. 단위계단함수 $u(t)$는 t가 음수일 때 -1, t가 양수일 때 1의 값을 갖는다.
ㄷ. 단위임펄스함수 $\delta(t)$는 $t=0$ 외에는 모두 0이다.
ㄹ. 단위램프함수 $r(t)$는 t의 값에 상관없이 단위 기울기를 갖는다.

---

① ㄱ, ㄴ
② ㄱ, ㄷ
③ ㄴ, ㄷ
④ ㄷ, ㄹ
⑤ ㄴ, ㄹ

43 다음 중 정현파 교류전압의 실횻값에 대한 물리적 의미로 옳은 것은?

① 실횻값은 교류전압의 최댓값을 나타낸다.
② 실횻값은 교류전압 반주기에 대한 평균값이다.
③ 실횻값은 교류전압의 최댓값과 평균값의 비율이다.
④ 실횻값은 교류전압이 생성하는 전력 또는 에너지의 효능을 내포한 값이다.
⑤ 실횻값은 주어진 전압이 변화하거나 허용 오차가 있는 경우 대표적으로 나타내는 값이다.

44 다음 중 황산구리($CuSO_4$) 전해액에 2개의 구리판을 넣고 전원을 연결하였을 때, 음극에서 나타나는 현상으로 옳은 것은?

① 변화가 없다.
② 구리판이 두꺼워진다.
③ 구리판이 얇아진다.
④ 수소 가스가 발생한다.
⑤ 검은색으로 바뀐다.

45 직류분권 전동기의 기동방법 중 기동토크를 크게 하기 위한 방법으로 가장 적절한 것은?

① 기동 토크를 작게 한다.
② 기동 토크를 크게 한다.
③ 계자 저항기의 저항값을 크게 한다.
④ 계자 저항기의 저항값을 0으로 한다.
⑤ 기동 저항기를 전기자와 병렬 접속한다.

46 6극 36슬롯 3상 동기 발전기의 매극 매상당 슬롯수는?

① 2슬롯　　　　　　　　　② 3슬롯

③ 4슬롯　　　　　　　　　④ 5슬롯

⑤ 6슬롯

47 다음 중 변압기의 정격 1차 전압이란?

① 정격 출력일 때의 1차 전압　　② (정격 2차 전압)×(권수비)

③ 무부하에 있어서의 1차 전압　　④ (임피던스 전압)×(권수비)

⑤ (정격 1차 전류)×(저항)

48 다음 중 변압기의 무부하인 경우에 1차 권선에 흐르는 전류는?

① 정격 전류　　　　　　　　② 단락 전류

③ 부하 전류　　　　　　　　④ 여자 전류

⑤ 누설 전류

49 다음 중 전기력선의 성질로 옳지 않은 것은?

① 전기력선은 전위가 낮은 곳에서 높은 곳으로 향한다.

② 양전하에서 나와 음전하에서 끝나는 연속 곡선이다.

③ 전기력선은 서로 교차하지 않는다.

④ 도선 내부에는 전기력선이 없다.

⑤ 전기력선은 도체 표면에 수직으로 출입한다.

50 다음 중 전선과 기구 단자 접속 시 누름나사를 덜 죌 때 발생할 수 있는 현상과 거리가 먼 것은?

① 과열　　　　　　　　　　② 화재

③ 절전　　　　　　　　　　④ 전파 잡음

⑤ 저항 증가

제4회
코레일 한국철도공사
차량 / 운전직

www.sdedu.co.kr

NCS 직업기초능력평가 +
직무수행능력평가

〈문항 및 시험시간〉

평가영역	문항 수	시험시간	모바일 OMR 답안분석	
[NCS] 의사소통능력＋수리능력＋문제해결능력 [전공] 기계일반 / 전기일반	50문항	60분	기계일반	전기일반

제4회 모의고사

문 항 수 : 50문항
시험시간 : 60분

※ 본서에는 기계일반, 전기일반 과목을 모두 수록하였으니, 희망 응시과목에 맞추어 학습하시기 바랍니다.

| 01 | 직업기초능력평가

※ 평소 환경에 관심이 많은 A씨는 인터넷에서 다음과 같은 글을 보았다. 글을 읽고 이어지는 질문에 답하시오.
[1~2]

마스크를 낀 사람들이 더는 낯설지 않다. "알프스나 남극 공기를 포장해 파는 시대가 오는 게 아니냐."는 농담을 가볍게 웃어넘기기 힘든 상황이 되었다. 황사·미세먼지·초미세먼지·오존·자외선 등 한 번 외출할 때마다 꼼꼼히 챙겨야 할 것들이 한둘이 아니다. 중국과 인접한 우리나라의 환경오염 피해는 더욱 심각한 상황이다. 지난 4월 3일 서울의 공기품질은 최악을 기록한 인도 델리에 이어 불명예 2위를 차지했다.

또렷한 환경오염은 급격한 기후변화의 촉매제가 되고 있다. 지난 1912년 이후 지구의 연평균 온도는 꾸준히 상승해 평균 0.75℃가 올랐다. 우리나라는 세계적으로 유래를 찾아보기 어려울 만큼 연평균 온도가 100여 년간 1.8℃나 상승했으며, 이는 지구 평균치의 2배를 웃도는 수치이다. 기온 상승은 다양한 부작용을 낳고 있다. 1991년부터 2010년까지 20여 년간 폭염일수는 8.2일에서 10.5일로 늘어났고, 열대야지수는 5.4일에서 12.5일로 증가했다. 1920년대에 비해 1990년대 겨울은 한 달이 짧아졌다. 이러한 이상 기온은 우리 농어촌에 악영향을 끼칠 수밖에 없다.

기후변화와 더불어, 세계 인구의 폭발적 증가는 식량난 사태로 이어지고 있다. 일부 저개발 국가에서는 굶주림이 일반화되고 있다. 올해 4월을 기준으로 전 세계 인구수는 74억 9,400만 명을 넘어섰다. 인류 역사상 가장 많은 인류가 지구에 사는 셈이다. 이 추세대로라면 오는 2050년에는 97억 2,500만 명을 넘어설 것으로 전망된다. 한정된 식량 자원과 급증하는 지구촌 인구수 앞에 결과는 불을 보듯 뻔하다. 곧 글로벌 식량위기가 가시화될 전망이다. 우리나라는 식량의 75% 이상을 해외에서 조달하고 있다. 이는 국제 식량가격의 급등이 식량안보 위협으로 이어질 수도 있음을 뜻한다. 미 국방성은 '수백만 명이 사망하는 전쟁이나 자연재해보다 기후변화가 가까운 미래에 더 심각한 재앙을 초래할 수 있다.'는 내용의 보고서를 발표하였다.

이뿐 아니라 식량이 부족한 상황에서 식량의 질적 문제도 해결해야 할 과제이다. 삶의 질을 중시하면서 친환경적인 안전 먹거리에 대한 관심과 수요는 증가하고 있지만, 급변하는 기후변화와 부족한 식량자원은 식량의 저질화로 이어질 가능성을 높이고 있다. 일손 부족 등으로 인해 친환경 먹거리 생산의 대량화 역시 쉽지 않은 상황이다.

01 다음 중 글의 주제로 올바른 것은?

① 지구온난화에 의한 기후변화의 징조
② 환경오염에 따른 기후변화가 우리 삶에 미치는 영향
③ 기후변화에 대처하는 자세
④ 환경오염을 예방하는 방법
⑤ 환경오염과 인구증가의 원인

02 다음 중 A씨가 글을 읽고 이해한 것으로 올바른 것은?

① 기후변화는 환경오염의 촉매제가 되어 우리 농어촌에 악영향을 끼치고 있다.
② 알프스나 남극에서 공기를 포장해 파는 시대가 도래하였다.
③ 세계인구의 폭발적인 증가는 저개발 국가의 책임이 크다.
④ 우리나라의 식량자급률 특성상 기후변화가 계속된다면 식량난이 심각해질 것이다.
⑤ 친환경 먹거리는 급변하는 기후 속 식량난을 해결하는 방법의 하나이다.

03 다음의 대화에서 나타나는 의사소통의 특성은?

> 보라 : (독백) 매일 야근에 프로젝트 팀원들은 잘 도와주지도 않고, 남자친구와도 싸우고, 왜 이렇게 힘든
> 일이 많지? 너무 지치네.
> 정식 : 오, 보라야. 거기서 뭐해? 이번에 승진한 거 축하한다. 잘 지내고 있지?
> 보라 : 그럼요 과장님. 잘 지내고 있습니다. 감사합니다.
> 정식 : 보라는 항상 밝아서 좋아. 오늘 하루도 힘내고! 이따가 보자.
> 보라 : 네 감사합니다. 오후 미팅 때 뵐게요!

① 반성적 사고   ② 고유성
③ 측정불가능성   ④ 대화가능성
⑤ 체계성

04 다음은 국가별 지적재산권 출원 건수 및 비중에 대한 자료이다. 자료에 대한 설명으로 올바르지 않은 것은?

〈국가별 지적재산권 출원 건수 및 비중〉

(단위 : 건, %)

구분		2014년	2015년	2016년	2017년	2018년	2019년	2020년
한국	건수	4,686	5,945	7,064	7,899	8,035	9,669	9,292
	비중	3.43	3.97	4.42	4.84	5.17	5.88	5.75
일본	건수	24,870	27,025	27,743	28,760	29,802	32,150	35,331
	비중	18.19	18.06	17.35	17.62	19.18	19.57	21.85
중국	건수	2,503	3,942	5,455	6,120	7,900	12,296	14,318
	비중	1.83	2.63	3.41	3.75	5.08	7.48	8.86
독일	건수	15,991	16,736	17,821	18,855	16,797	17,568	16,675
	비중	11.69	11.18	11.14	11.55	10.81	10.69	10.31
프랑스	건수	5,742	6,256	6,560	7,072	7,237	7,245	6,474
	비중	4.20	4.18	4.10	4.33	4.66	4.41	4.00
미국	건수	26,882	51,280	54,042	51,642	45,625	45,000	43,076
	비중	34.28	34.27	33.79	31.64	29.36	27.39	26.64

① 한국의 지적재산권 출원 비중은 2020년을 제외하고는 매년 모두 증가하고 있는 추세이다.

② 2014년 대비 2020년 지적재산권 출원 비중이 가장 크게 증가한 국가는 중국이다.

③ 2014년 대비 2020년 지적재산권 출원 비중이 낮아진 국가는 모두 세 국가이다.

④ 매년 가장 큰 지적재산권 출원 비중을 차지하고 있는 국가는 미국이다.

⑤ 프랑스의 출원 건수는 한국의 출원 건수보다 매년 조금씩 많다.

05 A씨는 지난 주말 집에서 128km 떨어진 거리에 있는 할머니 댁을 방문했다. 차량을 타고 중간에 있는 휴게소까지는 시속 40km로 이동하였고, 휴게소부터 할머니 댁까지는 시속 60km로 이동하여 총 3시간 만에 도착하였다면, 집에서 휴게소까지의 거리는 얼마인가?(단, 휴게소에서 머문 시간은 포함하지 않는다)

① 24km

② 48km

③ 72km

④ 104km

⑤ 128km

06 다음 기사를 읽고 이해한 내용으로 적절하지 않은 것은?

> 오늘날의 정신없는 한국 사회 안에서 사람들은 가정도 직장도 아닌 제3의 공간, 즉 케렌시아와 같은 공간을 누구라도 갖고 싶어 할 것이다. '케렌시아(Querencia)'는 스페인어의 '바라다'라는 동사 '케레르(Querer)'에서 나왔다. 케렌시아는 피난처, 안식처, 귀소본능이라는 뜻으로, 투우장의 투우가 마지막 일전을 앞두고 홀로 잠시 숨을 고르는 자기만의 공간을 의미한다.
>
> 케렌시아를 의미하는 표현은 이전부터 쓰여 왔다. 미국 사회학자 폴라 에이머는 '맨케이브(주택의 지하, 창고 등 남성이 혼자서 작업할 수 있는 공간)'를 남성성의 마지막 보루라고 해석했다. 그리고 버지니아 울프는 『자기만의 방』에서 '여성이 권리를 찾기 위해서는 두 가지가 필요한데, 하나는 경제적 독립이며 또 다른 하나는 혼자만의 시간을 가질 수 있는 자기만의 방'이라고 표현했다.
>
> 이처럼 남자에게나 여자에게나 케렌시아와 같은 자기만의 공간이 필요한 것은 틀림없는 일이지만 경제적인 문제로 그런 공간을 갖는 것은 쉬운 일이 아니다. 그러나 그렇다고 아예 포기하고 살 수는 없다. 갖지 못해도 이용할 수 있는 방법을 찾아야 한다. 케렌시아가 내 아픈 삶을 위로해 준다면 기를 쓰고 찾아야 하지 않겠는가.
>
> 우리는 사실 케렌시아와 같은 공간을 쉽게 찾아볼 수 있다. 도심 속의 수면 카페가 그런 곳이다. 해먹에 누워 잠을 청하거나 안마의자를 이용해 휴식을 취할 수 있으며, 산소 캡슐 안에 들어가서 무공해 공기를 마시며 휴식을 취할 수도 있다. 오늘날 이러한 휴식을 위한 카페와 더불어 낚시 카페, 만화 카페, 한방 카페 등이 다양하게 생기고 있다.
>
> 즉 케렌시아는 힐링과 재미에 머무는 것이 아니라 능동적인 취미 활동을 하는 곳이고, 창조적인 활동을 하기 위한 공간으로 변모해 가고 있는 것이다. 최근에는 취업준비생들에게 명절 대피소로 알려진 북카페가 등장했으며, '퇴근길에 책 한 잔'이라는 곳에서는 '3프리(Free)존'이라고 하여 잔소리 프리, 눈칫밥 프리, 커플 프리를 표방하기도 한다. 이보다 더 진보한 카페는 '책맥 카페'이다. 책과 맥주가 있는 카페. 책을 읽으며 맥주를 마시고, 맥주를 마시며 책을 읽을 수 있는 공간이라면 누구라도 한번 가보고 싶지 않겠는가. 술과 책의 그 먼 거리를 이리도 가깝게 할 수 있다니 놀라울 따름이다.
>
> 또한 마음을 다독일 케렌시아가 필요한 사람들에게는 전시장, 음악회 등의 문화 현장에 가보라고 권하고 싶다. 예술 문화는 인간을 위로하는 데 효과적이기 때문이다. 이러한 예술 현장에서 케렌시아를 찾아낸다면 팍팍한 우리의 삶에서, 삶의 위기를 극복하는 다른 사람의 이야기를 들을 수 있고 꿈을 꿀 수 있을지도 모른다.

① 케렌시아는 취미 활동보다는 휴식과 힐링을 위한 공간임을 알 수 있다.
② 다양한 카페는 사람들에게 케렌시아를 제공한다.
③ 케렌시아와 많은 유사한 다른 표현이 있음을 알 수 있다.
④ 케렌시아는 휴식과 힐링을 위한 자기만의 공간을 의미한다고 볼 수 있다.
⑤ 전시장, 음악회 등 문화 현상에서 케렌시아를 찾을 수 있다.

07 다음 글의 서술상 특징으로 올바른 것은?

우리가 어떤 개체의 행동이나 상태 변화를 설명하고 예측하고자 할 때는 물리적 태세, 목적론적 태세, 지향적 태세라는 전략을 활용할 수 있다. 소금을 물에 넣고, 물속의 소금에 어떤 변화가 일어날지 예측하기 위해서는 소금과 물 그리고 그것을 지배하는 물리적 법칙을 적용해야 한다. 이는 대상의 물리적 구성 요소와 그것을 지배하는 법칙을 통해 그 변화를 예측한 것이다. 이와 같은 전략을 '물리적 태세'라 한다. '목적론적 태세'는 개체의 설계 목적이나 기능을 파악하여 그 행동을 설명하고 예측하는 전략이다. 가령 컴퓨터의 〈F8〉 키가 어떤 기능을 하는지 알기만 하면 〈F8〉 키를 누를 때 컴퓨터가 어떤 반응을 보일지 예측할 수 있다. 즉, 〈F8〉 키를 누르면 컴퓨터가 맞춤법을 검사할 것이라고 충분히 예측할 수 있다. 마지막으로 '지향적 태세'는 지향성의 개념을 사용하여 개체의 행동을 설명하고 예측하는 전략이다. 여기서 '지향성'이란 어떤 대상을 향한 개체의 의식, 신념, 욕망 등을 가리킨다.

가령 쥐의 왼쪽에 고양이가 나타났을 경우를 가정해 보자. 쥐의 행동을 예측하기 위해서는 어떤 전략을 사용해야 할까? 물리적 태세를 취해 쥐의 물리적 구성 요소나 쥐의 행동 양식을 지배하는 물리적 법칙을 파악할 수는 없다. 또한, 쥐가 어떤 기능이나 목적을 수행하도록 설계된 개체로 보기도 어려우므로 목적론적 태세도 취할 수 없다. 따라서 우리는 쥐가 살고자 하는 지향성을 지닌 개체라고 전제하고, 그 행동을 예측하는 것이 타당할 것이다. 즉, 쥐는 생존 욕구 때문에 '왼쪽에 고양이가 있으니, 그쪽으로 가면 잡아먹힐 위험이 있다. 그러니 왼쪽으로는 가지 말아야지.'라는 믿음을 가질 것이다. 우리는 쥐가 고양이가 있는 왼쪽으로 가는 행동을 하지 않을 것으로 예측할 수 있다. 그런데 예측 과정에서 선행되어야 하는 것은 쥐가 살아남기 위해 합리적으로 행동하는 개체라는 점을 인식해야 한다는 것이다. 따라서 지향적 태세를 취한다는 것은 예측 대상이 합리적으로 행동하는 개체임을 가정하는 것이다.

유기체는 생존과 번성의 욕구를 성취하기 위한 지향성을 지닌다. 그리고 환경에 성공적으로 적응하기 위해 정보를 수집하고, 축적된 정보에 새로운 정보를 결합하여 가장 합리적이라고 판단되는 행동을 선택한다. 이처럼 대부분의 유기체는 외부 세계와의 관계 속에서 지향성을 지니며 진화해 왔다. 지향적 태세는 우리가 대상을 바라보는 새로운 자세와 관점을 제공했다는 점에서 의의를 찾을 수 있다.

① 구체적 사례를 통해 추상적인 개념을 설명하고 있다.
② 다양한 관점을 소개하면서 이를 서로 절충하고 있다.
③ 전문가의 견해를 토대로 현상의 원인을 분석하고 있다.
④ 기존 이론의 문제점을 밝히고 새로운 이론을 제시하고 있다.
⑤ 시대적 흐름에 따른 핵심 개념의 변화 과정을 규명하고 있다.

08 다음 TRIZ 이론에 대한 글을 읽고 TRIZ에 대한 사례로 옳지 않은 것은?

TRIZ는 주어진 문제에 대하여 가장 이상적인 결과를 정의하고, 그 결과를 얻는 데 관건이 되는 모순을 찾아내어 그 모순을 극복할 수 있는 해결안을 얻을 수 있도록 생각하는 방법에 대한 40가지 이론이다. 예를 들어 '차 무게가 줄면 연비는 좋아지지만 안정성은 나빠진다.'를 모순으로 정하고 '어떻게 하면 차가 가벼우면서 안정성이 좋을 수 있을까?'라는 해결책을 찾아 모순을 극복하는 것이다. 이어폰이 무선 이어폰이 되는 것 등도 이에 해당된다.

〈TRIZ 40가지 이론〉

분할	추출	국부적 품질	비대칭	통합	다용도	포개기	공중부양
사전 반대 조치	사전 조치	사전 예방 조치	동일한 높이	역방향	곡선화	역동성 증가	초과나 부족
차원변화	진동	주기적 작용	유용한 작용의 지속	급히 통과	전화위복	피드백	중간 매개물
셀프서비스	복사	값싸고 짧은 수명	기계 시스템의 대체	공기 및 유압 사용	얇은 막	다공성 물질	색깔변화
동질성	폐기 및 재생	속성변화	상전이	열팽창	산화제	불활성 환경	복합재료

① 여러 구간으로 납작하게 접을 수 있는 접이식 자전거 헬멧
② 자동으로 신발끈이 조여지는 운동화
③ 최초로 발견된 죽지 않는 식물
④ 회전에 제약이 없는 구형 타이어
⑤ 줄 없이 운동할 수 있는 줄 없는 줄넘기

09 윗마을에 사는 남자는 참말만 하고 여자는 거짓말만 한다. 반대로 아랫마을에 사는 남자는 거짓말만 하고 여자는 참말만 한다. 윗마을 사람 두 명과 아랫마을 사람 두 명이 다음과 같이 대화하고 있을 때, 반드시 참인 것은?

갑 : 나는 아랫마을에 살아.
을 : 나는 아랫마을에 살아. 갑은 남자야.
병 : 을은 아랫마을에 살아. 을은 남자야.
정 : 을은 윗마을에 살아. 병은 윗마을에 살아.

① 갑은 윗마을에 산다.
② 갑과 을은 같은 마을에 산다.
③ 을과 병은 다른 마을에 산다.
④ 을, 병, 정 가운데 둘은 아랫마을에 산다.
⑤ 이 대화에 참여하고 있는 이들은 모두 여자이다.

〈사업추진팀 인사평가 항목별 등급〉

성명	업무등급	소통등급	자격등급
유수연	A	B	B
최혜수	D	C	B
이명희	C	A	B
한승엽	A	A	D
이효연	B	B	C
김은혜	A	D	D
박성진	A	A	A
김민영	D	D	D
박명수	D	A	B
김신애	C	D	D

※ 등급의 환산점수는 A : 100점, B : 90점, C : 80점, D : 70점으로 환산하여 총점으로 구한다.

10 K공사에서는 인사평가 결과를 바탕으로 상여금을 지급한다. 인사평가 결과와 다음의 상여금 지급 규정을 참고하였을 때, 다음 중 가장 많은 상여금을 받을 수 있는 사람은 누구인가?

〈상여금 지급 규정〉

• 인사평가 총점이 팀 내 상위 50% 이내에 드는 경우 100만 원을 지급한다.
• 인사평가 총점이 팀 내 상위 30% 이내에 드는 경우 50만 원을 추가로 지급한다.
• 상위 50% 미만은 20만 원을 지급한다.
• 동순위자 발생 시 A등급의 빈도가 높은 순서대로 순위를 정한다.

① 이명희　　　　　　　　　② 한승엽
③ 이효연　　　　　　　　　④ 박명수
⑤ 김신애

11 인사평가 결과에서 오류가 발견되어 박명수의 소통등급과 자격등급이 C로 정정되었다면, 박명수를 제외한 순위변동이 있는 사람은 몇 명인가?

① 없음　　　　　　　　　　② 1명
③ 2명　　　　　　　　　　④ 3명
⑤ 4명

12 다음은 P공장에서 근무하는 근로자들의 임금수준 분포를 나타낸 자료이다. 근로자 전체에게 지급된 임금(월 급여)의 총액이 2억 원일 때, 〈보기〉에서 옳은 설명을 모두 고르면?

〈공장 근로자의 임금수준 분포〉

임금수준(만 원)	근로자 수(명)
월 300 이상	4
월 270 이상 300 미만	8
월 240 이상 270 미만	12
월 210 이상 240 미만	26
월 180 이상 210 미만	30
월 150 이상 180 미만	6
월 150 미만	4
합계	90

〈보기〉
ㄱ. 근로자당 평균 월 급여액은 230만 원 이하이다.
ㄴ. 절반 이상의 근로자들이 월 210만 원 이상의 급여를 받고 있다.
ㄷ. 월 180만 원 미만의 급여를 받는 근로자의 비율은 약 14%이다.
ㄹ. 적어도 15명 이상의 근로자가 월 250만 원 이상의 급여를 받고 있다.

① ㄱ
② ㄱ, ㄴ
③ ㄱ, ㄴ, ㄹ
④ ㄴ, ㄷ, ㄹ
⑤ ㄱ, ㄴ, ㄷ, ㄹ

13 다음은 코레일 신입사원 채용에 지원한 입사지원자와 합격자를 나타낸 자료이다. 자료에 대한 설명으로 옳지 않은 것은?(단, 합격률 및 비율은 소수점 이하 둘째 자리에서 반올림한다)

〈신입사원 채용 현황〉

(단위 : 명)

구분	입사지원자 수	합격자 수
남자	10,891	1,699
여자	3,984	624

① 총 입사지원자 중 합격률은 15% 이상이다.
② 여자 입사지원자 대비 여자의 합격률은 20% 미만이다.
③ 총 입사지원자 중 여자는 30% 미만이다.
④ 합격자 중 남자의 비율은 약 80%이다.
⑤ 남자 입사지원자의 합격률은 여자 입자지원자의 합격률보다 낮다.

14 문제의 원인을 파악하는 과정에서 원인과 결과의 분명한 구분 여부에 따라 원인의 패턴을 구분할 수 있다. 문제 원인의 패턴을 다음과 같이 구분하였을 때, ㉠ ~ ㉢에 해당하는 말이 바르게 연결된 것은?

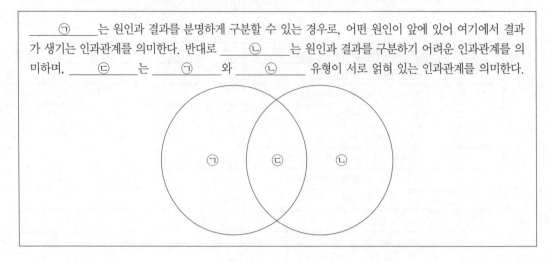

_____㉠_____는 원인과 결과를 분명하게 구분할 수 있는 경우로, 어떤 원인이 앞에 있어 여기에서 결과가 생기는 인과관계를 의미한다. 반대로 _____㉡_____는 원인과 결과를 구분하기 어려운 인과관계를 의미하며, _____㉢_____는 _____㉠_____와 _____㉡_____ 유형이 서로 얽혀 있는 인과관계를 의미한다.

	㉠	㉡	㉢
①	단순한 인과관계	닭과 계란의 인과관계	복잡한 인과관계
②	단순한 인과관계	복잡한 인과관계	닭과 계란의 인과관계
③	단순한 인과관계	복잡한 인과관계	단순·복잡한 인과관계
④	닭과 계란의 인과관계	복잡한 인과관계	단순한 인과관계
⑤	닭과 계란의 인과관계	단순한 인과관계	복잡한 인과관계

15 다음 SWOT 분석의 설명을 읽고 추론한 내용으로 적절한 것은?

SWOT 분석에서 강점은 경쟁기업과 비교하여 소비자로부터 강점으로 인식되는 것이 무엇인지, 약점은 경쟁기업과 비교하여 소비자로부터 약점으로 인식되는 것이 무엇인지, 기회는 외부환경에서 유리한 기회요인은 무엇인지, 위협은 외부환경에서 불리한 위협요인은 무엇인지를 찾아내는 것이다. SWOT 분석의 가장 큰 장점은 기업의 내부 및 외부 환경의 변화를 동시에 파악할 수 있다는 것이다.

① 제품의 우수한 품질은 SWOT 분석의 기회 요인으로 볼 수 있다.
② 초고령화 사회는 실버산업에 있어 기회 요인으로 볼 수 있다.
③ 기업의 비효율적인 업무 프로세스는 SWOT 분석의 위협 요인으로 볼 수 있다.
④ 살균제 달걀 논란은 빵집에게 있어 약점 요인으로 볼 수 있다.
⑤ 근육운동 열풍은 헬스장에게 있어 강점 요인으로 볼 수 있다.

16 다음 글의 주장에 대한 비판으로 가장 적절한 것은?

> 저작권은 저자의 권익을 보호함으로써 활발한 저작 활동을 촉진하여 인류의 문화 발전에 기여하기 위한 것이다. 그러나 이렇게 공적 이익을 추구하기 위한 저작권이 현실에서는 일반적으로 지나치게 사적 재산권을 행사하는 도구로 인식되고 있다. 저작물 이용자들의 권리를 보호하기 위해 마련한, 공익적 성격의 법조항도 법적 분쟁에서는 항상 사적 재산권의 논리에 밀려 왔다.
>
> 저작권 소유자 중심의 저작권 논리는 실제로 저작권이 담당해야 할 사회적 공유를 통한 문화 발전을 방해한다. 몇 해 전의 '애국가 저작권'에 대한 논란은 이러한 문제를 단적으로 보여준다. 저자 사후 50년 동안 적용되는 국내 저작권법에 따라, 애국가가 포함된 〈한국 환상곡〉의 저작권이 작곡가 안익태의 유족들에게 2015년까지 주어진다는 사실이 언론을 통해 알려진 것이다. 누구나 자유롭게 이용할 수 있는 국가(國歌)마저 공공재가 아닌 개인 소유라는 사실에 많은 사람들이 놀랐다.
>
> 창작은 백지 상태에서 완전히 새로운 것을 만드는 것이 아니라 저작자와 인류가 쌓은 지식 간의 상호 작용을 통해 이루어진다. "내가 남들보다 조금 더 멀리 보고 있다면, 이는 내가 거인의 어깨 위에 올라서 있는 난쟁이이기 때문"이라는 뉴턴의 겸손은 바로 이를 말한다. 이렇듯 창작자의 저작물은 인류의 지적 자원에서 영감을 얻은 결과이다. 그러한 저작물을 다시 인류에게 되돌려 주는 데 저작권의 의의가 있다. 이러한 생각은 이미 1960년대 프랑스 철학자들에 의해 형성되었다. 예컨대 기호학자인 바르트는 '저자의 죽음'을 거론하면서 저자가 만들어 내는 텍스트는 단지 인용의 조합일 뿐 어디에도 '오리지널'은 존재하지 않는다고 단언한다.
>
> 전자 복제 기술의 발전과 디지털 혁명은 정보나 자료의 공유가 지니는 의의를 잘 보여주고 있다. 인터넷과 같은 매체 환경의 변화는 원본을 무한히 복제하고 자유롭게 이용함으로써 누구나 창작의 주체로서 새로운 문화 창조에 기여할 수 있도록 돕는다. 인터넷 환경에서 이용자는 저작물을 자유롭게 교환할 뿐 아니라 수많은 사람들과 생각을 나눔으로써 새로운 창작물을 생산하고 있다. 이러한 상황은 저작권을 사적 재산권의 측면에서보다는 공익적 측면에서 바라볼 필요가 있음을 보여준다.

① 저작권의 사회적 공유에 대해 일관성 없는 주장을 하고 있다.
② 저작물이 개인의 지적·정신적 창조물임을 과소평가하고 있다.
③ 저작권의 사적 보호가 초래한 사회적 문제의 사례가 적절하지 않다.
④ 인터넷이 저작권의 사회적 공유에 미치는 영향을 드러내지 못하고 있다.
⑤ 객관적인 사실을 제시하지 않고 추측에 근거하여 논리를 전개하고 있다.

안심Touch

17 과제 선정 단계에서 과제안에 대한 평가기준은 과제해결의 중요성, 과제착수의 긴급성, 과제해결의 용이성을 고려하여 여러 개의 평가기준을 동시에 설정하는 것이 바람직하다. 과제안 평가기준을 다음과 같이 나타냈을 때, (A)~(C)에 들어갈 말을 올바르게 연결한 것은?

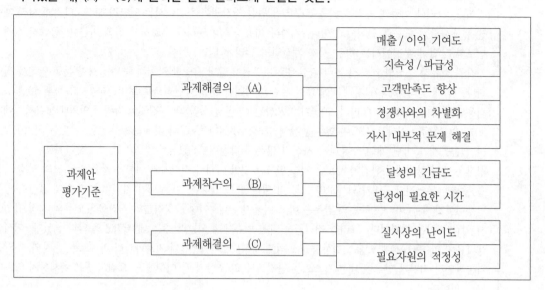

	(A)	(B)	(C)
①	용이성	긴급성	중요성
②	용이성	중요성	긴급성
③	중요성	용이성	긴급성
④	중요성	긴급성	용이성
⑤	긴급성	중요성	용이성

※ A사원은 그 날의 날씨와 평균기온을 고려하여 다음 〈조건〉에 따라 자신이 마실 음료를 고른다. 다음은 음료의 메뉴판과 이번 주 일기예보이다. 자료를 읽고 이어지는 질문에 답하시오. [18~19]

〈메뉴판〉

(단위 : 원)

커피류			차 및 에이드류		
구분	작은 컵	큰 컵	구분	작은 컵	큰 컵
아메리카노	3,900	4,300	자몽에이드	4,200	4,700
카페라테	4,400	4,800	레몬에이드	4,300	4,800
바닐라라테	4,600	5,000	자두에이드	4,500	4,900
카페모카	5,000	5,400	밀크티	4,300	4,800

〈이번 주 일기예보〉

구분	7월 22일 일요일	7월 23일 월요일	7월 24일 화요일	7월 25일 수요일	7월 26일 목요일	7월 27일 금요일	7월 28일 토요일
날씨	흐림	맑음	맑음	흐림	비	비	맑음
평균기온	24℃	26℃	28℃	27℃	27℃	25℃	26℃

──〈조건〉──
• A사원은 맑거나 흐린 날에는 차 및 에이드류를 마시고, 비가 오는 날에는 커피류를 마신다.
• 평균기온이 26℃ 미만인 날에는 작은 컵으로, 26℃ 이상인 날은 큰 컵으로 마신다.
• 커피를 마시는 날 중 평균기온이 25℃ 미만인 날은 아메리카노를, 25℃ 이상, 27℃ 미만인 날은 바닐라라테를, 27℃인 날은 카페라테를, 28℃ 이상인 날은 카페모카를 마신다.
• 차 및 에이드류를 마시는 날 중 평균기온이 27℃ 미만인 날은 자몽에이드를, 27℃ 이상인 날은 자두에이드를 마신다. 단, 비가 오지 않는 화요일과 목요일에는 반드시 밀크티를 마신다.

18 오늘이 7월 26일이라고 할 때, A사원이 오늘 마실 음료는?

① 아메리카노 큰 컵   ② 카페라테 큰 컵
③ 바닐라라테 작은 컵   ④ 카페모카 큰 컵
⑤ 자두에이드 작은 컵

19 A사원은 24일에 자신의 음료를 사면서 직장동료인 B사원의 음료도 사고자 한다. B사원에게는 자신이 전날 마신 음료와 같은 종류의 음료를 사준다고 할 때, A사원이 음료 두 잔을 주문하며 지불할 금액은?

① 8,700원   ② 9,000원
③ 9,200원   ④ 9,500원
⑤ 9,700원

안심Touch

우리는 처음 만난 사람의 외모를 보고, 그를 어떤 방식으로 대우해야 할지를 결정할 때가 많다. 그가 여자인지 남자인지, 얼굴색이 흰지 검은지, 나이가 많은지 적은지 혹은 그의 스타일이 조금은 상류층의 모습을 띠고 있는지 아니면 너무나 흔해서 별 특징이 드러나 보이지 않는 외모를 하고 있는지 등을 통해 그들과 나의 차이를 재빨리 감지한다. 일단 감지가 되면 우리는 둘 사이의 지위 차이를 인식하고 우리가 알고 있는 방식으로 그를 대하게 된다. 한 개인이 특정 집단에 속한다는 것은 단순히 다른 집단의 사람과 다르다는 것뿐만 아니라, 그 집단이 다른 집단보다는 지위가 높거나 우월하다는 믿음을 갖게 한다. 모든 인간은 평등하다는 우리의 신념에도 불구하고 왜 인간들 사이의 이러한 위계화(位階化)를 당연한 것으로 받아들일까? 위계화란 특정 부류의 사람들은 자원과 권력을 소유하고 다른 부류의 사람들은 낮은 사회적 지위를 갖게 되는 사회적이며 문화적인 체계이다. 다음에서 우리는 이러한 불평등이 어떠한 방식으로 경험되고 조직화되는지를 살펴보기로 하자.

인간이 불평등을 경험하게 되는 방식은 여러 측면으로 나눌 수 있다. 산업 사회에서의 불평등은 계층과 계급의 차이를 통해서 정당화되는데, 이는 재산, 생산 수단의 소유 여부, 학력, 집안 배경 등의 요소들의 결합에 의해 사람들 사이의 위계를 만들어 낸다. 또한 모든 사회에서 인간은 태어날 때부터 얻게 되는 인종, 성, 종족 등의 생득적 특성과 나이를 통해 불평등을 경험한다. 이러한 특성들은 단순히 생물학적인 차이를 지칭하는 것이 아니라, 개인의 열등성과 우등성을 가늠하게 만드는 사회적 개념이 되곤 한다.

한편 불평등이 재생산되는 다양한 사회적 기제들이 때로는 관습이나 전통이라는 이름하에 특정 사회의 본질적인 문화적 특성으로 간주되고 당연시되는 경우가 많다. 불평등은 체계적으로 조직되고 개인에 의해 경험됨으로써 문화의 주요 부분이 되었고, 그 결과 같은 문화권 내의 구성원들 사이에 권력 차이와 그에 따른 폭력이나 비인간적인 행위들이 자연스럽게 수용될 때가 많다.

문화 인류학자들은 사회 집단의 차이와 불평등, 사회의 관습 또는 전통이라고 이야기되는 문화 현상에 대해 어떤 입장을 취해야 할지 고민을 한다. 문화 인류학자가 이러한 문화 현상은 고유한 역사적 산물이므로 나름대로 가치를 지닌다는 입장만을 반복하거나 단순히 관찰자로서의 입장에 안주한다면, 이러한 차별의 형태를 제거하는 데 도움을 줄 수 없다. 실제로 문화 인류학 연구는 기존의 권력관계를 유지시켜주는 다양한 문화적 이데올로기를 분석하고, 인간 간의 차이가 우등성과 열등성을 구분하는 지표가 아니라 동등한 다름일 뿐이라는 것을 일깨우는 데 기여해 왔다.

① 차이와 불평등
② 차이의 감지 능력
③ 문화 인류학의 역사
④ 위계화의 개념과 구조
⑤ 관습과 전통의 계승과 창조

21 다음 중 갑과 을의 주장을 도출할 수 있는 질문으로 가장 적절한 것은?

> 갑 : 현재 우리나라는 저출산 문제가 심각하기 때문에 영유아를 배려하는 정책이 필요하다. 노키즈존과 같은 정책을 통해 더 좋은 서비스를 제공한다고 하는 것은 표면상의 이유로 들어 영유아를 배려하지 않는 위험한 생각이다. 이는 어린이들의 사회적·문화적 활동을 가로막고, 어린이들 개개인이 우리 사회의 구성원이라는 인식을 갖게 하는 데 어려움을 준다. 또한 특정 집단에 대한 차별 문화를 정당화할 수 있으며, 헌법에서 보장하는 평등의 원리, 차별 금지의 원칙에도 위배된다.
>
> 을 : 공공장소에서 자신의 아이를 제대로 돌보지 않는 부모들이 늘고 있어, 주변 손님들에게 피해를 주고 가게의 매출이 줄어드는 등의 피해가 일어나고 있다. 특히 어린이들의 안전사고가 발생하는 경우 오히려 해당 가게에 피해보상을 요구하는 일까지 있다. 이러한 상황에서 점주나 아이가 없는 손님의 입장에서는 아이가 없는 환경에서 영업을 하고 서비스를 제공받을 권리가 있다. 더군다나 특정 손님의 입장 거부는 민법상 계약 과정에서 손님을 선택하고 서비스를 제공하지 않을 수 있는 자유에 속하므로, 어떤 법적·도덕적 기준에도 저촉되지 않는다.

① 공공장소에서 부모들은 아이의 행동을 감시해야 하는가?
② 영유아 복지제도를 시행해야 하는가?
③ 차별 금지 원칙의 적용 범위는 어디까지인가?
④ 가게에서 노키즈존을 운영할 수 있는가?
⑤ 공공장소에서 발생한 어린이 안전사고의 책임은 누구에게 있는가?

22 한나는 집에서 학교까지 자전거를 타고 등교하는 데 50분이 걸린다. 학교에서 수업을 마친 후에는 버스를 타고 학원으로 이동하는 데 15분이 소요된다. 자전거의 평균 속력은 6km/h, 버스의 평균 속력은 40km/h라고 할 때, 한나가 집에서 학교를 거쳐 학원까지 이동한 총 거리는 얼마인가?

① 5km
② 8km
③ 10km
④ 15km
⑤ 30km

23 다음은 예식장 사업 형태에 대한 자료이다. 이에 대한 설명으로 옳지 않은 것은?

〈예식장 사업 형태〉

(단위 : 개, 백만 원, m²)

구분	개인경영	회사법인	회사 이외의 법인	비법인 단체	합계
사업체 수	1,160	44	91	9	1,304
매출	238,789	43,099	10,128	791	292,807
비용	124,446	26,610	5,542	431	157,029
면적	1,253,791	155,379	54,665	3,534	1,467,369

※ $[수익률(\%)] = \left[\dfrac{(매출)}{(비용)} - 1\right] \times 100$

① 예식장 사업은 대부분 개인경영 형태로 이루어지고 있다.
② 사업체당 매출액이 평균적으로 제일 큰 예식장 사업 형태는 회사법인 예식장이다.
③ 예식장 사업은 매출액의 40% 이상이 수익이 되는 사업이다.
④ 수익률이 가장 높은 예식장 사업 형태는 회사법인 형태이다.
⑤ 사업체당 평균 면적이 가장 작은 예식장 사업 형태는 비법인 단체 형태이다.

24 다음은 2013 ～ 2020년 7개 도시 실질 성장률에 대한 자료이다. 자료에 대한 설명으로 옳은 것은?

〈7개 도시 실질 성장률〉

(단위 : %)

도시＼연도	2013년	2014년	2015년	2016년	2017년	2018년	2019년	2020년
서울	9.0	3.4	8.0	1.3	1.0	2.2	4.3	4.4
부산	5.3	7.9	6.7	4.8	0.6	3.0	3.4	4.6
대구	7.4	1.0	4.4	2.6	3.2	0.6	3.9	4.5
인천	6.8	4.9	10.7	2.4	3.8	3.7	6.8	7.4
광주	10.1	3.4	9.5	1.6	1.5	6.5	6.5	3.7
대전	9.1	4.6	8.1	7.4	1.6	2.6	3.4	3.2
울산	8.5	0.5	15.8	2.6	4.3	4.6	1.9	4.6

① 2018년 서울, 부산, 광주의 실질 성장률은 각각 2017년의 2배 이상이다.
② 2017년과 2018년 실질 성장률이 가장 높은 도시는 일치한다.
③ 2014년 각 도시의 실질 성장률은 2013년에 비해 감소하였다.
④ 2015년 대비 2016년 실질 성장률이 5%p 이상 감소한 도시는 모두 3곳이다.
⑤ 2013년 실질 성장률이 가장 높은 도시가 2020년에는 실질 성장률이 가장 낮았다.

25 A, B, C, D, E, F 6명이 동시에 가위바위보를 해서 아이스크림 내기를 했는데, 결과가 다음과 같았다. 다음 중 내기에서 이긴 사람을 모두 고르면?(단, 비긴 경우는 없었다)

> • 6명이 낸 것이 모두 같거나, 가위・바위・보 3가지가 모두 포함되는 경우 비긴 것으로 한다.
> • A는 가위를 내지 않았다.
> • B는 바위를 내지 않았다.
> • C는 A와 같은 것을 냈다.
> • D는 E에게 졌다.
> • F는 A에게 이겼다.
> • B는 E에게 졌다.

① A, C   ② E, F

③ B, D   ④ A, B, C

⑤ B, D, F

26 다음 중 금형용 합금공구강의 KS규격에 해당하는 것은?

① STD 11   ② SC 360

③ SM 45C   ④ SS 400

⑤ SUS 304

27 다음 중 공기 스프링에 대한 설명으로 옳지 않은 것은?

① 2축 또는 3축 방향으로 동시에 작용할 수 있다.

② 감쇠특성이 커서 작은 진동을 흡수할 수 있다.

③ 하중과 변형의 관계가 비선형적이다.

④ 스프링 상수의 크기를 조절할 수 있다.

⑤ 고주파진동의 절연성이 좋아 소음이 적다.

28 다음 중 전해가공(Electrochemical Machining)과 화학적가공(Chemical Machining)에 대한 설명으로 옳지 않은 것은?

① 광화학블랭킹(Photochemical Blanking)은 버(Burr)의 발생 없이 블랭킹(Blanking)이 가능하다.

② 화학적가공에서는 부식액(Etchant)을 이용해 공작물 표면에 화학적 용해를 일으켜 소재를 제거한다.

③ 전해가공은 경도가 높은 전도성 재료에 적용할 수 있다.

④ 전해가공으로 가공된 공작물에서는 열 손상이 발생한다.

⑤ 전해가공으로 복잡한 3차원 가공도 쉽게 할 수 있다.

29 다음 중 클러치를 설계할 때 유의할 사항으로 옳지 않은 것은?

① 균형상태가 양호하도록 하여야 한다.

② 관성력을 크게 하여 회전 시 토크변동을 작게 한다.

③ 단속을 원활히 할 수 있도록 한다.

④ 마찰열에 대하여 내열성이 좋아야 한다.

⑤ 회전부분의 평형이 좋아야 한다.

30 평벨트의 접촉각이 θ, 평벨트와 풀리 사이의 마찰계수가 μ, 긴장측 장력이 T_t, 이완측 장력이 T_s일 때, $\dfrac{T_t}{T_s}$ 의 비는?(단, 평벨트의 원심력은 무시한다)

① $e^{\mu\theta}$

② $\dfrac{1}{e^{\mu\theta}}$

③ $1 - e^{\mu\theta}$

④ $1 - \dfrac{1}{e^{\mu\theta}}$

⑤ $1 + \dfrac{1}{e^{\mu\theta}}$

31 다음 중 금속의 인장시험의 기계적 성질에 대한 설명으로 옳지 않은 것은?

① 응력이 증가함에 따라 탄성영역에 있던 재료가 항복을 시작하는 위치에 도달하게 된다.
② 탄력(Resilience)은 탄성범위 내에서 에너지를 흡수하거나 방출할 수 있는 재료의 능력을 나타낸다.
③ 연성(Ductility)은 파괴가 일어날 때까지의 소성변형의 정도이고 단면감소율로 나타낼 수 있다.
④ 인성(Toughness)은 인장강도 전까지 에너지를 흡수할 수 있는 재료의 능력을 나타낸다.
⑤ 연성은 부드러운 금속 재료일수록, 고온으로 갈수록 크게 된다.

32 다음 중 와이어 방전가공에 대한 설명으로 옳지 않은 것은?

① 가공액은 일반적으로 수용성 절삭유를 물에 희석하여 사용한다.
② 와이어전극은 동, 황동 등이 사용되고 재사용이 가능하다.
③ 와이어는 일정한 장력을 걸어주어야 하는데 보통 와이어 파단력의 1/2 정도로 한다.
④ 복잡하고 미세한 형상가공이 용이하다.
⑤ 와이어는 보통 $0.05 \sim 0.25$mm 정도의 동선 또는 황동선을 이용한다.

33 용접의 방법 중 고상용접이 아닌 것은?

① 확산용접(Diffusion Welding)
② 초음파용접(Ultrasonic Welding)
③ 일렉트로 슬래그용접(Electro Slag Welding)
④ 마찰용접(Friction Welding)
⑤ 폭발용접(Explosive Welding)

34 밀링가공에서 밀링커터의 날(Tooth)당 이송 0.2mm/tooth, 회전당 이송 0.4mm/rev, 커터의 날 2개, 커터의 회전 속도 500rpm일 때, 테이블의 분당 이송속도는?

① 100mm/min
② 200mm/min
③ 400mm/min
④ 800mm/min
⑤ 1,000mm/min

35 다음 중 금속표면에 구슬알갱이를 고속으로 발사해 냉간가공의 효과를 얻고, 표면층에 압축잔류응력을 부여하여 금속 부품의 피로수명을 향상시키는 방법은?

① 숏피닝(Shot Peening)
② 샌드블라스팅(Sand Blasting)
③ 텀블링(Tumbling)
④ 초음파세척(Ultrasonic Cleaning)
⑤ 액체호닝(Liquid Honing)

36 다음 중 상온에서 금속결정의 단위격자가 면심입방격자(FCC)인 것만을 모두 고르면?

ㄱ. Pt	ㄴ. Cr
ㄷ. Ag	ㄹ. Zn
ㅁ. Cu	

① ㄱ, ㄷ, ㄹ
② ㄱ, ㄷ, ㅁ
③ ㄴ, ㄷ, ㄹ
④ ㄷ, ㄹ, ㅁ
⑤ ㄱ, ㄹ, ㅁ

37 다음 중 강의 표면 처리법에 대한 설명으로 옳은 것은?

① 아연(Zn)을 표면에 침투 확산시키는 방법을 칼로라이징(Calorizing)이라 한다.
② 고주파 경화법은 열처리 과정이 필요하지 않다.
③ 청화법(Cyaniding)은 침탄과 질화가 동시에 일어난다.
④ 강철입자를 고속으로 분사하는 숏 피닝(Shot Peening)은 소재의 피로수명을 감소시킨다.
⑤ 침탄법(Carbonizing)은 표면에 탄소를 침투시켜 고탄소강으로 만든 다음 이것을 급랭시킨다.

38 다음 중 브레이크블록이 확장되면서 원통형 회전체의 내부에 접촉하여 제동되는 브레이크는?

① 블록브레이크
② 밴드브레이크
③ 드럼브레이크
④ 원판브레이크
⑤ 나사브레이크

39 다음 중 측정기에 대한 설명으로 옳은 것은?

① 버니어캘리퍼스가 마이크로미터보다 측정정밀도가 높다.
② 사인 바(Sine Bar)는 공작물의 내경을 측정한다.
③ 다이얼 게이지(Dial Gage)는 각도측정기이다.
④ 스트레이트 에지(Straight Edge)는 평면도의 측정에 사용된다.
⑤ 마이크로미터(Micrometer)는 0.1mm 단위까지만 측정 가능하다.

40 다음 중 산화철분말과 알루미늄분말의 혼합물을 이용하는 용접 방법은?

① 플러그용접
② 스터드용접
③ TIG용접
④ 테르밋용접
⑤ 전자빔용접

41 단면적 500mm², 길이 100mm의 봉에 50kN의 길이방향하중이 작용했을 때, 탄성영역에서 늘어난 길이는 2mm이다. 이 재료의 탄성계수는?

① 5GPa
② 2GPa
③ 5MPa
④ 2MPa
③ 10MPa

42 다음 용접법 중에서 압접법(Pressure Welding)에 해당하는 것만을 올바르게 묶은 것은?

① 심용접, 마찰용접, 아크용접
② 마찰용접, 전자빔용접, 점용접
③ 점용접, 레이저용접, 확산용접
④ 마찰용접, 점용접, 심용접
⑤ 업셋용접, 테르밋용접, 스터드용접

안심Touch

43 다음 중 사형주조에서 응고 중에 수축으로 인한 용탕의 부족분을 보충하는 곳은?

① 게이트
② 라이저
③ 탕구
④ 탕도
⑤ 주형틀

44 다음 중 ㉠, ㉡에 들어갈 말을 올바르게 짝지은 것은?

_____㉠_____은/는 금속 혹은 세라믹 분말과 폴리머나 왁스 결합제를 혼합한 후, 금형 내로 빠르게 사출하여 생형을 제작하고, 가열 혹은 용제를 사용하여 결합제를 제거한 후, 높은 온도로 _____㉡_____하여 최종적으로 금속 혹은 세라믹 제품을 생산하는 공정이다.

	㉠	㉡
①	인베스트먼트 주조법	소결
②	분말야금법	경화
③	금속사출성형법	경화
④	분말사출성형법	소결
⑤	압출성형법	경화

45 다음 중 웜 기어에 대한 설명으로 옳은 것만을 모두 고르면?

ㄱ. 역전 방지를 할 수 없다.
ㄴ. 웜에 축방향 하중이 생긴다.
ㄷ. 부하용량이 크다.
ㄹ. 진입각(Lead Angle)이 작으면 효율이 높아진다.

① ㄱ, ㄴ
② ㄱ, ㄷ
③ ㄱ, ㄹ
④ ㄴ, ㄷ
⑤ ㄷ, ㄹ

46 성크키(묻힘키 : Sunk Key)에 의한 축이음에서 축의 외주에 작용하는 접선력이 1N일 때 키(Key)에 작용하는 전단응력은?(단, 키의 치수는 10mm×8mm×100mm이다)

① $1,000\text{N/m}^2$
② $1,250\text{N/m}^2$
③ $2,000\text{N/m}^2$
④ $2,500\text{N/m}^2$
⑤ $3,000\text{N/m}^2$

47 다음 중 제품의 시험검사에 대한 설명으로 옳지 않은 것은?

① 인장시험으로 항복점, 연신율, 단면감소율, 변형률을 알아낼 수 있다.
② 브리넬시험은 강구를 일정 하중으로 시험편의 표면에 압입시키며, 경도값은 압입자국의 표면적과 하중의 비로 표현한다.
③ 비파괴검사에는 초음파검사, 자분탐상검사, 액체침투검사 등이 있다.
④ 아이조드식 충격시험은 양단이 단순 지지된 시편을 회전하는 해머로 노치를 파단시킨다.
⑤ 샤르피식 충격시험은 해머로 노치부를 타격하여 연성 파괴인지, 취성 파괴인지 판정하는 시험법이다.

48 다음 중 유압회로에서 회로 내 압력이 설정치 이상이 되면 그 압력에 의하여 밸브를 전개하여 압력을 일정하게 유지시키는 역할을 하는 밸브는?

① 시퀀스밸브
② 유량제어밸브
③ 릴리프밸브
④ 감압밸브
⑤ 체크밸브

49 다음 중 2사이클기관과 비교할 때 4사이클기관의 장점으로 옳은 것은?

① 매회전마다 폭발하므로 동일배기량일 경우 출력이 2사이클기관보다 크다.
② 마력당 기관중량이 가볍고 밸브기구가 필요 없어 구조가 간단하다.
③ 회전력이 균일하다.
④ 체적효율이 높다.
⑤ 윤활유 소비가 적다.

안심Touch

50 탄소강(SM30C)을 냉간가공하면 일반적으로 감소되는 기계적 성질은?

① 연신율   ② 경도

③ 항복점   ④ 인장강도

⑤ 잔류응력

26 다음 중 3상 동기 발전기의 상간 접속을 Y결선으로 하는 이유로 옳지 않은 것은?

① 중성점을 이용할 수 있다.

② 선간전압이 상전압의 $\sqrt{3}$ 배가 된다.

③ 선간전압에 제3고조파가 나타나지 않는다.

④ 같은 선간전압의 결선에 비하여 절연이 어렵다.

⑤ 지락이나 단락 발생시 보호계전기가 즉각 동작될 수 있도록 접지할 수 있기 때문이다.

27 다음 중 3상 교류 발전기의 기전력에 대하여 90° 늦은 전류가 통할 때 반작용 기자력은?

① 자극축과 일치하는 감자 작용

② 자극축보다 90° 빠른 증자 작용

③ 자극축보다 90° 늦은 감자 작용

④ 자극축과 직교하는 교차 자화작용

⑤ 자극축과 일치하는 증자 작용

28 다음 중 인코딩 기법을 평가하는 요소에 해당되지 않는 것은?

① 데이터 전송률   ② 신호의 스펙트럼

③ 신호의 동기화 능력   ④ 에러 검출 능력

⑤ 잡음에 대한 면역성

29 다음 중 전선의 절연 저항은 전선의 길이가 길수록 어떻게 변화하는가?

① 작아지다가 커진다.

② 작아진다.

③ 커진다.

④ 길이의 제곱에 비례하여 커진다.

⑤ 아무 변화가 없다.

안심Touch

30 동일한 크기의 전류가 흐르고 있는 왕복 평행 도선에서 간격을 2배로 넓히면 작용하는 힘은 몇 배로 되는가?

① 반으로 줄게 된다.
② 변함이 없다.
③ 2배로 증가한다.
④ 3배로 증가한다.
⑤ 4배로 증가한다.

31 다음 중 동기 발전기에서 전기자 전류가 무부하 유도 기전력보다 $\frac{\pi}{2}$ rad 앞서 있는 경우에 나타나는 전기자 반작용은?

① 증자 작용
② 감자 작용
③ 교차 자화 작용
④ 횡축 반작용
⑤ 종축 반작용

32 다음 중 부흐홀츠 계전기의 설치위치로 가장 적절한 곳은?

① 콘서베이터 내부
② 변압기 고압측 부싱
③ 변압기 주 탱크 내부
④ 변압기 주 탱크와 콘서베이터 사이
⑤ 변압기 저압측 부싱

33 다음 회로에서 저항 R은 몇 Ω 인가?

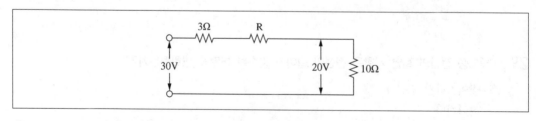

① 1Ω
② 2Ω
③ 3Ω
④ 4Ω
⑤ 6Ω

34 다음 중 정크션 박스 내에서 절연 전선을 쥐꼬리 접속한 후 접속과 절연을 위해 사용되는 재료는?

① 링형 슬리브

② 와이어 커넥터

③ S형 슬리브

④ 터미널 러그

⑤ 열수축 튜브

35 다음 중 녹아웃 펀치(Knockout Punch)와 같은 용도의 공구는?

① 리머(Reamer)

② 홀소(Hole Saw)

③ 클리퍼(Clipper)

④ 벤더(Bender)

⑤ 오스터(Oster)

36 평형 3상 전류를 측정하려고 변류비 60/5A의 변류기 두 대를 그림과 같이 접속했더니 전류계에 2.5A가 흘렀다. 1차 전류는 몇 A인가?(단, 소수점 이하 둘째 자리에서 반올림한다)

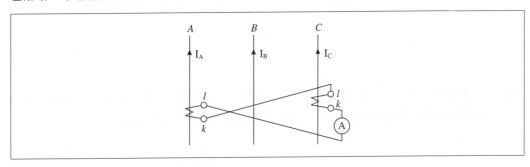

① 12.0A

② 17.3A

③ 30.0A

④ 51.9A

⑤ 53.8A

37 가정용 전등선의 전압이 실횻값으로 220V로 승압되었다. 이 교류의 최댓값은 몇 V인가?(단, 소수점 이하 둘째 자리에서 반올림한다)

① 155.6V

② 311.1V

③ 381.1V

④ 127.1V

⑤ 134.3V

38 다음 중 조명용 전등을 호텔 또는 여관 객실의 입구에 설치할 때나 일반 주택 및 아파트 각 실의 현관에 설치할 때 사용되는 스위치는?

① 로터리 스위치

② 누름버튼 스위치

③ 토글 스위치

④ 타임 스위치

⑤ 컷아웃 스위치

39 단상 50Hz, 전파 정류 회로에서 변압기의 2차 상전압 100V, 수은 정류기의 전호 강하 15V에서 회로 중의 인덕턴스는 무시한다. 외부 부하로서 기전력 60V, 내부 저항 0.2Ω 의 축전지를 연결할 때 평균 출력을 구하면?

① 5,625kW

② 7,425kW

③ 8,385kW

④ 9,205kW

⑤ 9,635kW

40 자동화재탐지설비는 화재의 발생을 초기에 자동적으로 탐지하여 소방대상물의 관계자에게 화재의 발생을 통보해 주는 설비이다. 다음 중 자동화탐지설비의 구성요소가 아닌 것은?

① 수신기

② 비상경보기

③ 발신기

④ 중계기

⑤ 감지기

41 10kW, 200V, 전기자 저항 0.15Ω 의 타 여자 발전기를 전동기로 사용하여 발전기의 경우와 같은 전류를 흘렸을 때 단자 전압은 몇 V로 하면 되는가?(단, 여기서 전기자 반작용은 무시하고 회전수는 같도록 한다)

① 200V

② 207.5V

③ 215V

④ 225.5V

⑤ 230V

42 다음 중 단자 전압 220V, 부하 전류 50A인 분권 전동기의 유기 기전력 V는?(단, 전기자 저항은 0.2Ω 이며 계자 전류 및 전기자 반작용은 무시한다)

① 210V
② 215V
③ 225V
④ 230V
⑤ 235V

43 다음 중 동기 발전기에서 유기 기전력과 전기자 전류가 동상인 경우의 전기자 반작용은?

① 교차 작용
② 증자 작용
③ 감자 작용
④ 직축 반작용
⑤ 자화 작용

44 다음 중 50Hz, 4극의 유도 전동기의 슬립이 4%일 때, 매분 회전수는?

① 1,410rpm
② 1,440rpm
③ 1,470rpm
④ 1,500rpm
⑤ 1,540rpm

45 다음 중 옥내 배선에서 전선 접속에 관한 사항으로 옳지 않은 것은?

① 전선 접속기를 사용하여 접속한다.
② 전선의 강도를 20% 이상 감소시키지 않는다.
③ 접속 슬리브를 사용하여 접속한다.
④ 접속 부위의 전기 저항을 증가시킨다.
⑤ 접속부분의 온도상승값이 접속부 이외의 온도상승값을 넘지 않도록 한다.

안심Touch

46 다음 중 교류 배전반에서 전류가 많이 흘러 전류계를 직접 주회로에 연결할 수 없을 때 사용하는 기기는?

① 전류 제한기
② 계기용 변압기
③ 계기용 변류기
④ 전류계용 전환 개폐기
⑤ 전압 제한기

47 다음 중 전기력선의 성질에 대한 설명으로 옳지 않은 것은?

① 전기력선 방향은 전기장 방향과 같으며, 전기력선의 밀도는 전기장의 크기와 같다.
② 전기력선은 도체 내부에 존재한다.
③ 전기력선은 등전위면에 수직으로 출입한다.
④ 전기력선은 양전하에서 음전하로 이동한다.
⑤ 전기력선의 밀도는 전계의 세기와 같다.

48 다음 설명으로 옳지 않은 것은?

① 코일은 직렬로 연결할수록 인덕턴스가 커진다.
② 리액턴스는 주파수의 함수이다.
③ 저항은 병렬로 연결할수록 저항치가 작아진다.
④ 콘덴서는 직렬로 연결할수록 용량이 커진다.
⑤ 리액턴스의 단위로는 저항과 마찬가지로 Ω (옴)을 쓴다.

49 다음 중 전기력선의 성질에 대한 설명으로 옳지 않은 것은?

① 전기력선은 서로 교차하지 않는다.
② 전기력선은 도체의 표면에 수직이다.
③ 전기력선의 밀도는 전기장의 크기를 나타낸다.
④ 같은 전기력선은 서로 끌어당긴다.
⑤ 전기력선은 전위가 높은 점에서 낮은 점으로 향한다.

50 정격 전류가 30A인 저압 전로의 과전류 차단기를 배선용 차단기로 사용하는 경우 정격 전류의 2배의 전류가 통과하였을 때 몇 분 이내에 자동적으로 동작하여야 하는가?

① 1분
② 2분
③ 60분
④ 90분
⑤ 120분

안심Touch

www.sdedu.co.kr

코레일 한국철도공사
정답 및 해설

온라인 모의고사 무료쿠폰

쿠폰 번호	NCS통합 **JSB-00000-7B8C2**
	코레일(차량 / 운전직 기계일반) **WJS-00000-50B73**
	코레일(차량 / 운전직 기계일반) **CMK-00000-F59BF**
	코레일(차량 / 운전직 전기일반) **DJX-00000-60DEE**
	코레일(차량 / 운전직 전기일반) **HOQ-00000-0A6A1**

[쿠폰 사용 안내] (기간 : ~ 2022. 06. 30.)

1. 합격시대 홈페이지(www.sidaegosi.com/pass_sidae_new)에 접속합니다.
2. 홈페이지 상단 '1회 무료 이용권 제공' 배너를 클릭하고, 쿠폰번호를 입력합니다.
3. 내강의실 > 모의고사 > 합격시대 모의고사를 클릭하면 응시 가능합니다.

※ 본 쿠폰은 등록 후 30일간 이용 가능합니다.

무료동영상(NCS특강) 쿠폰

쿠폰번호 KHB-95039-13883

[쿠폰 사용 안내] (기간: ~ 2022. 06. 30.)

1. 시대플러스 홈페이지(www.sdedu.co.kr/plus)에 접속합니다.
2. 상단 카테고리 「이벤트」를 클릭합니다.
3. 「NCS 도서구매 특별혜택 이벤트」를 클릭한 후 쿠폰번호를 입력합니다.

AI면접 1회 무료쿠폰

쿠폰번호 AQB-82534-00280

[쿠폰 사용 안내] (기간: ~ 2022. 06. 30.)

1. WIN시대로(www.winsidaero.com)에 접속합니다.
2. 회원가입 후 상단 카테고리 「이벤트」를 클릭합니다.
3. 쿠폰번호를 입력 후 [마이페이지]에서 이용권을 사용하여 면접을 실시합니다.

※ 무료 쿠폰으로 응시한 면접에는 제한된 리포트가 제공됩니다.
※ 본 쿠폰은 등록 후 7일간 이용 가능합니다.

 도서 관련 최신 정보 및 정오사항이 있는지
우측 QR을 통해 확인해 보세요!

| 01 | 직업기초능력평가

01	02	03	04	05	06	07	08	09	10
⑤	①	③	④	③	②	④	③	④	⑤
11	12	13	14	15	16	17	18	19	20
④	⑤	⑤	①	③	④	②	④	③	③
21	22	23	24	25					
②	⑤	④	⑤	④					

01　　　　　　　　　　　　　　　　　정답 ⑤

스마트 시티의 성공은 인공지능과의 접목을 통한 기술 향상이 아니라 시민의 행복을 느끼는 것이다.

오답분석

① 컨베이어 벨트 체계는 2차 산업혁명 시기부터 도입되었다.
② 과거에는 컴퓨터, 휴대전화만 연결 대상이었으나 현재 자동차, 세탁기로까지 확대되었다.
③ 정보 공유형은 3차 산업혁명 '유 시티'의 특성이다.
④ 빅데이터는 속도, 규모, 다양성으로 정의할 수 있다.

02　　　　　　　　　　　　　　　　　정답 ①

A, B, C팀이 사원 수를 각각 a명, b명, c명으로 가정한다. 이때 A, B, C의 총 근무 만족도 점수는 각각 $80a$, $90b$, $40c$이다. A팀과 B팀의 근무 만족도, B팀과 C팀의 근무 만족도에 대한 평균 점수가 제공되었으므로 해당 식을 이용하여 방정식을 세운다.
A팀과 B팀의 근무 만족도 평균은 88점인 것을 이용하면 아래의 식을 얻는다.

$$\frac{80a+90b}{a+b}=88 \rightarrow 80a+90b=88a+88b \rightarrow 2b=8a \rightarrow b=4a$$

B팀과 C팀의 근무 만족도 평균은 70점인 것을 이용하면 아래의 식을 얻는다.

$$\frac{90b+40c}{b+c}=70 \rightarrow 90b+40c=70b+70c \rightarrow 20b=30c \rightarrow 2b=3c$$

따라서 $2b=3c$이므로 식을 만족하기 위해서 c는 짝수여야 한다.

오답분석

② 근무 만족도 평균이 가장 낮은 팀은 C팀이다.
③ B팀의 사원 수는 A팀의 사원 수의 4배이다.

④ C팀은 A팀 사원 수의 $\frac{8}{3}$ 배이다.

⑤ A, B, C의 근무 만족도 점수는 $80a+90b+40c$이며, 총 사원의 수는 $a+b+c$이다. 이때, b와 c를 a로 정리하여 표현하면 세 팀의 총 근무 만족도 점수 평균은

$$\frac{80a+90b+40c}{a+b+c}=\frac{80a+360a+\frac{320}{3}a}{a+4a+\frac{8}{3}a}$$

$$=\frac{240a+1,080a+320a}{3a+12a+8a}=\frac{1,640a}{23a}≒71.3이다.$$

03　　　　　　　　　　　　　　　　　정답 ③

올해는 보조금 지급 기준을 낮춘다고 한 내용으로 미루어 짐작할 수 있다.

오답분석

① 대상자 선정은 4월 중에 이루어진다.
② 우수물류기업의 경우 예산의 50% 내에서 이루어지며, 중소기업이 예산의 20% 내에서 우선 선정된다.
④ 전체가 아닌 증가 물량의 100%이다.
⑤ 2010년부터 시작된 사업으로 작년까지 감소한 탄소 배출량이 약 194만 톤이다.

04　　　　　　　　　　　　　　　　　정답 ④

외국인이 마스크를 구매할 경우 외국인등록증뿐만 아니라 건강보험증도 함께 보여줘야 한다.

오답분석

① 4월 27일부터 마스크를 3장까지 구매할 수 있게 된 건 맞지만, 지정된 날에만 구입이 가능하다.
② 만 10살 이하 동거인의 마스크를 구매하기 위해선 주민등록등본 혹은 가족관계증명서와 함께 대리 구매자의 신분증을 제시해야 한다.
③ 지정된 날에만 마스크 구매가 가능하며, 별도의 추가 구매는 불가능하다.
⑤ 대리 구매자의 신분증, 주민등록등본, 임신확인서 3개를 지참해야 대리 구매가 가능하다.

05

정답 ③

주어진 조건을 고려하면 1순위인 B를 하루 중 가장 이른 식후 시간대인 아침 식후에 복용해야 한다. 2순위이며 B와 혼용 불가능한 C는 점심 식전에 복용하며, 3순위인 A는 혼용 불가능 약을 피해 저녁 식후에 복용해야 한다. 4순위인 E는 남은 시간 중 가장 빠른 식후인 점심 식후에 복용을 시작하며, 5순위인 D는 가장 빠른 시간인 아침 식전에 복용한다.

식사	시간	1일 차	2일 차	3일 차	4일 차	5일 차
아침	식전	D	D	D	D	D
	식후	B	B	B	B	
점심	식전	C	C	C		
	식후	E	E	E	E	
저녁	식전					
	식후	A	A	A	A	

따라서 모든 약의 복용이 완료되는 시점은 5일 차 아침이다.

06

정답 ②

ㄱ. 혼용이 불가능한 약들을 서로 피해 복용하더라도 하루에 A ~E를 모두 복용할 수 있다.

ㄷ. 최단 시일 내에 모든 약을 복용하기 위해서는 A는 혼용이 불가능한 약들을 피해 저녁에만 복용하여야 한다.

오답분석

ㄴ. D는 아침에만 복용한다.

ㄹ. A와 C를 동시에 복용하는 날은 총 3일이다.

07

정답 ④

2번 이상 같은 지역을 신청할 수 없으므로, D는 1년 차와 2년 차 서울 지역에서 근무하였으므로 3년 차에는 지방으로 가야 한다. 따라서 신청지에 배정받지 못할 것이다.

오답분석

① B는 1년 차 근무를 마친 A가 신청한 종로를 제외한 어느 곳이나 갈 수 있으므로 신청지인 영등포로 이동하게 될 것이다.

② C보다 E가 전년도 평가가 높으므로 E는 여의도에, C는 지방으로 이동할 것이다.

③ 1년 차 신입은 전년도 평가 점수가 100점이므로 신청한 근무지에서 근무할 수 있다. 따라서 A는 입사 시 1년 차 근무지로 대구를 선택했음을 알 수 있다.

⑤ D는 규정에 부합하지 않게 신청했으므로 C가 제주로 이동한다면, 남은 지역인 광주나 대구로 이동하게 된다.

08

정답 ③

선택에 따른 스트레스를 줄여주는 원산지 표시 제품의 경우 다른 제품들보다 10% 비싸지만 보통 판매량은 더 높은 것으로 집계된다.

오답분석

① 사람들마다 먹거리를 선택하는 기준도 다르고 같은 개인이라도 처해있는 상황이 다르기 때문에 고려해야 될 요소가 복잡해진다.

② 최선의 선택을 할지라도 남아 있는 대안들에 대한 미련으로 후회감이 남게 된다.

④ 소비자들은 원산지 표시제품을 구매함으로써 선택의 스트레스를 줄인다.

⑤ 원산지 표시제는 익명성을 탈피시켜 궁극적으로 사회적 태만을 줄일 수 있는 방안 중의 하나이다.

09

정답 ④

시골개, 떠돌이개 등이 지속적으로 유입되었다는 내용으로 미루어 짐작할 수 있는 사실이다.

오답분석

① 2018년 이후부터의 수치를 제시하고 있기 때문에 이전에도 그랬는지는 알 수가 없다.

② 지난해 경기 지역이 가장 많은 유기견 수를 기록했다는 내용만 알 수 있을 뿐, 항상 그랬는지는 알 수가 없다.

③ 2016년부터 2019년까지는 꾸준히 증가하는 추세였으나, 작년에는 12만 8,719마리로 감소했음을 알 수 있다.

⑤ 유기견 번식장에 대한 규제가 필요하다는 말을 미루어 봤을 때 적절한 규제가 이루어지지 않음을 짐작할 수 있다.

10

정답 ⑤

공적마스크를 구매할 수 있는 날은 7일마다 돌아온다. 이때, 36일은 $7 \times 5 + 1$이므로 2차 마스크 구매 요일은 1차 마스크 구매 요일과 하루 차이임을 알 수 있다. 이때, 1차 마스크 구매는 평일에 이루어졌다고 하였으므로, A씨가 2차로 마스크를 구매한 요일은 토요일임을 알 수 있다. 따라서 1차로 구매한 요일은 금요일이고, 출생 연도 끝자리는 5이거나 0이다. 또한, A씨의 1차 마스크 구매 날짜는 3월 13일이며, 36일 이후는 4월 18일이다. 따라서 주말을 제외하고 공적마스크를 구매할 수 있는 날짜는 3/13, 3/20, 3/27, 4/3, 4/10, 4/17, 4/24, 5/1, 5/8, 5/15 … 이다.

11

정답 ④

오전 8시에 좌회전 신호가 켜졌으므로 다음 좌회전 신호가 켜질 때 까지 20초+100초+70초=190초가 걸린다. 1시간 후인 오전 9시 정각의 신호를 물었으므로 오전 8시부터 $60 \times 60 = 3,600$초 후이다. $3,600$초 $= 190 \times 18 + 180$이므로 좌회전, 직진, 정지 신호가 순서대로 18번 반복되고 180초 후에는 정지 신호가 켜져 있을 것이다.

180초(남은 시간)−20초(좌회전 신호)−100(직진 신호)=60초 (정지 신호 100초 켜져 있는 중)

안심Touch

12
정답 ⑤

모두 최소 1개 이상의 알파벳, 숫자, 특수문자로 구성이 되었기 때문에 다른 조건인 비밀번호로 사용된 숫자들이 소수인지를 확인하여야 한다. ① ~ ⑤의 숫자는 2, 3, 5, 7, 17, 31, 41, 59, 73, 91이 있으며, 이 중 91은 7과 13으로 약분이 되어 소수가 아니다. 따라서 비밀번호로 사용될 수 없다.

13
정답 ⑤

한국의 자동차 1대당 인구 수는 2.9로 러시아와 스페인 전체 인구에서의 자동차 1대당 인구 수인 2.8보다 많다.

오답분석

① 중국의 자동차 1대당 인구 수는 28.3으로 멕시코의 자동차 1대당 인구 수의 $\frac{28.3}{4.2}≒6.7$배이다.

② 폴란드의 자동차 1대당 인구 수는 2이다.

③ 러시아와 스페인 전체 인구에서의 자동차 1대당 인구 수는 $\frac{14,190+4,582}{3,835+2,864}=\frac{18,772}{6,699}≒2.8$이므로 폴란드의 자동차 1대당 인구 수인 2보다 많다.

④ 한국의 자동차 1대당 인구 수는 2.9로 미국과 일본의 자동차 1대당 인구 수 1.2+1.7=2.9 합과 같다.

14
정답 ①

일반적인 의미와 다른 나라의 사례를 통해 대체의학의 정의를 설명하고, 또한 크게 세 가지 유형으로 대체의학의 종류를 설명하고 있기 때문에 대체의학의 의미와 종류가 제목으로 가장 적절하다.

오답분석

② 대체의학의 문제점은 언급되지 않았다.

③ 대체의학으로 인한 부작용 사례는 언급되지 않았다.

④ 대체의학이 무엇인지 설명하고 있지 개선방향에 대해 언급하지 않았다.

⑤ 대체의학의 종류에 대해 설명하고 있지만 연구 현황과 미래를 언급하지 않았다.

15
정답 ③

올더스 헉슬리에 대한 내용이다. 올더스 헉슬리는 오히려 사람들이 너무 많은 정보를 접하는 상황에 대해 두려워했지만 조지 오웰은 정보가 통제당하는 상황을 두려워했다.

오답분석

① 조지 오웰은 서적이 금지당하고 정보가 통제 당하는 등 자유를 억압받는 상황을 두려워했다.

② 올더스 헉슬리는 스스로가 압제를 받아들인다고 생각했다.

④ 올더스 헉슬리는 즐길 거리 등을 통해 사람들을 통제할 수 있다고 보았다.

⑤ 조지 오웰은 우리가 증오하는 것이, 올더스 헉슬리는 우리가 좋아하는 것이 자신을 파멸시킬 상황을 두려워했다.

16
정답 ④

원콜 서비스를 이용하기 위해서는 사전등록된 신용카드가 있어야 결제가 가능하다.

오답분석

① 상이등급이 있는 국가유공자만 이용가능하다.

② 원콜 서비스를 이용하면 전화로 맞춤형 우대예약 서비스를 이용할 수 있다.

③ 신분증 외 유공자증을 대신 지참하여도 신청이 가능하다.

⑤ 휴대폰을 이용한 승차권 발권을 원하지 않는 경우, 전화 예약을 통해 역창구 발권을 받을 수 있으므로 선택권이 존재한다.

17
정답 ②

ㄱ. 전화를 통한 예약의 경우, 승차권 예약은 ARS가 아닌, 상담원을 통해 이루어진다.

ㄷ. 예약된 승차권은 본인 외 사용은 무임승차로 간주되며, 양도가 가능한지는 자료에서 확인할 수 없다.

오답분석

ㄴ. 경우에 따라 승차권 대용문자 혹은 승차권 대용문자+스마트폰 티켓으로 복수의 방식으로 발급받을 수 있다.

ㄹ. 반기별 예약 부도 실적이 3회 이상인 경우 다음 산정일까지 우대서비스가 제한된다.

18
정답 ④

ㄴ. 2019년, 2020년 모두 30대 이상의 여성이 남성보다 비중이 더 높다.

ㄷ. 2020년 40대 남성의 비중은 22.1%로 다른 나이대보다 비중이 높다.

오답분석

ㄱ. 2019년에는 20대 남성이 30대 남성보다 1인 가구 비중이 더 높지만, 2020년에는 20대 남성이 30대 남성보다 1인 가구의 비중이 더 낮다. 따라서 20대 남성이 30대 남성보다 1인 가구의 비중이 더 높은지는 알 수 없다.

ㄹ. 2년 이내 1인 생활을 종료하는 1인 가구의 비중은 2019년에는 증가하였으나, 2020년에는 감소하였다.

19
정답 ③

부모의 학력이 자녀의 소득에 영향을 미치는 것은 환경적 요인에 의한 결정이다. 이러한 현상이 심화될 경우 빈부격차의 대물림 현상이 심해질 것으로 바라보고 있다.

오답분석

① 개인의 학력과 능력은 노력뿐만 아니라 환경적 요인, 운 등 다양한 요소에 의해 결정된다.

② 분배정의론의 관점에서는 환경적 요인에 의해 나타난 불리함에 대해서 개인에게 책임을 묻는 것이 정당하지 않다고 주장하고 있다.
④ 사회민주주의 국가는 조세 정책을 통해 기회균등화 효과를 거두고 있다.
⑤ 세율을 보다 높이고 대신 이전지출의 크기를 늘리는 것이 세율을 낮추고 이전지출을 줄이는 것에 비해 재분배효과가 더욱 있을 것으로 전망된다.

20
정답 ③

ㄴ. 1대당 차의 가격은 $\dfrac{(수출액)}{(수출 대수)}$(단위 : 만 달러)로 계산할 수 있다.

- A사 : $\dfrac{1,630,000}{532}$ ≒ 3,064만 달러
- B사 : $\dfrac{1,530,000}{904}$ ≒ 1,692만 달러
- C사 : $\dfrac{3,220,000}{153}$ ≒ 21,046만 달러
- D사 : $\dfrac{2,530,000}{963}$ ≒ 2,627만 달러
- E사 : $\dfrac{2,620,000}{2,201}$ ≒ 1,190만 달러

따라서 2020년 1분기에 가장 고가의 차를 수출한 회사는 C사이다.

Tip 이때, 수출액이 가장 많고, 수출 대수는 가장 적은 C사가 가장 고가의 차를 수출한 회사이다.

ㄷ. C사의 자동차 수출 대수는 계속 감소하다가 2020년 3분기에 증가하였다.

오답분석

ㄱ. 2019년 3분기 전체 자동차 수출액은 1,200백만 달러로 2020년 3분기 전체 자동차 수출액인 1,335백만 달러보다 적다.
ㄹ. E사의 자동차 수출액은 2019년 3분기 이후 계속 증가하였다.

21
정답 ②

- ㉠ : 532+904+153+963+2,201=4,753
- ㉡ : 2×(342+452)=1,588
- ㉢ : 2,201+2,365×2+2,707=9,638
- ㉠+㉡+㉢=4,753+1,588+9,638=15,979

22
정답 ⑤

주어진 조건에 따라 시간대별 고객 수의 변화 및 각 함께 온 일행들이 앉은 테이블을 정리하면 다음과 같다.

시간	새로운 고객	기존 고객	시간	새로운 고객	기존 고객
09:20	2(2인용)	0	15:10	5(6인용)	4(4인용)
10:10	1(4인용)	2(2인용)	16:45	2(2인용)	0
12:40	3(4인용)	0	17:50	5(6인용)	0
13:30	5(6인용)	3(4인용)	18:40	6(입장×)	5(6인용)
14:20	4(4인용)	5(6인용)	19:50	1(2인용)	0

오후 3시 15분에는 오후 3시 10분에 입장하여 6인용 원탁에 앉은 5명의 고객과 오후 2시 20분에 입장하여 4인용 원탁에 앉은 4명의 고객까지 총 9명의 고객이 있을 것이다.

23
정답 ④

ㄴ. 오후 6시 40분에 입장한 일행은 6인용 원탁에만 앉을 수 있으나, 5시 50분에 입장한 일행이 사용 중이어서 입장이 불가하였다.
ㄹ. 오후 2시 정각에는 6인용 원탁에만 고객이 앉아 있었다.

오답분석

ㄱ. 오후 6시에는 오후 5시 50분에 입장한 고객 5명이 있다.
ㄷ. 오전 9시 20분에 2명, 오전 10시 10분에 1명, 총 3명이 방문하였다.

24
정답 ⑤

ⅰ) 7명이 〈조건〉에 따라서 앉는 경우의 수
운전석에 앉을 수 있는 사람은 3명이고 조수석에는 부장님이 앉지 않으므로 3×5×5!=1,800가지이다.
ⅱ) A씨가 부장님 옆에 앉지 않을 경우의 수
전체 경우의 수에서 부장님과 옆에 앉는 경우를 빼면 A씨가 부장님 옆에 앉지 않는 경우가 되므로 A씨가 부장님 옆에 앉는 경우의 수를 구하면 다음과 같다.
A씨가 운전석에 앉거나 조수석에 앉으면 부장님은 운전을 하지 못하고 조수석에 앉지 않으므로 부장님 옆에 앉지 않는다. 즉 A씨가 부장님 옆에 앉을 수 있는 경우는 가운데 줄에서의 2가지 경우와 마지막 줄에서 1가지 경우가 있다. A씨가 부장님 옆에 앉는 경우는 총 3가지이고, 서로 자리를 바꿔서 앉는 경우까지 2×3가지이다. 운전석에는 A를 제외한 2명이 앉을 수 있고, 조수석을 포함한 나머지 4자리에 4명이 앉는 경우의 수는 4!가지이다. 그러므로 A씨가 부장님 옆에 앉는 경우의 수는 2×3×2×4!=288가지이다.
따라서 A씨가 부장님 옆에 앉지 않을 경우의 수는 1,800−288=1,512가지이므로 A씨가 부장님의 옆자리에 앉지 않을 확률은 $\dfrac{1,512}{1,800}$=0.84이다.

특별부록 정답 및 해설

25

4×6 사이즈는 x개, 5×7 사이즈는 y개, 8×10 사이즈는 z개를 인화했다고 하면 $150x+300y+1,000z=21,000$이다. 모든 사이즈를 최소 1장씩은 인화하였으므로 $x+1=x'$, $y+1=y'$, $z+1=z'$라고 하면 $150x'+300y'+1,000z'=19,550$원이다. 십원 단위는 300원과 1,000원으로 나올 수 없는 금액이므로 4×6 사이즈 1장을 더 구매한 것으로 보고, 나머지 금액을 300원과 1,000원으로 구매할 수 있는지 확인한다. 19,400원에서 백 원 단위는 1,000원으로 구매할 수 없으므로 300원으로 구매해야 한다. 5×7 사이즈인 300×8=2,400원을 제외하면 19,400−2,400=17,000원이 남는데 나머지는 1,000원으로 구매할 수 있으나, 5×7 사이즈를 최대로 구매해야 하므로 300의 배수인 300×50=15,000원을 추가로 구매한다. 나머지 2,000원은 8×10 사이즈로 구매한다. 따라서 5×7 사이즈는 최대 1+8+50=59장을 구매할 수 있다.

02 | 직무수행능력평가

기계일반

26	27	28	29	30	31	32	33	34	35
③	④	⑤	⑤	①	③	④	①	②	①
36	37	38	39	40	41	42	43	44	45
①	③	①	①	④	①	④	④	④	③
46	47	48	49	50					
②	④	③	①	④					

26

전단탄성계수(G), 종탄성계수(E), 체적탄성계수(K), 푸아송 수(m) 사이의 관계

$mE=2G(m+1)=3K(m-2)$

$G=\dfrac{mE}{2(m+1)}=\dfrac{E}{2(1+\nu)}$

27

$e=1-\dfrac{T_L}{T_H}=1-\dfrac{200}{1,000}=0.8 \rightarrow 80\%$

28

암모니아의 단점
- 인체에 독성이 있다.
- 가연성 및 폭발성이 있다.
- 동과 접촉 시 부식될 수 있다.

29

에릭슨 사이클은 2개의 등온과정과 2개의 정압과정으로 구성된 사이클로 등온 압축, 등온 연소 및 등온 팽창을 시킨다.

오답분석
① 스털링 사이클 : 2개의 정적과정과 2개의 등온과정이다.
② 디젤 사이클 : 각각 1개씩의 단열압축과정, 정압과정, 단열팽창과정, 정적과정이다.
③ 앳킨스 사이클 : 2개의 단열과정과 1개의 정적과정, 1개의 정압과정이다.
④ 사바테 사이클 : 2개의 단열과정과 2개의 정적과정이다.

30

(비눗방울의 표면장력)$=\dfrac{(압력차)\times[내경(m)]}{8}=\dfrac{40\times0.05}{8}$

$=0.25$

31

정답 ③

냉매 순환경로는 압축 → 응축 → 팽창 → 증발로 이어진다.
- 압축기 : 압력이 낮고, 엔탈피가 높은 기체가 압축기로 이동한다.
- 응축기 : 냉매의 현열과 잠열을 없애는 장치로, 냉매는 응축과정에서 액체상태가 된다.
- 팽창밸브 : 압력이 낮아지며 증발될 수 있는 상태가 된다.
- 증발기 : 냉매는 증발기를 지나면서 주위의 열을 가져오며, 열을 빼앗긴 공기는 증발한다.

32

정답 ④

전기 전도율이 높은 순서대로 금속을 나열하면 'Ag(은)>Ni(니켈)>Fe(철)>Sn(주석)>Pb(납)'이므로 Ag(은)의 전기 전도율이 가장 높다.

33

정답 ①

삼각나사는 체결용으로 가장 많이 사용하는 나사로, 미터나사(기계 조립 체결용), 유니파이나사(정밀 기계 조립 체결용), 관용나사(유체기기 결합 체결용) 등이 있다.

오답분석
② 사각나사 : 동력 전달용(운동용)
③ 사다리꼴나사 : 공작 기계의 이송용(운동용)
④ 톱니나사 : 힘의 전달(운동용)
⑤ 볼나사 : 정밀 공작 기계의 이송장치(운동용)

34

정답 ②

프로판 가스는 석탄 가스와 달리 유독한 일산화탄소가 없다.

오답분석
① 공기보다 1.5배 정도 무겁다.
③ 새어 나오는 가스가 인화되면 폭발할 위험이 있어 주의가 필요하다.
④ 메탄계의 액화 수소 가스이다.
⑤ 중독의 위험이 없어, 가정용 연료로 많이 사용된다.

35

정답 ①

프레스가공의 일종으로 펀치와 다이를 이용해서 판금할 재료로부터 제품의 외형을 따내는 작업을 블랭킹(Blanking)이라 한다.

오답분석
② 피어싱(Piercing) : 재료에 펀치로 구멍을 뚫거나 작은 구멍에 펀치를 이용하여 구멍을 넓히는 가공법이다.
③ 트리밍(Trimming) : 제품치수보다 크게 만드는 드로잉 가공 후 기존의 제품치수에 맞게 재료를 절단하는 작업으로, 트리밍용 별도의 다이가 필요하다.
④ 플랜징(Flanging) : 금속판재의 모서리를 굽혀 테두리를 만드는 가공법이다.

⑤ 스탬핑(Stamping) : 요철이 가공된 상형과 하형 사이에 판금을 넣고 충격하는 힘을 가하여 판금 표면에 요철의 형상을 찍어내는 가공법이다.

36

정답 ①

봉 재료가 축 방향의 인장하중을 받으면 길이가 늘어나지만 직경은 줄어들게 되는데, 이러한 축 방향 변형률에 대한 직경 방향 변형률의 비를 푸아송의 비라고 한다.

- 푸아송의 비 $\nu = \dfrac{1}{m(\text{푸아송 수})} = \dfrac{\varepsilon'(\text{가로(횡) 변형률})}{\varepsilon(\text{세로(종) 변형률})}$

$$= \dfrac{\dfrac{\delta}{d}}{\dfrac{\lambda}{l}} = \dfrac{\delta l}{d\lambda}$$

- 단면적 변화율 $= \dfrac{\triangle A(\text{단면적 변화량})}{A(\text{처음단면적})} = 2\nu\varepsilon$

$\triangle A = 2 \times 0.5\varepsilon \times A = \varepsilon A$

37

정답 ③

절삭 속도를 빠르게 하면 구성인선이 작아진다.

38

정답 ①

나사의 효율(η) 구하는 식

$\eta = \dfrac{pQ}{2\pi T}$ (Q : 축방향하중, p : 나사의 피치, T : 토크)

$Q = \dfrac{2\pi T\eta}{p} = \dfrac{2\pi \times 40 \times 0.3}{4} = 6\pi = 6 \times 3 = 18\text{N}$

따라서 축방향하중은 18N이다.

39

정답 ①

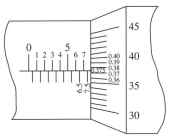

측정값은 $7.5 + 0.375 = 7.875\text{mm}$이므로 약 7.87mm이다.

40 정답 ④

냉간가공은 열간가공보다 표면산화물이 발생하지 않아서 정밀가공이 가능해서 가공면이 매우 깨끗하다.

냉간가공한 재료의 특징
- 수축에 의한 변형이 없다.
- 인성, 연성, 연신율을 감소시킨다.
- 가공온도와 상온과의 온도차가 적다.
- 결정립의 변형으로 단류선이 형성된다.
- 가공경화로 강도, 경도, 항복점을 증가시킨다.
- 전위의 집적으로 인하여 가공경화가 발생한다.
- 가공 시 불균일한 응력으로 인해 잔류응력이 발생한다.
- 냉간가공이 많아질수록 결정핵의 생성이 많아져서 재결정온도는 낮아진다.
- 열간가공과는 달리 표면이 산화되지 않아서 치수정밀도가 높고 깨끗한 가공면을 얻는다.
- 강을 200 ~ 300℃의 범위에서 냉간가공하면 결정격자에 변형이 생기고 청열취성이 발생한다.

열간가공한 재료의 특징
- 충격이나 피로에 강하다.
- 가공도가 매우 큰 변형이 가능하다.
- 설비와 가공할 수 있는 치수에 제한이 있다.
- 불순물이나 편석이 없어지고 재질이 균일하게 된다.
- 연화 및 재결정이 이루어져 가공성을 저하시키지 않는다.
- 새로운 결정이 생기고 이것이 다시 변형, 재결정이 반복되어 결정립을 미세화한다.
- 가공이 거듭됨에 따라 기계적 성질은 향상되나 어느 정도 이상이 되면 큰 효과가 없다.
- 열간가공된 제품은 고온에서 재료의 산화가 발생되므로 냉간가공 제품에 비해 균일성이 떨어진다.

41 정답 ①

냉동 사이클에서 냉매는 압축기 → 응축기 → 팽창밸브 → 증발기 → 압축기로 순환하는 경로를 갖는다.

냉동기의 4대 구성요소
- 압축기 : 냉매기체의 압력과 온도를 높여 고온, 고압으로 만들면서 냉매에 압력을 가해 순환시킨다.
- 응축기 : 복수기라고도 불리며 냉매기체를 액체로 상변화시키면서 고온, 고압의 액체를 만든다.
- 팽창밸브 : 교축과정 상태로 줄어든 입구를 지나면서 냉매액체가 무화되어 저온, 저압의 액체를 만든다.
- 증발기 : 냉매액체가 대기와 만나면서 증발되면서 기체가 된다. 실내는 냉매의 증발잠열로 인하여 온도가 낮아진다. 저열원에서 열을 흡수하는 장치이다.

42 정답 ④

원형봉의 늘어난 길이인 변형량(δ)을 구하면 다음과 같다.

$$\delta = \frac{PL}{AE} = \frac{100 \times 10^3 \times 3}{0.01 \times 300 \times 10^9}$$

$$\therefore \ \delta = 0.0001\text{m}$$

43 정답 ④

강(Steel)은 철과 탄소 기반의 합금으로, 탄소함유량이 증가함에 따라 성질이 달라진다. 탄소함유량이 증가하면 경도, 항복점, 인장강도는 증가하고, 충격치와 인성은 감소한다.

탄소함유량 증가에 따른 강(Steel)의 특성
- 경도 증가
- 취성 증가
- 항복점 증가
- 충격치 감소
- 인장강도 증가
- 인성 및 연신율 감소

44 정답 ④

슈퍼 피니싱은 공작물의 표면에 입도가 고운 숫돌을 가벼운 압력으로 맞붙여 누른 후 진폭이 작은 진동을 주면서 공작물을 회전시켜 공작물의 표면을 다듬질하는 방법으로, 연마가공법의 하나이다. 드릴링, 보링, 선삭, 밀링은 절삭가공법에 해당한다.

오답분석
① 드릴링(Drilling) : 드릴로 구멍을 뚫는 작업이다.
② 보링(Boring) : 공작물에 이미 뚫려 있는 구멍을 보링 바이트를 사용하여 정확한 치수로 깎아서 넓히는 작업이다.
③ 선삭(Lathe Turning) : 선반 등의 공작 기계에 절삭 공구를 사용하여 제품을 절삭하는 방법이다.
⑤ 밀링(Milling) : 밀링 머신의 밀링 커터를 사용하여 공작물을 절삭하는 가공법이다.

45 정답 ③

헬리컬 기어는 바퀴 주위에 비틀린 이가 절삭되어 있는 원통 기어로, 톱니 줄기가 비스듬히 경사져 있어 헬리컬이라고 한다. 헬리컬 기어는 평 기어보다 큰 힘을 전달할 수 있어 회전이 원활하고 조용하지만, 제작이 어려운 단점이 있다. 주로 감속 장치나 동력의 전달 등에 사용된다. 방향이 서로 다른 헬리컬 기어를 조합하여 산(山) 모양의 톱니로 만든 것을 2중 헬리컬 기어라고 하며, 이 중 가운데 홈이 없이 좌·우 기어의 톱니가 중앙에서 만나는 것을 헤링본 기어(Herringbone Gear)라고 한다.

46 정답 ②

상자의 속도(v)를 구하기 위하여 운동량보존법칙을 이용한다.
$Ft = mv$에서 우선 상자를 실제 움직이게 한 힘(F)을 구하면
- $F = (잡아당긴 힘) - [마찰력(f)] = 400 - 150 = 250\text{N}$
- ※ 마찰력(f) $= \mu N = 0.3 \times (50 \times 10) = 150\text{N}$
- $Ft = mv$

$$v = \frac{Ft}{m} = \frac{250 \times 5}{50} = 25\text{m/s}$$

※ $1\text{N} = 1\text{kg} \cdot \text{m/s}^2$

운동량 보존법칙

$Ft = mv$

F : 상자를 실제 움직이게 하는 힘

t : 상자가 움직이는 시간

m : 상자의 질량

v : 상자의 속도

47

디젤기관은 공기를 실린더에 넣고 발화점 이상이 되도록 단열압축하여 온도가 올라가면 연료분사펌프를 통해 디젤을 분출시켜 기체가 점화되면서 폭발하여 피스톤운동을 하는 기관이다. 이 기관은 소음과 진동이 커서 정숙한 운전이 힘들다.

48
정답 ③

나사를 푸는 힘 $P' = Q\tan(p - \alpha)$에서

• P'가 0보다 크면, 나사를 풀 때 힘이 든다. 따라서 나사는 풀리지 않는다.
• P'가 0이면, 나사가 풀리다가 정지한다. 따라서 나사는 풀리지 않는다.
• P'가 0보다 작으면, 나사를 풀 때 힘이 안 든다. 따라서 나사는 스스로 풀린다.

49
정답 ①

오답분석

② 나사 피치 게이지 : 피치 나사산의 형상을 한 홈을 만드는 게이지이다.
③ 반지름 게이지 : 둥근 모양의 측정에 사용하는 게이지이다.
④ 센터 게이지 : 선반으로 나사를 절삭할 때 사용하는 게이지이다.
⑤ 플러그 게이지 : 직접 공작품의 구멍이나 지름을 검사하는 게이지이다.

50
정답 ④

이상기체 상태방정식 $PV = mRT$ (P : 압력, V : 부피, m : 질량, R : 기체상수, T : 절대온도)이므로 [상태방정식에서 질량$(m)] = \dfrac{PV}{RT}$ 임을 알 수 있다. 따라서 공기의 질량은 $m = \dfrac{PV}{RT}$

$= \dfrac{101 \times 5^3}{0.287 \times (273 + 27)} ≒ 146.6\text{kg}$이다.

※ (절대온도)=(섭씨온도)+273

| 전기일반 |

26	27	28	29	30	31	32	33	34	35
①	②	①	③	④	④	④	④	③	⑤
36	37	38	39	40	41	42	43	44	45
⑤	③	②	④	⑤	③	①	④	①	④
46	47	48	49	50					
②	④	②	②	①					

26
정답 ①

복조는 변조되어 전송되는 중에 손상된 파형을 원래 정보신호 파형으로 복원하는 것이고, 변조는 정보신호를 전송로에 가장 적합한 형태로 변환하는 것을 말한다.

변조의 목적

• 주파수분할, 시분할 등 하나의 전송매체에 여러 정보를 동시에 전송이 가능하게 하기 위해
• 변조를 하지 않은 낮은 주파수를 직접 보내면 받는 쪽의 안테나는 커야 하기 때문에 안테나의 크기를 작게 하기 위해
• 잡음과 중간 간섭 등의 필요가 없는 신호를 효과적으로 제거하기 위해
• 높은 주파수에서 대역폭을 효율적으로 사용이 가능하게 하기 위해

27
정답 ②

수지식(가지식)은 전압 변동이 크고 정전 범위가 넓다.

오답분석

① 환상식(루프)은 전류 통로에 대한 융통성이 있어 전압 강하 및 전력 손실이 수지식보다 적다.
③ 뱅킹식은 전압 강하 및 전력 손실, 플리커 현상 등을 감소시킨다.
④ · ⑤ 망상식(네트워크)은 무정전 공급이 가능하나, 네트워크 변압기나 네트워크 프로텍터 설치에 따른 설비비가 비싸다. 대형 빌딩가와 같은 고밀도 부하 밀집 지역에 적합한 방식이다.

28
정답 ①

지선에 연선을 사용할 경우 3가닥 이상의 연선을 사용해야 한다.

오답분석

② 안전율은 2.5 이상이어야 하며 목주나 A종은 1.5 이상이어야 한다.
③ 인장 하중은 4.31kN 이상으로 해야 한다.
④ 철주 또는 철근콘크리트주는 지선을 사용하지 않는다.
⑤ 아연도금철봉은 지중 부분 및 지표상 30cm까지 사용한다.

9 / 54
특별부록 정답 및 해설
안심Touch

29

정답 ③

침투 깊이는 주파수, 도전율, 투자율에 반비례하고, 침투 깊이가 작을수록 전류가 도선 표피에 많이 흐르고, 표피 효과가 커진다.

30

정답 ④

CV는 가교 폴리에틸렌 절연 비닐 시스 케이블의 약호이다. 동심중성선 수밀형 전력케이블의 약호는 CN − CV − W이다.

전선 명칭
- ACSR : 강심 알루미늄 연선
- A − AL : 연 알루미늄선
- MI : 미네랄 인슐레이션 케이블
- DV : 인입용 비닐 절연전선
- OC : 옥외용 가교 폴리에틸렌 절연전선
- GV : 접지용 비닐 절연전선
- OW : 옥외용 비닐 절연전선
- CV : 가교 폴리에틸렌 절연 비닐 시스 케이블
- XLPE : 가교 폴리에틸렌 절연 비닐 케이블
- IV : 600V 1종 비닐 절연전선(60℃)
- HIV : 600V 2종 비닐 절연전선(75℃) 내열용
- NV : 비닐 절연 네온 전선
- RB : 고무 절연 전선
- VV : 0.6/1KV 비닐 절연 비닐 시스 케이블
- OE : 옥외용 폴리에틸렌 절연전선
- EV : 폴리에틸렌 절연 비닐 시스 케이블
- CCV : 0.6/1KV 제어용 가교 폴리에틸렌 절연 비닐 시스 케이블
- CN − CV : 동심중성선 차수형 전력케이블
- CN − CV − W : 동심중성선 수밀형 전력케이블

31

정답 ④

동기전동기는 원동기의 조속기 감도가 지나치게 예민하거나 원동기의 토크에 고조파 토크가 포함되는 경우 난조가 발생한다. 난조 발생에 대한 대책으로는 제동권선 설치, 플라이휠 부착 등이 있다.

동기전동기의 장단점
- 장점
  - 속도가 일정하다.
  - 역률이 좋다.
  - 효율이 좋다.
  - 출력이 크다.
  - 공극이 크다.
- 단점
  - 기동 시 토크를 얻기 어렵다.
  - 수조가 복잡하다.
  - 난조가 일어나기 쉽다.
  - 가격이 고가이다.
  - 직류전원 설비가 필요하다.

32

정답 ④

저압 가공전선을 횡단보도교 위에 시설하는 경우 노면상에서 3m 이상 이격해야 한다.

가공 전선의 높이

구분	저압	고압	특고압(35kV 이하)
도로	6m	6m	6m
철도	6.5m	6.5m	6.5m
횡단보도교	3m	3.5m	4m

33

정답 ④

제2종 접지공사의 접지저항 값은 자동 차단 장치가 없는 경우 $R2[\Omega] = \dfrac{150}{(1선지락전류)}$ 이지만, 1초 이내에 동작하는 자동 차단 장치가 있는 경우 $R2[\Omega] = \dfrac{600}{(1선지락전류)}$ 이다. 따라서 제2종 접지공사의 접지저항 값은 $\dfrac{600}{30} = 20\,\Omega$ 이하로 유지하여야 한다.

34

정답 ③

단상 유도(전동)기는 단상교류 전원으로 운전되는 유도 전동기로, 대부분 출력 400W 이하인 소형기이다. 형식별 기동토크 크기는 '반발기동형 > 반발유도형 > 콘덴서기동형 > 분상기동형 > 셰이딩 코일형 > 모노사이클릭형' 순서이다.

35

정답 ⑤

전압변동률 $\epsilon = \dfrac{V_{20} - V_{2n}}{V_{2n}} \times 100$ (V_{20}=무부하 시 2차 전압, V_{2n} =정격 부하 시 2차 전압) → 전압변동률 $= \dfrac{500 - 200}{200} \times 100 = 150\%$

36

정답 ⑤

송전선 안정도 향상 방법
- 전압변동률을 줄인다(속응 여자방식, 중간 조상방식 등).
- 직렬 리액턴스를 작게 한다(병행 2회선 방식, 직렬 콘덴서 채택 등).
- 계통에 주는 충격을 작게 한다(고속차단기, 소속도 재폐로 방식 등).
- 고장이 나면 발전기 입·출력의 불평형을 작게 한다.

37 정답 ③

대책으로 수전단에 분로 리액터(장거리 송전선의 충전전류를 없애기 위하여 송전단 또는 수전단에 넣는 리액터)를 설치하는 방법과 동기 조상기의 부족여자 운전 방법이 있다.

페란티 현상
송전 선로에서 부하가 매우 작은 경우나 무부하인 경우에 충전 전류의 영향이 증대되어 전류는 진상 전류가 되고 수전단 전압은 송전단 전압보다 높아지는 현상으로, 선로의 정전 용량이 클수록 많이 발생하며 절연에 부담을 준다.

38 정답 ②

부동 충전은 정류기와 축전지를 부하에 병렬로 접속하고, 축전지의 방전을 계속 보충하면서 부하에 전력을 공급하는 것이다. 부동기로서는 일반적으로 상용 전원에 의한 정류기가 사용되고, 부하에는 주로 부동기에서 전력이 공급된다.

오답분석
① 세류 충전
③ 초충전
④ 보충 충전
⑤ 정전류 충전

39 정답 ④

알칼리축전지는 열악한 사용 조건에서도 장기간 사용이 가능하여 중요한 예비 전원 등에 사용되고 있으며, 저온에서도 안정적이므로 전기차나 하이브리드 자동차에 사용되기도 한다.

오답분석
① 납축전지가 방전되면 황산의 농도가 묽어져 수명이 단축되고 충전이 어려워지므로 완전히 방전되기 전에 충전하여야 한다.
② 납축전지는 다른 2차 전지에 비해 경제적이지만, 전지의 용량에 비해 무거운 것이 단점이다.
③ 알칼리전지는 납축전지에 비해 가격이 비싸지만, 충전시간이 짧고 진동에 강하다.
⑤ 리튬이온전지는 다른 축전지에 비해 가볍고 자기방전이 적으며, 단위 충·방전 효율이 높아 스마트폰 배터리 등에 사용된다.

40 정답 ⑤

나트륨 등은 형광등과 같이 안정기를 사용해야 하며, 점등 후 20~30분이 경과해야 충분한 빛을 낼 수 있다.

오답분석
① 나트륨 등은 590nm에 가까운 황색 광선을 낸다.
② 나트륨 등은 나트륨 증기의 방전을 이용하여 빛을 낸다.
③ 백열전구의 광량은 1W당 10~16lm이지만, 나트륨 등의 광량은 1W당 80~150lm이므로 나트륨 등의 효율이 더 높다.
④ 나트륨 등은 안개 속에서도 빛을 잘 투과하므로 터널이나 도로의 조명으로 많이 사용된다.

41 정답 ③

최대 전력을 얻으려면 전원 측의 내부 저항과 부하 저항(외부 저항)이 같아야 하므로 부하 저항(외부 저항)은 내부 저항과 같은 0.1Ω이다.

$$I = \frac{V}{R} = \frac{1.2}{0.1+0.1} = \frac{1.2}{0.2} = 6A$$

$$\therefore P_{\max} = I^2 R = 6^2 \times 0.1 = 3.6W$$

42 정답 ①

V결선의 부하 용량$(P_v) = \sqrt{3} P_1 = \sqrt{3} \times 20 ≒ 34.64kVA$이다.

43 정답 ④

지지물 종류에 따른 경간
• 목주, A종 철주 또는 A종 철근 콘크리트주 : 150m 이하
• B종 철주 또는 B종 철근 콘크리트주 : 250m 이하
• 철탑 : 600m 이하

44 정답 ①

• **기전력**
$$E = I(r + R_L) = 8 \times (5+5) = 8 \times 10 = 80V$$

• **내부저항**
  − 등가회로 1

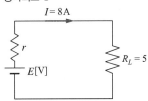

전류 $I = \dfrac{E}{r+R_L}[A]$

$\therefore E = I(r+R_L) = 8 \times (r+5) = 8r+40V$

  − 등가회로 2

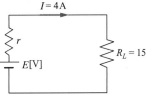

전류 $I = \dfrac{E}{r+R_L}[A]$

$\therefore E' = I(r+R_L) = 4 \times (r+15) = 4r+60V$

$E = E'$ 라 두면

$8r+40 = 4r+60$

$4r = 20$

$r = \dfrac{20}{4} = 5\Omega$

45

정답 ④

스위치를 닫기 전의 저항이 5Ω이므로 전류가 2배가 되려면 5Ω을 $\frac{1}{2}$로 하면 된다. 즉, $2+\dfrac{3R}{3+R}=\dfrac{5}{2}$

$\therefore R=\dfrac{3}{5}\Omega$

46

정답 ②

$P=\dfrac{E_1^2}{2x_s}\sin\delta_s$ (x=동기 리액턴스)이므로 $P=\dfrac{(2,000)^2}{2\times 10}\sin 30°$
$=100\text{kW}$이다.

47

정답 ④

줄의 법칙에 따라 $H=I^2Rt[\text{J}]=10^2\times 5\times 1\times 60=30,000\text{J}$이다.

48

정답 ②

평행판 콘덴서의 정전용량 $C=\dfrac{\varepsilon A}{d}[\text{F}]$

• 면적을 크게 하면 커패시턴스 증가
• 거리를 짧게 하면 커패시턴스 증가
• 병렬로 연결하면 커패시턴스 증가
• 유전율이 작으면 커패시턴스 감소

49

정답 ②

$\tau=\dfrac{P}{2\pi n}=\dfrac{3,000}{2\times 3.14\times\dfrac{1,500}{60}}\fallingdotseq 19.11\text{N}\cdot\text{m}$

$\therefore \tau=\dfrac{19.11}{9.8}=1.95\text{kg}\cdot\text{m}$

50

정답 ①

절연저항은 전동기 권선의 온도, 과열 상태, 먼지의 부착 상태에 따라 현저하게 달라진다. 먼지 등을 제거하면 절연저항은 상승한다. 따라서 절대적으로 정확한 절연저항값을 나타내기는 어렵지만, 대체적인 지침으로 삼을 수 있는 절연저항의 계산식은 다음과 같다.

$R=\dfrac{(\text{정격전압})}{1,000+(\text{정격출력})}$

제1회 모의고사 정답 및 해설

| 01 | 직업기초능력평가

01	02	03	04	05	06	07	08	09	10
②	③	④	①	①	④	③	③	⑤	④
11	12	13	14	15	16	17	18	19	20
②	②	④	④	③	①	②	①	①	④
21	22	23	24	25					
③	②	③	④	③					

01 정답 ②

K공사의 '5대 안전서비스 제공을 통한 스마트 도시 시민안전망'과 관련한 업무 협약을 맺었다고 시작하는 (다), 앞서 소개한 오산시의 다양한 정책을 소개하는 (나), 오산시에 구축할 5가지 시민안전망에 대해 설명하는 (가)와 (마), 마지막으로 기존의 문제점을 보완하며 인프라 구축을 예고하는 (라)의 순서로 나열하는 것이 적절하다.

02 정답 ③

기존 안전 체계의 문제점을 고치고 발전했다는 문장의 흐름상, 빈칸에 들어갈 단어로 '모자라는 것을 보충해서 완전하게 한다.'는 의미의 '보완'이 가장 적절하다.

03 정답 ④

문서의 기능

1) 의사의 기록·구체화
   문서는 사람의 의사를 구체(㉠)적으로 표현하는 기능을 갖는다. 사람이 가지고 있는 주관적인 의사는 문자·숫자·기호 등을 활용하여 종이나 다른 매체에 표시하여 문서화함으로써 그 내용이 구체(㉠)화된다.
2) 의사의 전달
   문서는 자기의 의사를 타인에게 전달(㉡)하는 기능을 갖는다. 문서에 의한 의사 전달(㉡)은 전화나 구두로 전달(㉡)하는 것보다 좀 더 정확하고 변함없는 내용을 전달(㉡)할 수 있다.

3) 의사의 보존
   문서는 의사를 오랫동안 보존(㉢)하는 기능을 갖는다. 문서로써 전달(㉡)된 의사는 지속적으로 보존(㉢)할 수 있고 역사자료로서 가치를 갖기도 한다.
4) 자료 제공
   보관·보존된 문서는 필요한 경우 언제든 참고자료 내지 증거자료로 제공되어 행정 활동을 지원·촉진시킨다.
5) 업무의 연결·조정
   문서의 기안·결재 및 협조 과정 등을 통해 조직 내외의 업무처리 및 정보 순환이 이루어져 업무의 연결·조정 기능을 수행하게 한다.

04 정답 ①

지도의 축척이 $1:50,000$이므로 호텔에서 공원까지의 실제 거리는 $10 \times 50,000 = 500,000\text{cm} = 5\text{km}$이다. 따라서 신영이가 호텔에서 출발하여 공원에 도착하는 데 걸리는 시간은 $\frac{5}{30} = \frac{1}{6} = 10$분이다.

05 정답 ①

1학년 학생 수를 x명, 2학년 학생 수를 y명, 3학년 학생 수를 z명이라고 하면,
$y + z = 350$ …… ㉠
$x + z = 250$ …… ㉡
$x + y = 260$ …… ㉢
㉠, ㉡, ㉢을 모두 더하면 $2(x + y + z) = 860$이다. 이때, $y + z$는 350이므로 $x + 350 = 430 \rightarrow x = 80$이다.
따라서 1학년 학생은 총 80명이다.

06

정답 ④

2017년부터 2019년까지 경기 수가 증가하는 스포츠는 배구와 축구 종목이다.

오답분석

① 농구의 전년 대비 2017년 경기 수 감소율은 $\frac{413-403}{413}\times100$

≒2.4%이며, 전년 대비 2020년 경기 수 증가율은 $\frac{410-403}{403}$ ×100≒1.7%이다. 따라서 전년 대비 2017년 경기 수 감소율이 더 높다.

② 2016년 농구와 배구의 경기 수 차이는 413−226=187회이고, 야구와 축구의 경기 수 차이는 432−228=204회이다. 따라서 $\frac{187}{204}\times100$≒91.7%이므로 90% 이상이다.

③ 5년 동안의 종목별 스포츠 경기 수 평균은 다음과 같다.

- 농구 : $\frac{413+403+403+403+410}{5}$=406.4회
- 야구 : $\frac{432+442+425+433+432}{5}$=432.8회
- 배구 : $\frac{226+226+227+230+230}{5}$=227.8회
- 축구 : $\frac{228+230+231+233+233}{5}$=231.0회

따라서 야구 평균 경기 수는 축구 평균 경기 수의 약 1.87배로 2배 이하이다.

⑤ 2020년 경기 수가 5년 동안의 각 종목별 평균 경기 수보다 적은 스포츠는 야구이다.

07

정답 ③

- (가) : 외부의 기회를 활용하면서 내부의 강점을 더욱 강화시키는 SO전략에 해당한다.
- (나) : 외부의 기회를 활용하여 내부의 약점을 보완하는 WO전략에 해당한다.
- (다) : 외부의 위협을 회피하며 내부의 강점을 적극 활용하는 ST전략에 해당한다.
- (라) : 외부의 위협을 회피하고 내부의 약점을 보완하는 WT전략에 해당한다.

08

정답 ③

제시문에서는 개념을 이해하면서도 개념의 사례를 식별하지 못하는 경우와, 개념의 사례를 식별할 수 있으나 개념을 이해하지 못하는 경우를 통해 개념의 사례를 식별하는 능력과 개념을 이해하는 능력은 서로 필요충분조건이 아니라고 주장한다. 이런 제시문의 주장과 달리 ③은 개념을 이해하지 못하면 개념의 사례를 식별하지 못하는 인공지능의 사례로 오히려 개념의 사례를 식별해야만 개념을 이해할 수 있다는 주장을 강화한다. 따라서 제시문의 논지를 약화하는 것으로 ③이 가장 적절하다.

오답분석

① 개념을 이해하지 못해도 개념의 사례를 식별할 수 있다는 사례로 논지를 강화한다.

② 개념의 사례를 식별할 수 있으나 개념을 이해하지 못할 수 있다는 사례로 논지를 강화한다.

④ 침팬지가 정육면체 상자를 구별하는 것이 아니라 숨겨진 과자를 찾아내는 사례로 제시문의 내용과 관련이 없다.

⑤ 개념의 사례를 식별할 수 없어도 개념을 이해할 수 있다는 사례로 논지를 강화한다.

09

정답 ⑤

두 번째 조건에 따르면 여자 직원 중 1명은 반드시 제외되어야 하므로 1명의 남자 직원과 3명의 여자 직원은 한 팀으로 구성될 수 없다. 또한, 세 번째 조건과 다섯 번째 조건에 따르면 가훈, 나훈 중 적어도 한 사람을 뽑을 경우 라훈, 소연을 뽑아야 하고, 소연을 뽑으면 모연을 반드시 함께 뽑아야 하므로 전담팀은 남자 직원 4명으로만 구성될 수 없으며, 남자 직원 3명과 여자 직원 1명으로도 구성될 수 없다. 따라서 전담팀은 남자 직원 2명, 여자 직원 2명으로만 구성될 수 있다. 네 번째 조건과 다섯 번째 조건에 따르면 다훈을 뽑을 경우 모연, 보연, 소연을 모두 뽑을 수 없으므로 다훈을 팀원으로 뽑을 수 없다(∵ 남자 직원 4명으로만 팀이 구성될 수 없다).

주어진 모든 조건을 고려하여 구성할 수 있는 전담팀은 다음과 같다.

1) 가훈, 라훈, 소연, 모연
2) 나훈, 라훈, 소연, 모연

따라서 전담팀은 남녀 각각 동일한 수 2명으로 구성되며(ㄱ), 다훈과 보연은 둘 다 팀에 포함되지 않는다(ㄴ). 또한, 라훈과 모연은 둘 다 반드시 팀에 포함된다(ㄷ).

10

정답 ④

김 과장이 2주 차 월요일에 단식을 했기 때문에, 1주 차 토요일과 일요일은 반드시 세 끼 식사를 해야 한다. 또한 목요일은 업무약속으로 점심식사를 했으므로 단식을 할 수 없다.

구분	월요일	화요일	수요일	목요일	금요일	토요일	일요일
아침	○		○	○	○	○	○
점심				○		○	○
저녁				○		○	○

- 월요일에 단식을 했을 경우
  화·수요일은 세 끼 식사를 해야 한다. 그러면 금요일이 단식일이 되는데, 이 경우 네 번째 조건을 만족하지 못한다.
- 화요일(아침에 식사)에 단식을 했을 경우
  월·수·목요일은 세 끼 식사를 해야 한다. 그러면 금요일이 단식일이 되는데, 이 경우 네 번째 조건을 만족하지 못한다.
- 화요일(저녁에 식사)에 단식을 했을 경우
  월·수·목요일은 세 끼 식사를 해야 한다. 그러면 금요일이 단식일이 되는데, 이 경우 모든 조건을 만족한다.

11
정답 ②

'SOC, 산업·중소기업, 통일·외교, 공공질서·안전, 기타'의 5개 분야에서 전년 대비 재정지출액이 증가하지 않았으므로 옳은 설명이다.

오답분석

① 교육 분야의 전년 대비 재정지출 증가율은 다음과 같다.

- 2017년 : $\dfrac{27.6-24.5}{24.5}\times100 ≒ 12.7\%$

- 2018년 : $\dfrac{28.8-27.6}{27.6}\times100 ≒ 4.3\%$

- 2019년 : $\dfrac{31.4-28.8}{28.8}\times100 ≒ 9.0\%$

- 2020년 : $\dfrac{35.7-31.4}{31.4}\times100 ≒ 13.7\%$

따라서 교육 분야의 전년 대비 재정지출 증가율이 가장 높은 해는 2020년이다.

③ 2016년에는 기타 분야가 예산에서 차지하고 있는 비율이 더 높았다.

④ 'SOC(-8.6%), 산업·중소기업(2.5%), 환경(5.9%), 기타(-2.9%)' 분야가 해당한다.

⑤ 통일·외교 분야는 '증가 - 증가 - 감소 - 증가'이고, 기타 분야는 '감소 - 감소 - 증가 - 증가'로 두 분야의 증감추이는 동일하지 않다.

12
정답 ②

- 사회복지·보건 분야의 2018년 대비 2019년 재정지출 증감률
: $\dfrac{61.4-56.0}{56.0}\times100 ≒ 9.6\%$

- 공공질서·안전 분야의 2018년 대비 2019년 재정지출 증감률
: $\dfrac{10.9-11.0}{11.0}\times100 ≒ -0.9\%$

따라서 두 분야의 2018년 대비 2019년 재정지출 증감률 차이는 $9.6-(-0.9)=10.5\%p$이다.

13
정답 ④

- 올리브 통조림 주문량 : $15\div3=5$캔
  → 올리브 통조림 구입 비용 : $5,200\times5=26,000$원
- 메추리알 주문량 : $7\div1=7$봉지
  → 메추리알 구입 비용 : $4,400\times7=30,800$원
- 방울토마토 주문량 : $25\div5=5$Box
  → 방울토마토 구입 비용 : $21,800\times5=109,000$원
- 옥수수 통조림 주문량 : $18\div3=6$캔
  → 옥수수 통조림 구입 비용 : $6,300\times6=37,800$원
- 베이비 채소 주문량 : $4\div0.5=8$Box
  → 베이비 채소 구입 비용 : $8,000\times8=64,000$원

따라서 B지점의 재료 구입 비용의 총합은 $26,000+30,800+109,000+37,800+64,000=267,600$원이다.

14
정답 ④

B대리는 A사원의 질문에 대해 명료한 대답을 하지 않고 모호한 태도를 보이고 있으므로 협력의 원리 중 태도의 격률을 어기고 있음을 알 수 있다.

15
정답 ③

①·②·④·⑤는 동의어 또는 다의어의 관계로 사전에 하나의 단어로 등재되어 있으나, ③의 '쓰다'는 동음이의어의 관계로 사전에 서로 다른 단어로 등재되어 있다.

- 쓰다[1] : 원서, 계약서 등과 같은 서류 따위를 작성하거나 일정한 양식을 갖춘 글을 쓰는 작업을 하다.
- 쓰다[2] : 힘이나 노력 따위를 들이다.

오답분석

① 타다 : 바람이나 물결, 전파 따위에 실려 퍼지다.
② 머리 : 1. 머리털
          2. 생각하고 판단하는 능력
④ 손 : 1. 손가락
        2. 어떤 일을 하는 데 드는 사람의 힘이나 노력, 기술
⑤ 들다 : 1. 물감, 색깔, 물기, 소금기가 스미거나 배다.
          2. 어떤 일이나 기상 현상이 일어나다.

16
정답 ①

비율점수법의 결과와 순위점수법의 결과를 정리하면 다음과 같다.

(단위 : 점)

구분	비율점수법		순위점수법
	전체합	중앙 3합	순위점수합
종현	28	19	11
유호	33	21	10
은진	28	18	9

순위점수합이 가장 큰 지원자는 종현(11점)이므로 옳은 내용이다.

오답분석

② 비율점수법 중 중앙 3합이 가장 큰 지원자는 유호(21점)이나 순위점수합이 가장 큰 지원자는 종현(11점)이므로 옳지 않은 내용이다.

③ 비율점수법 적용 결과에서 평가점수의 전체합이 큰 값부터 등수를 정하면 1등 유호, 2등 종현, 은진이나 중앙 3합이 큰 값부터 등수를 정하면 1등 유호, 2등 종현, 3등 은진이므로 옳지 않은 내용이다.

④ 비율점수법 적용 결과에서 평가점수의 전체합이 가장 큰 지원자는 유호(33점)이므로 옳지 않은 내용이다.

⑤ 비율점수법 적용 결과에서 중앙 3합이 높은 값부터 등수를 정하면 1등 유호(21점), 2등 종현(19점), 3등 은진(18점)이므로 옳지 않은 내용이다.

17

$$\frac{(\text{대학졸업자 중 취업자})}{(\text{전체 대학졸업자})}\times100=(\text{대학졸업자 취업률})\times(\text{대학졸업}$$

자의 경제활동인구 비중$)\times\dfrac{1}{100}$

따라서 OECD 평균은 $40\times50\times\dfrac{1}{100}=20\%$이고, 이보다 높은 국가는 B, C, E, F, G, H이다.

18

정답 ①

세 번째와 다섯 번째 조건으로부터 A사원은 야근을 3회, 결근을 2회 하였고, 네 번째와 여섯 번째 조건으로부터 B사원은 지각을 2회, C사원은 지각을 3회 하였다. C사원의 경우 지각을 3회 하였으므로 결근과 야근을 각각 1회 또는 2회 하였는데, 근태 총 점수가 −2점이므로 지각에서 −3점, 결근에서 −1점, 야근에서 +2점을 얻어야 한다. 그러므로 결근을 1회, 야근을 2회 하였다. 마지막으로 B사원은 근태 총 점수가 −4점이므로 결근을 3회, 야근을 1회 하였다. 이를 표로 정리하면 다음과 같다.

(단위 : 회)

구분	A	B	C	D
지각	1	2	3	1
결근	2	3	1	1
야근	3	1	2	2
근태 총 점수(점)	0	−4	−2	0

따라서 C사원이 지각을 가장 많이 하였다.

19

정답 ①

18번의 결과로부터 A사원과 B사원은 지각보다 결근을 많이 하였음을 알 수 있다.

20

정답 ④

2016년 대비 2020년 소포우편 분야의 매출액 증가율은
$\dfrac{5,017-3,390}{3,390}\times100≒48.0\%$이므로 옳지 않은 설명이다.

오답분석

① 매년 매출액이 가장 높은 분야는 일반통상 분야임을 알 수 있다.
② 일반통상 분야의 매출액은 2017년, 2018년, 2020년, 특수통상 분야의 매출액은 2019년, 2020년에 감소하고 있고, 소포우편 분야는 매년 매출액이 꾸준히 증가하고 있다.
③ 2020년 1분기 특수통상 분야의 매출액이 차지하고 있는 비율은 $\dfrac{1,406}{5,354}\times100≒26.3\%$이므로 20% 이상이다.
⑤ 2019년에는 전체 매출액에서 일반통상 분야의 매출액이 차지하는 비율은 $\dfrac{11,107}{21,722}\times100≒51.1\%$이므로 옳은 설명이다.

21

정답 ③

첫 번째 조건에 따라 주거복지기획부가 반드시 참석해야 하므로 네 번째 조건의 대우에 의해 산업경제사업부는 참석하지 않는다.
다섯 번째 조건에 따라 두 경우로 나타내면 다음과 같다.

• 노사협력부가 참석하는 경우
세 번째 조건의 대우에 따라 인재관리부는 참석하지 않으며, 다섯 번째 조건에 따라 공유재산관리부도 불참하고, 공유재산개발부는 참석할 수도 있고 참석하지 않을 수도 있다.
그러므로 주거복지기획부, 노사협력부, 공유재산개발부가 주간 회의에 참석할 수 있다.

• 공유재산관리부가 참석하는 경우
두 번째 조건에 따라 공유재산개발부도 참석하며, 다섯 번째 조건에 따라 노사협력부는 참석하지 않고, 인재관리부는 참석할 수도 있고 참석하지 않을 수도 있다.
그러므로 주거복지기획부, 공유재산관리부, 공유재산개발부, 인재관리부가 주간 회의에 참석할 수 있다.

따라서 이번 주 주간 회의에 참석할 부서의 최대 수는 4개이다.

22

정답 ②

주택 또는 상가의 임대차계약은 민법에 대한 특례를 규정한 주택임대차보호법 및 상가건물 임대차보호법의 적용을 받는다.

23

정답 ③

'대가로'가 올바른 표기이다. '대가'가 [대:까]로 발음되는 까닭으로 사이시옷을 붙여 '댓가'로 표기하는 오류가 많다. 한자어의 경우 2음절로 끝나는 6개의 단어(숫자, 횟수, 셋방, 곳간, 툇간, 찻간)만 예외적으로 사이시옷이 붙는다.

24

정답 ④

• 세 번째 조건에 따라 빨간색 모자를 착용한 사람은 5명, 파란색 모자를 착용한 사람은 7명이다.
• 첫 번째 조건에 따라 파란색 하의를 착용한 사람은 5명, 빨간색 하의를 착용한 사람은 7명이다.
• 두 번째 조건에 따라 파란색 상의와 하의를 착용한 사람의 수를 x명이라 하면, 빨간색 상의와 하의를 착용한 사람의 수는 $(6-x)$명이다. 또한, 파란색 상의와 빨간색 하의를 착용한 사람의 수는 $7-(6-x)=(x+1)$이고, 빨간색 상의와 파란색 하의를 착용한 사람의 수는 $(5-x)$이다.
• 네 번째 조건에 따라 $x+(x+1)=7$이고 $x=3$이다.
따라서 하의만 빨간색인 사람은 4명이다.

25

제시문의 내용을 정리하면 다음과 같다.

ⅰ) 갑수>정희
ⅱ) 을수≤정희
ⅲ) 을수≤철희
ⅳ) 갑수≤병수
ⅴ) (철희+1=병수) or (병수+1=철희)

이를 정리하면, '을수≤정희<갑수'의 관계를 알 수 있으며 병수가 갑수보다 어리지는 않다고 하였으므로 병수는 가장 나이가 적은 사람은 아니게 된다. 그리고 철희의 나이가 병수보다 한 살 더 많은 경우를 생각해본다면, 철희의 나이가 갑수의 나이보다 더 많게 되어 철희는 갑수보다 반드시 나이가 적은 사람이 아니게 된다. 따라서 어떠한 경우에도 갑수보다 나이가 어린 사람은 정희와 을수임을 알 수 있다.

| 02 | 직무수행능력평가

| 기계일반 |

26	27	28	29	30	31	32	33	34	35
④	②	④	②	④	②	④	③	②	③
36	37	38	39	40	41	42	43	44	45
①	②	①	②	④	③	③	③	①	②
46	47	48	49	50					
①	①	①	④	②					

26

정답 ④

저항용접이란 용접할 2개의 금속면을 상온 혹은 가열 상태에서 서로 맞대어 놓고 기계로 적당한 압력을 주면서 전류를 흘려주면 금속의 저항 때문에 접촉면과 그 부근에서 열이 발생하는데 그 순간 큰 압력을 가하여 양면을 완전히 밀착시켜 접합시키는 용접법이다.

오답분석

① 가스용접 : 주로 산소 – 아세틸렌가스를 열원으로 하여 용접부를 용융하면서 용가재를 공급하여 접합시키는 용접법으로 그 종류에는 사용하는 연료가스에 따라 산소 – 아세틸렌용접, 산소 – 수소용접, 산소 – 프로판용접, 공기 – 아세틸렌용접 등이 있다. 산소 – 아세틸렌가스의 불꽃 온도는 약 3,430℃이다.

② 아크용접 : 아크란 이온화된 기체들이 불꽃방전에 의해 청백색의 강렬한 빛과 열을 내는 현상으로 아크중심의 온도는 약 6,000℃이며, 보통 4,000~5,000℃이다. 용접홀더에 용접봉을 끼운 후 용접봉 끝의 심선을 용접물에 접촉시키면 아크가 발생되며 그 열로 접합시키는 용접법이다. 용접봉 자체가 전극과 용가재의 역할을 동시에 하는 용극식 용접법이다. 아크용접의 종류에는 피복금속 아크용접, TIG용접, MIG용접, CO2용접, 서브머지드 아크용접(SAW) 등이 있다.

③ 전자빔용접 : 진공 속에서 고밀도의 전자빔을 용접물에 고속으로 조사시키면 전자가 용접물에 충돌하여 국부적으로 고열을 발생시키는 데 이때 생긴 열원으로 접합시키는 용접법이다.

⑤ 초음파용접 : 초음파에 의한 진동에너지와 적당한 가압에 의해 행하여지는 점용접 또는 심용접을 말한다.

27

정답 ②

전해가공은 공구의 소모량이 많지 않다.

전해가공(ECM; Electro Chemical Machining)
공작물을 양극에, 공구를 음극에 연결하면 도체 성질의 가공액에 의한 전기화학적 작용으로 공작물이 전기 분해되어 원하는 부분을 제거하는 가공법이다.

안심Touch

28
정답 ④

(재료 제거율)=(제거면적)×(회전수)×(이송속도)

$= \pi dt \times 1,000 \times 0.3$

$= (3.14 \times 10 \times 0.1) \times 1,000 \times 0.03$

$= 94.2 \text{cm}^3/\text{min}$

29
정답 ②

베인 펌프와 피스톤 펌프는 용적형 펌프에 속한다.

유압 펌프의 종류

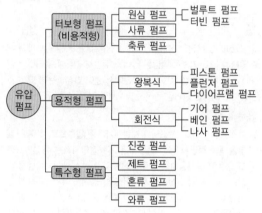

30
정답 ④

ㄴ. 플라스마 아크 용접 : 양이온과 음이온이 혼합된 도전성의 가스체로 높은 온도를 가진 플라스마를 한 방향으로 모아서 분출시키는 것을 일컬어 플라스마 제트라고 부르는데, 이를 이용하여 용접이나 절단에 사용하는 용접법으로 용접 품질이 균일하며 용접속도가 빠른 장점이 있으나, 설비비가 많이 드는 단점이 있다.

ㄷ. 원자 수소 용접 : 2개의 텅스텐 전극 사이에서 아크를 발생시키고 홀더의 노즐에서 수소가스를 유출시켜서 용접하는 방법으로 연성이 좋고 표면이 깨끗한 용접부를 얻을 수 있으나, 토치 구조가 복잡하고 비용이 많이 들기 때문에 특수 금속 용접에 적합하다. 가열 열량의 조절이 용이하고 시설비가 싸며 박판이나 파이프, 비철합금 등의 용접에 많이 사용된다.

ㄹ. 플래시 용접(플래시 버트 용접) : 2개의 금속 단면을 가볍게 접촉시키면서 큰 전류(대전류)를 흐르게 하면 열이 집중적으로 발생하면서 그 부분이 용융되고 불꽃이 튀게 되는데, 이때 접촉이 끊어지고 다시 피용접재를 전진시키면서 용융과 불꽃 튀는 것을 반복하면서 강한 압력을 가해 압접하는 방법으로 불꽃 용접이라고도 불린다.

오답분석

ㄱ. 일렉트로가스 용접 : 용접하는 모재의 틈을 물로 냉각시킨 구리 받침판으로 둘러싸고 용융 풀의 위부터 이산화탄소가스인 실드가스를 공급하면서 와이어를 용융부에 연속적으로 공급하여 와이어 선단과 용융부와의 사이에서 아크를 발생시켜 그 열로 와이어와 모재를 용융시키는 용접법이다. 이때 전극으로 사용되는 와이어는 소모된다.

31
정답 ②

비커스 경도는 하중을 압입 자국의 표면적 크기로 나눈 값이다.

경도 시험법의 종류

종류	시험 원리	압입자
브리넬 경도 (H_B)	압입자인 강구에 일정량의 하중을 걸어 시험편의 표면에 압입한 후, 압입자국의 표면적 크기와 하중의 비로 경도를 측정한다. $H_B = \dfrac{P}{A} = \dfrac{P}{\pi Dh}$ $= \dfrac{2P}{\pi D(D - \sqrt{D^2 - d^2})}$ D : 강구 지름 d : 압입 자국의 지름 h : 압입 자국의 깊이 A : 압입 자국의 표면적	강구
비커스 경도 (H_V)	압입자에 1 ~ 120kg의 하중을 걸어 자국의 대각선 길이로 경도를 측정한다. 하중을 가하는 시간은 캠의 회전 속도로 조절한다. $H_V = \dfrac{P(\text{하중})}{A(\text{압입자국의 표면적})}$	136°인 다이아몬드 피라미드 압입자
로크웰 경도 (H_{RB}, H_{RC})	압입자에 하중을 걸어 압입 자국(홈)의 깊이를 측정하여 경도를 측정한다. • 예비하중 : 10kg • 시험하중 : B스케일 100kg, C스케일 150kg $H_{RB} = 130 - 500h$ $H_{RC} = 100 - 500h$ h : 압입자국의 깊이	• B스케일 : 강구 • C스케일 : 120° 다이아몬드(콘)
쇼어 경도 (H_S)	추를 일정한 높이(h_0)에서 낙하시켜, 이 추의 반발높이(h)를 측정해서 경도를 측정한다. $H_S = \dfrac{10,000}{65} \times \dfrac{h(\text{해머의 반발 높이})}{h_0(\text{해머의 낙하 높이})}$	다이아몬드 추

32
정답 ④

열 및 전기 전도율이 높은 순서는 Ag>Cu>Au>Al>Mg>Zn>Ni>Fe>Pb>Sb이다.

33
정답 ③

타이밍벨트는 미끄럼을 방지하기 위하여 벨트의 안쪽의 접촉면에 치형(이)을 붙여 맞물림에 의해 동력을 전달하는 벨트로, 정확한 속도비가 필요한 경우에 사용한다.

오답분석

① 링크(Link)벨트 : 가죽제는 고속용, 강철제는 강판에 가죽을 붙인 것으로 24m/s 이상의 고속도에도 사용 가능하다.
② V벨트 : 이음이 없는 둥근 모양 밸트로, 회전력을 전달하는 단면을 V형으로 만든다.
④ 레이스(Lace)벨트 : 레이스무늬가 있는 천소재 벨트이다.
⑤ 구동벨트 : 냉각 팬과 알터네이터를 연결하는 플렉시블한 벨트로, 이것은 크랭크축 끝에 설치한 풀리에 의해 연동된다.

34
정답 ②

$f=f_z\times z\times n$ (f : 테이블의 이송 속도, f_z : 밀링 커터날 1개의 이송, z : 밀링 커터날의 수, n : 밀링 커터의 회전수)
$=0.1\times10\times2,000=2,000\text{mm/min}$

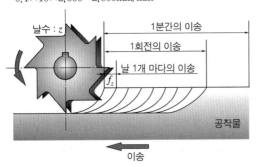

35
정답 ③

알루미늄은 비중은 2.7이며 강(7.85)보다 가볍고, 열과 전기전도성, 전연성이 좋다. 또한 내식성 및 가공성이 양호하다. 따라서 내식성이 좋아 공기 중에서 산화가 잘 일어나지 않는다.

36
정답 ①

어닐링(Annealing : 풀림)은 재료 결정 조직 또는 내부응력 제거를 위해 기본 열처리법으로, 가열 수 천천히 냉각시키는 방법이다. 기본 열처리법에는 담금질(퀜칭), 뜨임(템퍼링), 풀림(어닐링), 불림(노멀라이징)이 있다.

표면경화법의 종류

종류		침탄재료
화염경화법		산소 – 아세틸렌불꽃
고주파경화법		고주파 유도전류
질화법		암모니아가스
침탄법	고체침탄법	목탄, 코크스, 골탄
	액체침탄법	KCN(시안화칼륨), NaCN(시안화나트륨)
	가스침탄법	메탄, 에탄, 프로판
금속침투법	세라다이징	Zn
	칼로라이징	Al
	크로마이징	Cr
	실리코나이징	Si
	보로나이징	B(붕소)

37
정답 ②

피로한도는 내구한도라고도 하며, 재료가 반복 하중을 받아도 끊어지지 않는 한계에서의 응력 최댓값을 말한다. 따라서 인장 – 압축시험으로 피로한도를 평가한다.

38
정답 ①

공기정압 베어링은 일반 구름 베어링처럼 볼이나 롤러를 사용하지 않고, 압축공기의 압력만을 이용한다.

39
정답 ②

GC300의 GC는 회주철의 약자이며, 300은 인장강도를 나타낸다.

40
정답 ④

유압장치는 구조가 간단하고 원격조작이 가능하며, 파스칼 원리를 이용하여 작은 힘으로 큰 힘을 얻는 것에 용이하다. 또한, 제어하기 쉽고 공압에 비해 출력의 응답속도가 빠르다.

41
정답 ③

응력집중이란 단면이 급격히 변화하는 부분에서 힘의 흐름이 심하게 변화할 때 발생하는 현상을 말하며, 이를 완화하려면 단이 진 부분의 곡률반지름을 크게 하거나 단면을 완만하게 변화시킨다. 응력집중계수(k)는 단면부의 평균응력에 대한 최대응력 비율로 구할 수 있으며, 계수값은 재질을 고려하지 않고 노치부의 존재여부나 급격한 단면변화와 같이 재료의 형상변화에 큰 영향을 받는다.

42
정답 ③

연성파괴는 소성변형을 수반하면서 서서히 끊어지므로 균열도 매우 천천히 진행되면서 갑작스럽게 파괴된다. 또한 취성파괴에 비해 덜 위험하고, 컵 – 원뿔 파괴(Cup and Cone Fracture)현상이 나타난다.

43
정답 ③

크리프(Creep)시험은 고온에서 재료에 일정 크기의 하중을 작용시키면 시간에 따라 변형이 증가하는 현상을 알아보는 것으로, 온도에 따른 재료의 특성인 크리프 한계를 결정하거나 예측하기 위한 시험법이다.

44
정답 ①

절탄기는 폐열을 회수하여 보일러의 연도에 흐르는 연소가스의 열을 이용하여 급수를 예열하는 장치로 보일러의 효율을 향상시킨다.

45
정답 ②

주물사는 통기성, 성형성이 좋고 열에 의한 화학적 변화가 없어야 한다. 열전도도가 낮아 용탕이 빨리 응고되지 않도록 하고, 주물표면과 접합력이 약해야 제품분리가 용이하다.

46
정답 ①

단인공구는 절삭하는 부분이 하나인 공구로 선반이나 플레이너, 슬로터 등에 설치되는 바이트공구가 있다. 밀링, 드릴링, 리밍, 브로칭 등은 모두 다인공구를 사용한다.

단인공구	다인공구

47
정답 ①

전해가공은 공작물을 양극으로 하고 공구를 음극에 연결하면 전기화학적 작용으로 공작물이 전기분해되어 원하는 부분을 제거하는 가공법이다.

오답분석

② 방전가공(EDM) : 절연성의 가공액 내에서 전극과 공작물 사이에서 일어나는 불꽃방전에 의하여 재료를 조금씩 용해시켜 원하는 형상의 제품을 얻는 가공법이다.
③ 전자빔가공 : 진공 속에서 고밀도의 전자빔을 용접물에 고속으로 조사시키면 물체에 국부적으로 고열을 발생시켜 구멍이나 절단하는 방법이다. 주로 전자빔용접으로 불린다.
④ 초음파가공 : 공구와 공작물 사이에 연삭입자와 공작액을 섞은 혼합액을 넣고 초음파진동을 주면 공구가 반복적으로 충격을 가하여 공작물의 구멍, 연삭, 절단 등을 행하는 가공법이다.
⑤ 호닝가공 : 기름 숫돌 다듬질 가공의 일종으로서 혼(Hone)이라는 기름 숫돌을 장착한 공구를 사용하여 구멍의 내면을 재빨리 정밀 연마하는 가공법을 말한다.

48
정답 ①

릴리프밸브는 유압회로에서 회로 내 압력이 소정입력 이상이 되면 그 압력에 의해 밸브가 열려 가스를 외부로 내보내 압력을 일정하게 유지시키는 역할을 하는 밸브로서 안전밸브의 역할을 한다.

오답분석

② 교축밸브 : 통로의 단면적을 변화시켜 유량을 조절하고자 할 때 사용하는 밸브이다.
③ 카운터밸런스밸브 : 중력에 의한 낙하방지 및 배압을 유지하는 압력제어 밸브이다.
④ 시퀀스밸브 : 정해진 순서에 따라 순차적으로 작동시키는 밸브로서 주회로에서 두 개 이상의 분기회로를 가질 때 기계의 조작순서를 조정할 수 있다.
⑤ 체크밸브 : 액체의 역류를 방지하기 위해 한쪽 방향으로만 흐르게 하는 밸브를 말한다.

49
정답 ④

재료의 내부나 표면에 어떤 잔류응력이 남았다면 그 재료의 피로수명은 감소한다. 잔류응력은 변형 후 외력을 제거한 상태에서 소재에 남아있는 응력을 뜻하며, 물체 내의 온도구배에 의해 발생가능하고, 추가적인 소성변형에 의해 감소될 수도 있다.

50

정답 ②

체심입방격자(BCC; Body Centered Cubic)의 단위격자는 꼭짓점에 원자 $\frac{1}{8}$, 안에 원자 1개가 들어 있어 총 $\frac{1}{8} \times 8 + 1 = 2$개이다.

금속의 결정구조

종류	체심입방격자 (BCC)	면심입방격자 (FCC)	조밀육방격자 (HCP)
성질	• 강도가 크다. • 용융점이 높다. • 전성과 연성이 작다.	• 전기전도도가 크다. • 가공성이 우수하다. • 장산구로 사용된다. • 전성과 연성이 크다. • 연한 성질의 재료이다.	• 전성과 연성이 작다. • 가공성이 좋지 않다.
원소	W, Cr, Mo, V, Na, K	Al, Ag, Au, Cu, Ni, Pb, Pt, Ca	Mg, Zn, Ti, Be, Hg, Zr, Cd, Ce
단위격자	2개	4개	2개
배위수	8	12	12
원자충진율	68%	74%	74%

전기일반

26	27	28	29	30	31	32	33	34	35
②	④	②	①	②	②	③	③	②	①
36	**37**	**38**	**39**	**40**	**41**	**42**	**43**	**44**	**45**
①	①	①	④	①	②	②	①	②	①
46	**47**	**48**	**49**	**50**					
③	④	①	④	④					

26

정답 ②

합성 저항 $\dfrac{1}{R_{ab}} = \dfrac{1}{\dfrac{1}{2r} + \dfrac{1}{2r}}$, $R_{ab} = \dfrac{2r}{2} = r[\Omega]$

단자 c, d간은 $2r$의 저항이 3개 병렬 연결되어 있으므로

합성 저항 $\dfrac{1}{R_{cd}} = \dfrac{1}{\dfrac{1}{2r} + \dfrac{1}{2r} + \dfrac{1}{2r}} = \dfrac{1}{\dfrac{3}{2r}}$, $R_{cd} = \dfrac{2r}{3}[\Omega]$

$\therefore \dfrac{R_{cd}}{R_{ab}} = \dfrac{\dfrac{2}{3}r}{r} = \dfrac{2}{3}$ 배

27

정답 ④

구리전선과 전기 기계기구 단지를 접속하는 경우에 진동 등으로 인하여 헐거워질 염려가 있는 곳에는 '스프링 와셔'를 끼워 진동을 방지한다.

28

정답 ②

옴의 법칙(Ohm's Law)에 따르면 전기 회로에 흐르는 전류의 세기는 전압(전위차)에 비례하고 도체의 저항(R)에 반비례한다.

$I = \dfrac{V}{R}[\text{A}]$ (R : 회로에 따라 정해지는 상수)

29

정답 ①

접지의 목적은 이상 전압의 억제, 전로의 대지 전압의 저하, 보호 계전기의 동작 확보, 감전 방지, 의도되지 않은 합선 대비 등이다.

30

정답 ②

저항에 흐르는 전류

$I = \dfrac{V}{R_1 + R_2} = \dfrac{6}{1+2} = 2\text{A}$

$\therefore V_{AB} = IR_1 = 2 \times 1 = 2\text{V}$

안심Touch

31 정답 ②

3상 유도 전동기의 회전방향을 바꾸기 위해서는 전원을 공급하는 3선 중 2선을 서로 바꾸어 연결하면 된다.

32 정답 ③

- 최대의 전압 변동률 $\epsilon = \sqrt{p^2 + q^2} = \sqrt{1.8^2 + 2^2} \fallingdotseq 2.7\%$
- 역률 $\cos\phi = \dfrac{p}{\sqrt{p^2 + q^2}} = \dfrac{1.8}{2.7} \fallingdotseq 0.67 \to 67\%$

33 정답 ③

$i = \dfrac{V}{R}\left(1 - e^{-\frac{R}{L}t}\right) = \dfrac{100}{10}\left(1 - e^{-\frac{10}{0.1}\times 0.01}\right) = 10(1 - e^{-1})$

$\fallingdotseq 6.32\text{A}(\because e \fallingdotseq 2.718)$

34 정답 ②

컨덕턴스 $G = \dfrac{1}{R}$, $V = IR$이므로, $V = I \times \dfrac{1}{G}[\text{V}]$

$\therefore V = 6 \times \dfrac{1}{0.5} = 12\text{V}$

35 정답 ①

$f_s = sf_1$이고, $s = \dfrac{n_0 - n_2}{n_0} = \dfrac{100 - 95}{100} = 0.05$

$\therefore f_2 = 0.05 \times 100 = 5\text{Hz}$

36 정답 ①

전속밀도 $D = \dfrac{Q}{A}$ 이다. 따라서 유전율 ε과 전속밀도 D는 아무런 관계가 없다.

37 정답 ①

전기회로에서 전류와 자기회로에서 자속의 흐름은 항상 폐회로를 형성한다.

38 정답 ①

전동기의 정격 전류의 합계가 50A를 초과하는 경우 그 정격 전류 합계의 1.1배인 것을 사용한다.

39 정답 ④

용량을 변화시킬 수 있는 콘덴서는 '가변 콘덴서'로, '바리콘(공기 가변 콘덴서)'이 이에 속한다.

오답분석

①·②·③·⑤는 용량을 바꿀 수 없는 '고정 콘덴서'이다.

40 정답 ①

RLC 직렬회로
- 직렬공진이므로 L 또는 C 양단에 가장 큰 전압이 걸리게 된다.
- 전류가 최대가 되므로 임피던스는 최소가 된다.
- 직렬공진이므로 저항 R만의 회로가 되어 동위상이다.
- L에 걸리는 전압과 C에 걸리는 전압의 위상은 180°이다.

41 정답 ②

일정한 운동 에너지를 가지고 등속 원운동을 한다.

42 정답 ②

중첩의 정리(Principle of Superposition)는 2개 이상의 기전력을 포함한 회로망의 정리 해석에 적용된다.

43 정답 ①

같은 종류의 전하는 척력이 작용하며, 다른 종류의 전하는 인력이 작용한다.

44 정답 ②

유효전력 $P = I^2 R[\text{W}]$

오답분석

① 저항 R만의 회로 : 허수부 0(역률 1)
③ RLC 회로에서 L 제거 시 : C 전류(진상)
④ 역률 개선 : C 추가(진상용 콘덴서)
⑤ 교류회로에서 전류와 전압은 시간에 따라 변화하고 시간에 대한 평균값이 0이 되므로 실횻값의 개념을 사용한다.

45 정답 ①

기동토크가 클수록 좋은 전동기로, 단상 유도 전동기의 기동방법 중 기동토크가 큰 순서는 '반발 기동형>반발 유도형>콘덴서 기동형>분상 기동형>셰이딩 코일형'이다.

46
정답 ③

병렬로 사용하는 전선에는 각각에 퓨즈를 설치하지 말아야 하며, 전류의 불평형이 발생하지 않도록 한다.

47
정답 ④

전자기파는 전기장과 자기장의 변화가 상호 작용하면서 진행한다.

48
정답 ①

양성자는 (+)전하이며, 전자는 (−)전하를 띠므로 양성자와 전자의 극성은 반대이다.

49
정답 ④

유도 전동기의 고정자 권선은 2중으로 권선하여 중권을 주로 사용한다.

50
정답 ④

동기 전동기를 무부하 운전하고 그 계자전류를 조정하면 역률이 0에 가까운 전기자전류의 크기를 바꿀 수 있는데, 이것을 이용해서 회로로부터 얻는 진상 또는 지상 무효전력을 조정하여 역률 조정에 사용되는 것은 '동기 조상기'이다.

오답분석

① 댐퍼 : 진동 에너지를 흡수하는 장치로 제진기, 흡진기라고도 한다.
② 동기 이탈 : 동기 속도에서 이탈하는 과정. 회전자의 고유 진동과 전원 또는 부하의 주기적인 변화로 인한 강제 진동이 일치하였을 때, 난조가 발생하여 동기를 이탈한다.
③ 제동권선 : 동기기 자극편의 전기자에 상대하는 면의 슬롯 안에 설치한 권선이다.
⑤ 유도 전동기 : 고정자에 교류 전압을 가하여 전자 유도로써 회전자에 전류를 흘려 회전력을 생기게 하는 교류 전동기이다.

안심Touch

제2회 모의고사 정답 및 해설

| 01 | 직업기초능력평가

01	02	03	04	05	06	07	08	09	10
③	⑤	①	④	②	③	④	①	①	③
11	12	13	14	15	16	17	18	19	20
①	⑤	③	④	③	③	④	③	⑤	③
21	22	23	24	25					
③	②	①	⑤	⑤					

01
정답 ③

(나) 현재 우리나라 자동차 소유자들은 교통문화정착보다는 '어떤 자동차를 운행하는가?'를 더 중요시함 → (가) 우리 주변에서 불법 개조 자동차를 자주 볼 수 있음 → (다) 불법개조 자동차에 따른 문제점을 해결하기 위해 불법자동차 연중 상시 단속을 시행함의 순서로 나열하는 것이 적절하다.

02
정답 ⑤

임시번호판이란 정식으로 차량 등록을 하기 전에 운행이 필요한 사람들이 임시번호를 달고 운행을 하는 것으로, 임시번호판에는 허가 기간(10일)과 차량 출고지 행정 구역, 임시번호가 새겨져 있다.

03
정답 ①

ㄱ. 제시문의 '나'는 동물과 인간의 생리적·심리적 유사성을 전제로 하는 동물실험에서 동물을 실험에 이용해도 된다는 이유로 인간과 동물이 다르다는 것을 제시하는 것은 모순적이라고 비판한다.

오답분석

ㄴ. 동물 실험은 인간과 동물의 생리적·심리적 유사성을 전제로 하기 때문에 모순적 상황에 놓여 있다.

ㄷ. 인간과 원숭이 간에 심리적 유사성이 존재하기 때문에 원숭이를 정서적으로 고립시켜 고통과 우울을 느끼도록 한 실험은 윤리적으로 정당화될 수 없다.

04
정답 ④

제시된 상황의 소는 2,000만 원을 구하는 것이므로 소액사건에 해당한다. 이에 따라 각 심급별 송달료를 계산하면 다음과 같다.
• 민사 제1심 소액사건 : $2 \times 3,200 \times 10 = 64,000$원
• 민사 항소사건 : $2 \times 3,200 \times 12 = 76,800$원
따라서 갑이 납부하는 송달료의 합계는 $64,000 + 76,800 = 140,800$원이다.

05
정답 ②

ㄱ. 한류의 영향으로 한국 제품을 선호하므로 한류 배우를 모델로 하여 적극적인 홍보 전략을 추진한다.

ㄷ. 빠른 제품 개발 시스템이 있기 때문에 소비자 기호를 빠르게 분석하여 제품 생산에 반영한다.

오답분석

ㄴ. 인건비 상승과 외국산 저가 제품 공세 강화로 인해 적절한 대응이라고 볼 수 없다.

ㄹ. 선진국은 기술 보호주의를 강화하고 있으므로 적절한 대응이라고 볼 수 없다.

06
정답 ③

K공사에서 거래처까지의 거리를 $x$km라고 하면, 거래처까지 가는 데 걸린 시간은 $\dfrac{x}{80}$ 시간이고, 거래처에서 돌아오는 데 걸리는 시간은 $\dfrac{x}{120}$ 시간이다.

$\dfrac{x}{80} + \dfrac{x}{120} \leq 1 \rightarrow 3x + 2x \leq 240 \rightarrow 5x \leq 240 \rightarrow x \leq 48$

따라서 거래처와 K공사의 거리는 최대 48km이다.

07
정답 ④

문제에서 D전시관 앞을 지나간 인원이 제시되어 있는 상태에서 B전시관 앞을 지나간 인원을 구해야 하므로 이를 같이 고려한다. 상단의 출입구를 (가)라 하고 하단의 출입구를 (나)라 부른다면 아래와 같이 정리할 수 있다.

구분	인원수(명)	D 통과여부	B 통과여부
(가) → (가)		○	○
(나) → (나)		○	○
(가) → (나)		×	○
(나) → (가)		○	×

먼저 전체 인원이 400명인데 D를 통과한 인원이 350명이라고 하였으므로 D를 통과하지 않은 (가) → (나) 코스를 이용한 인원은 50명임을 알 수 있다. 다음으로 한 바퀴를 돈 인원이 200명이라고 하였으므로 (가) → (가) 코스와 (나) → (나) 코스를 이용한 인원의 합이 200명임을 알 수 있다. 따라서 마지막 남은 (나) → (가) 코스의 인원은 전체 400명과의 차이인 150명임을 알 수 있다.

구분	인원수(명)	D 통과여부	B 통과여부
(가) → (가)	200	○	○
(나) → (나)		○	○
(가) → (나)	50	×	○
(나) → (가)	150	○	×

결과적으로 B를 통과한 인원은 전체 400명 중 B를 통과하지 않은 인원의 수를 차감한 수이므로 정답은 250명이 된다.

08
정답 ①

1971년 미국의 프로그래머가 잊혀지다시피 하였던 @ 키를 살려내기 전까지 @ 키는 자리를 지키고 있었다. 단지 사용 빈도가 점차 줄어들었을 뿐이다.

오답분석

② 제시문에서 6세기에 @가 라틴어 전치사인 'ad'를 한 획에 쓰기 위한 합자로 사용되었다. 따라서 @를 사용하기 시작한 것은 1,000년이 넘었다는 것을 알 수 있다.

③ '토마토 15개@3달러'라는 의미는 1개당 3달러인 토마토가 15개라는 의미이므로 전체 가격은 45달러였을 것이다.

④ 제시문을 통해 ad는 현대 영어의 'at' 또는 'to'에 해당하는 전치사, 부피, 질량의 단위, 이메일 기호로 사용되었음을 알 수 있다.

⑤ 스페인과 포르투갈의 상인들은 @를 질량의 단위인 아로바를 나타내는 기호로 사용하였는데, 스페인에서의 1아로바는 현재의 9.5kg에 해당하며, 포르투갈에서의 1아로바는 현재의 12kg에 해당한다고 하였다. 따라서 두 나라의 상인이 측정단위로 사용했던 1@의 질량은 동일하지 않았을 것이다.

09
정답 ①

한 개인의 특수한 감각을 지시하는 용어는 올바른 사용 여부를 판단할 수 없기 때문에 아무런 의미를 갖지 않는다고 하였다. 따라서 본인만이 느끼는 감각을 지시하는 용어는 아무 의미도 없을 것이라는 것을 추론할 수 있다.

10
정답 ③

○과 ○이 정언 명제이므로 함축관계를 판단하면 ③이 정답임을 알 수 있다.

오답분석

① 공격수라면 안경을 쓰고 있지 않다.
② A팀의 공격수라면 검정색 상의를 입고 있고, 축구화를 신고 있지 않다.
④ 김 과장이 검정색 상의를 입고 있다는 조건으로 안경을 쓰고 있는지 여부를 판단할 수 없다.
⑤ 수비수가 아니라면 안경을 쓰고 있지 않다는 것은 알 수 있지만 수비수라는 사실만으로는 안경을 썼는지 안썼는지 알 수 없다.

11
정답 ①

- (가)·(바) : 곤충 사체 발견, 방사능 검출은 현재 직면한 문제로 발생형 문제에 해당한다.
- (다)·(마) : 더 많은 전압을 회복시킬 수 있는 충전지 연구와 근로시간 단축은 현재 상황보다 효율을 더 높이기 위한 문제로 탐색형 문제에 해당한다.
- (나)·(라) : 초고령사회와 드론시대를 대비하여 미래지향적인 과제를 설정하는 것은 설정형 문제에 해당한다.

12
정답 ⑤

- (가) : '보호지역으로 지정되었음에도 실제로는 최소한의 것도 실시되지 않는 곳이 많다.'라는 부분을 통해 형식적인 보호지역 지정에 더해 실질적인 행동, 즉 보호조치(ㄹ)가 필요하다는 내용이 들어가야 함을 알 수 있다.
- (나) : 생태계 훼손에 대한 비용 부담은 높이고 생물다양성의 보존 등에 대해서는 보상을 한다는 부분을 통해 경제적인 유인책(ㄴ)에 대한 내용이 들어가야 함을 알 수 있다.
- (다) : 요금을 부과함으로써 생태계의 무분별한 이용을 억제한다는 부분을 통해 생태계 사용료(ㄱ)에 대한 내용이 들어가야 함을 알 수 있다.
- (라) : 생물다양성 친화적 제품 시장이라는 표현을 통해 생물다양성 보호 제품(ㄷ)에 대한 내용이 들어가야 함을 알 수 있다.

안심Touch

13　정답 ③

전년 대비 2018 ~ 2020년 가정 어린이집을 이용하는 0 ~ 2세 영유아 수의 차이는 다음과 같다.
- 2018년 : $222,332-193,412=28,920$명 증가
- 2019년 : $269,243-222,332=46,911$명 증가
- 2020년 : $298,470-269,243=29,227$명 증가

따라서 전년 대비 가정 어린이집을 이용하는 0 ~ 2세 영유아 수는 2019년에 가장 크게 증가했다.

오답분석
① 2017 ~ 2020년 0 ~ 2세와 3 ~ 4세 국·공립 어린이집 이용 영유아 수는 꾸준히 증가하고 있다.
② 2017 ~ 2020년 부모협동 어린이집과 직장 어린이집을 이용하는 영유아 수는 모든 연령대에서 꾸준히 증가하고 있다.
④ 법인 어린이집을 이용하는 5세 이상 영유아 수는 매년 감소하고 있다.
⑤ 3 ~ 4세 영유아가 가장 많이 이용하는 곳을 순서대로 나열한 상위 3곳은 매년 '민간 어린이집, 국·공립 어린이집, 법인 어린이집' 순서이다.

14　정답 ④

- 2017년 전체 어린이집 이용 영유아 수의 합
  : $501,838+422,092+211,521=1,135,451$명
- 2020년 전체 어린이집 이용 영유아 수의 합
  : $739,332+455,033+154,364=1,348,729$명

따라서 2017년과 2020년 전체 어린이집 이용 영유아 수의 차는 $1,348,729-1,135,451=213,278$명이다.

15　정답 ③

$$(65세 이상 인구)=[고령화지수(\%)]\times(0 \sim 14세 인구)\div100$$
$$=19.7\times50,000\div100=9,850명$$

따라서 1999년 65세 이상 인구는 9,850명이다.

16　정답 ③

2019년의 2014년 대비 고령화지수는 $\dfrac{107.1-69.9}{69.9}\times100≒53\%$ 증가했다.

17　정답 ④

㉠ 노인부양비 추이는 5년 단위로 계속 증가하고 있음을 알 수 있다.
㉢ 2004년 대비 2009년의 노인부양비 증가폭은 $11.3-7.0$ $=4.3\%$p이므로 옳은 설명이다.

㉣ 5년 단위의 고령화지수 증가폭은 다음과 같다.
- 1999년 대비 2004년 증가폭 : $27.6-19.7=7.9\%$p
- 2004년 대비 2009년 증가폭 : $43.1-27.6=15.5\%$p
- 2009년 대비 2014년 증가폭 : $69.9-43.1=26.8\%$p
- 2014년 대비 2019년 증가폭 : $107.1-69.9=37.2\%$p

따라서 5년 단위의 고령화지수 증가폭은 2014년 대비 2019년 증가폭이 가장 크다.

오답분석
㉡ 고령화지수 추이는 계속 증가하고 있지만, 같은 비율로 증가하고 있지는 않다.

18　정답 ③

ㄱ. '사적 한계순생산가치'란 한 기업이 생산과정에서 투입물 1단위를 추가할 때 그 기업에 의해 직접 발생하는 순생산가치의 증가분이며 여기에 부가적으로 발생하는 사회적 비용과 편익을 고려한 것이 '사회적 한계순생산가치'이다. 따라서 '사적 한계순생산가치'에는 사회적 편익이 고려되지 않으므로 옳은 내용이다.
ㄴ. '사회적 한계순생산가치'는 '사적 한계순생산가치'에 부가적으로 발생하는 사회적 비용과 편익을 고려한 것이다. 그런데 이것이 존재하지 않는다면 '사적 한계순생산가치'와 '사회적 한계순생산가치'가 동일하게 되므로 옳은 내용이라고 볼 수 있다.

오답분석
ㄷ. 사회에 부가적으로 발생하는 비용이 동일하다고 하더라도 각 기업의 '사적 한계순생산가치'와 부가적으로 발생하는 사회적 편익이 다르다면 기업 A와 B의 '사회적 한계순생산가치'는 다르게 되므로 옳지 않은 내용이다.

19　정답 ⑤

제시문은 '과학적 용어'에 대한 글이다. 제시문에서는 모래언덕의 높이, 바람의 세기, 저온의 온도를 사례로 들어 과학자들은 모호한 것은 싫어하지만 대화를 통해 상황에 적절한 합의를 도출한다고 설명하고 있다. 따라서 과학적 용어가 엄밀하고 보편적인 정의에 의해 객관성이 보장된다는 ⑤가 주장에 대한 비판적 논거로 적절하다.

20　정답 ③

2015년과 2020년을 비교했을 때, 국유지 면적의 차이는 $24,087$ $-23,033=1,054$km^{2}이고, 법인 면적의 차이는 $6,287-5,207$ $=1,080$km^{2}이므로 법인 면적의 차이가 더 크다.

오답분석
① 국유지 면적은 매년 증가하고, 민유지 면적은 매년 감소하는 것을 확인할 수 있다.

② 전년 대비 2016 ~ 2020년 군유지 면적의 증가량은 다음과 같다.
- 2016년 : $4,788-4,741=47km^2$
- 2017년 : $4,799-4,788=11km^2$
- 2018년 : $4,838-4,799=39km^2$
- 2019년 : $4,917-4,838=79km^2$
- 2020년 : $4,971-4,917=54km^2$

따라서 군유지 면적의 증가량은 2019년에 가장 많다.
④ 전체 국토면적은 매년 증가하고 있는 것을 확인할 수 있다.
⑤ 전년 대비 2020년 전체 국토면적의 증가율은
$\frac{100,033-99,897}{99,897}\times100 ≒ 0.14\%$이므로 1% 미만이다.

21
정답 ③

두 번째·네 번째 조건에 따르면 수험서는 가장 먼저 구매하지 않았고, 수험서를 구매한 다음 바로 에세이를 구매했다. 첫 번째 조건에서 잡지를 만화·소설보다 먼저 구매했다고 하였으므로 잡지를 가장 먼저 구매한 것을 알 수 있다. 다섯 번째 조건에 따르면 에세이나 소설을 마지막에 구매하지 않았으므로 만화를 마지막에 구매한 것을 알 수 있다. 세 번째 조건에 따르면 에세이와 만화를 연달아 구매하지 않았으므로 소설을 네 번째로 구매한 것을 알 수 있다. 제시된 〈조건〉을 표로 정리하면 다음과 같다.

첫 번째	두 번째	세 번째	네 번째	다섯 번째
잡지	수험서	에세이	소설	만화

22
정답 ②

$C+D<A$ … ㉠
$A+C<E$ … ㉡
$A+B>C+E$ … ㉢
$B=C+D$ … ㉣
㉠에 ㉣을 대입하면 $B<A$
㉢에 ㉣을 대입하면 $A+B>C+E → A+C+D>C+E → A+D>E$ … ㉤
㉤을 ㉡과 비교하면 $A+D>E>A+C → D>C$ … ㉥
㉥을 ㉣과 비교하면 $C<D<B$이며, $B<A$이기 때문에 $C<D<B<A$임을 알 수 있다. 이때, ㉡에서 $A<E$이므로 $C<D<B<A<E$ 순서이다.

23
정답 ①

SWOT 분석은 내부 환경요인과 외부 환경요인의 2개의 축으로 구성되어 있다. 내부 환경요인은 자사 내부의 환경을 분석하는 것으로 자사의 강점과 약점으로 분석된다. 외부 환경요인은 자사 외부의 환경을 분석하는 것으로, 기회와 위협으로 구분된다.

24
정답 ⑤

ⅰ) A회사
모든 부서가 a부서와만 정보교환을 하고 있고 다른 부서들은 서로 간에 정보교환을 하지 않으므로 하나의 점을 중심으로 방사형으로 그려진 (나)에 해당한다.
ⅱ) B회사
a부서는 2개의 부서와, b·c부서는 3개의 부서와, 그리고 나머지 d~g의 4개 부서는 모두 1개의 부서와 정보교환을 하고 있다. (다)의 경우 좌우 양끝단에 위치한 4개의 점은 모두 1개의 부서와만 연결되어 있으므로 d~g와 매칭되며, 정가운데에 위치한 점은 2개의 부서와 연결되어 있으므로 a와, 그리고 남은 2개의 점은 3개의 부서와 연결되어 있으므로 b, c와 매칭시킬 수 있다.
ⅲ) C회사
각 부서는 2개의 부서와만 정보교환을 하고 있으며 서로 꼬리에 꼬리를 무는 구조로 정보교환을 하는 것을 확인할 수 있다. 따라서 (가)에 해당한다.

25
정답 ⑤

각 펀드의 총점을 통해 비교 결과를 유추하면 다음과 같다.
- A펀드 : 한 번은 우수(5점), 한 번은 우수 아님(2점)
- B펀드 : 한 번은 우수(5점), 한 번은 우수 아님(2점)
- C펀드 : 두 번 모두 우수 아님(2점+2점)
- D펀드 : 두 번 모두 우수(5점+5점)

각 펀드의 비교 대상은 다른 펀드 중 두 개이며, 총 4번의 비교를 했다고 하였으므로 다음과 같은 경우를 고려할 수 있다.

경우 1)

A		B		C		D	
B	D	A	C	B	D	A	C
5	2	2	5	2	2	5	5

결과를 정리하면 $D>A>B~C$이다.

경우 2)

A		B		C		D	
B	C	A	D	A	D	B	C
2	5	5	2	2	2	5	5

결과를 정리하면 $D>B>A~C$이다.

경우 3)

A		B		C		D	
D	C	C	D	A	B	A	B
2	5	5	2	2	2	5	5

결과를 정리하면 $D>A·B>C$이다.

ㄱ. 세 가지 경우 모두 D펀드는 C펀드보다 우수하다.
ㄴ. 세 가지 경우 모두 B펀드보다 D펀드가 우수하다.
ㄷ. 경우 3)에서 A펀드와 B펀드의 우열을 가릴 수 있으면 A~D까지 우열순위를 매길 수 있다.

26	27	28	29	30	31	32	33	34	35
④	②	④	②	④	③	①	②	③	①
36	37	38	39	40	41	42	43	44	45
④	①	②	④	②	①	②	②	①	③
46	47	48	49	50					
①	①	①	①	①					

26 정답 ④

키홈의 깊이가 깊어질수록 축의 직경은 작아진다[직경이 작아지면 받는 힘(압력)은 커진다]. 축의 직경이 작아지면 응력집중이 더 잘 일어나서 파손의 우려가 커지게 되어 좋은 체결기구가 될 수 없다.

27 정답 ②

- (접선가속도)$= r \times \alpha$(각가속도)$= 2 \times 1,000 = 2,000 \text{m/sec}^2$
  방향 : $\overrightarrow{EA}$

- (법선가속도)$= r \times \omega^2$(각속도)$= 2 \times 10^2 = 200 \text{m/sec}^2$
  방향 : $\overrightarrow{EO}$

28 정답 ④

구성인선(Built Up Edge)은 재질이 연하고 공구재료와 친화력이 큰 재료를 절삭가공할 때, 칩과 공구의 윗면 사이의 경사면에 발생되는 높은 압력과 마찰열로 인해 칩의 일부가 공구의 날 끝에 달라붙어 마치 절삭날과 같이 공작물을 절삭하는 현상이다. 구성인선을 방지하기 위해서는 절삭깊이를 작게 하고, 절삭속도는 빠르게 한다. 또한, 윤활성이 높은 절삭유를 사용하고 마찰계수가 작고 피가공물과 친화력도 작은 절삭공구를 사용한다.

29 정답 ②

불림처리는 결정립을 조대화시키지 않는다.

불림(Normalizing : 노멀라이징)
주조나 소성가공에 의해 거칠고 불균일한 조직을 표준화 조직으로 만드는 열처리법으로, A_3변태점보다 $30 \sim 50℃$ 높게 가열한 후 공랭시킴으로써 만들 수 있다.

30 정답 ④

펠턴 수차는 낙차가 크고 유량(수량)이 적은 곳에 사용한다.

31 정답 ③

디젤기관이 가솔린기관보다 작동압력(압축 및 연소압력) 및 출력 당 중량이 더 크고 제작 단가도 더 비싸다.

가솔린기관과 디젤기관

구분	가솔린기관	디젤기관
점화방식	전기 불꽃 점화	압축 착화
최대압력	$30 \sim 35 \text{kg/cm}^2$	$65 \sim 70 \text{kg/cm}^2$
열효율	작다.	크다.
압축비	$6 \sim 11 : 1$	$15 \sim 22 : 1$
연소실 형상	간단하다.	복잡하다.
연료공급	기화기 또는 인젝터	분사펌프, 분사노즐
진동 및 소음	작다.	크다.
출력당 중량	작다.	크다.
제작비	저렴하다.	비싸다.

32 정답 ①

수격현상은 관내를 흐르는 유체의 유속이 급히 바뀌면 유체의 운동에너지가 압력에너지로 변하면서 관내압력이 비정상적으로 상승하여 배관이나 펌프에 손상을 주는 현상이다. 송출량과 송출압력이 주기적으로 변하는 현상은 맥동현상이다.

맥동현상[서징현상(Surging)]
펌프 운전 중 압력계의 눈금이 주기적이며 큰 진폭으로 흔들림과 동시에 토출량도 변하면서 흡입과 토출배관에서 주기적으로 진동과 소음을 동반하는 현상이며 영어로는 서징(Surging)현상이라고 한다.

33 정답 ②

SM35C는 기계구조용 탄소강재이고, 평균탄소함유량이 $0.35(0.32 \sim 0.38)$%임을 나타내는 KS기호이다. SC350은 탄소강 주강품이면서 인장강도 350N/mm^2 이상을 나타낸다.

34 정답 ③

푸아송의 비는 $v = \dfrac{\varepsilon'}{\varepsilon} = \dfrac{(\text{가로 변형률})}{(\text{세로 변형률})} = \dfrac{\dfrac{\delta}{d}}{\dfrac{\lambda}{l}} = \dfrac{\delta l}{d\lambda}$ 이다(λ : 세

로 변형량, δ : 가로 변형량). 직경의 감소량 δ을 유도하면

$v = \dfrac{\delta l}{d\lambda} \rightarrow \delta = \dfrac{v\lambda d}{l}$ 에서 $\lambda = \dfrac{Pl}{AE} = \dfrac{\sigma l}{E}$ 을 대입하면

$\delta = \dfrac{v\lambda d}{l} \rightarrow \delta = \dfrac{v\dfrac{\sigma l}{E}d}{l} \rightarrow \delta = \dfrac{v\sigma l d}{El} = \dfrac{v\sigma d}{E}$

따라서 직경의 감소량을 나타내는 식은 $\delta = \dfrac{v\sigma d}{E}$ 임을 알 수 있다.

35
정답 ①

압출가공이란 소재를 용기에 넣고 높은 압력을 가하여 다이구멍으로 통과시켜 형상을 만드는 가공법이다.

오답분석

② 단조가공

③ 인발가공

④ 압연가공

⑤ 전조가공

36
정답 ④

코킹(Caulking)은 물이나 가스 저장용 탱크를 리벳팅한 후 기체 밀폐와 물 밀폐를 유지하기 위해 날 끝이 뭉뚝한 정(코킹용 정)을 사용하여 리벳머리 등을 쪼아서 틈새를 없애는 작업이다.

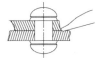

37
정답 ①

액체호닝은 물과 혼합한 연마제를 압축공기를 이용하여 노즐로 고속으로 분사시켜 공작물의 표면을 곱게 다듬는 가공법이다.

오답분석

② 래핑 : 랩(Lap)과 공작물의 다듬질할 면 사이에 랩제를 넣고 압력으로 누르면서 연삭작용으로 표면을 깎아내어 다듬는 가공법이다.

③ 호닝 : 드릴링, 보링, 리밍 등으로 1차 가공한 재료를 더욱 정밀하게 연삭하는 가공법이다.

④ 슈퍼 피니싱 : 입도와 결합도가 작은 숫돌을 낮은 압력으로 공작물에 접촉하고 가볍게 누르면서 진동으로 왕복운동하면서 공작물을 회전시켜 제품의 표면을 평평하게 다듬질하는 가공법이다.

⑤ 숏 피닝 : 숏이라고 하는 강제(鋼製)를 피가공품 표면에 20 ~ 50m/sec 속도로 다수 투사(投射)하는 냉간 가공법이다.

38
정답 ②

인성(Toughness)이란 재료의 파괴가 일어나기 전까지 재료의 에너지 흡수력을 말한다.

39
정답 ④

냉간가공을 하면 결정립의 변형으로 인한 단류선이 형성되고, 전위의 집적으로 인한 가공경화, 가공 시 불균질한 응력을 받아 잔류응력이 발생한다. 또한 풀림효과에 의한 연성, 인성, 연신율도 감소한다.

40
정답 ②

절삭속도 $v = \dfrac{\pi dn}{1,000}$ (v는 절삭속도, d는 공작물의 지름, n은 주축 회전수)

$v = \dfrac{\pi dn}{1,000} \rightarrow n = \dfrac{1,000v}{\pi d} = \dfrac{1,000 \times 196}{3.14 \times 50} \rightarrow n \fallingdotseq 1,248\text{rpm}$

$\rightarrow 1,250\text{rpm}$

따라서 회전수는 1,250rpm이다.

41
정답 ①

강(Steel)은 철과 탄소를 기반으로 하는 합금으로 탄소함유량이 증가함에 따라 성질이 달라진다. 탄소함유량이 증가하면 경도, 항복점, 인장강도는 증가하고, 충격치와 인성은 감소한다.

42
정답 ②

원심 펌프(Centrifugal Pump)에는 벌루트 펌프와 터빈 펌프가 있으며, 임펠러를 회전시켜 원심력을 받은 유체가 낮은 곳에서 높은 곳으로 이동할 수 있게 한다.

유압 펌프의 종류

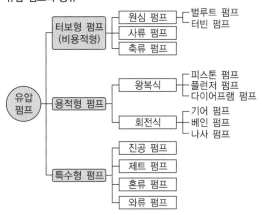

43
정답 ②

키의 전달강도가 큰 순서는 '스플라인키＞경사키＞평키＞안장키(새들키)'이다.

44

정답 ①

재결정은 특정한 온도에서 이전의 입자들과 다른 변형 없는 새로운 입자가 형성되는 현상이다. 재결정의 특징으로 가공도가 클수록, 가열시간이 길수록, 냉간가공도가 커질수록 재결정온도는 낮아진다. 강도가 약해지고 연성은 증가한다. 일반적으로 재결정온도는 약 1시간 안에 95% 이상의 재결정이 이루어지는 온도로 정의되며, 금속의 용융온도를 절대온도 T_m 이라 할 때 재결정온도는 대략 $0.3 \sim 0.5\,T_m$ 범위에 있다.

금속의 재결정온도

금속	온도(℃)	금속	온도(℃)
주석(Sn)	상온 이하	은(Ag)	200
납(Pb)	상온 이하	금(Au)	200
카드뮴(Cd)	상온	백금(Pt)	450
아연(Zn)	상온	철(Fe)	450
마그네슘(Mg)	150	니켈(Ni)	600
알루미늄(Al)	150	몰리브덴(Mo)	900
구리(Cu)	200	텅스텐(W)	1,200

45

정답 ③

강의 열처리 조직의 경도 순서는 '페라이트＜펄라이트＜소르바이트＜트루스타이트＜마텐자이트'로 높아진다. 참고로 강의 열처리조직 중 철(Fe)에 탄소(C)가 6.67%rk 함유된 시멘타이트 조직의 경도가 가장 높다.

46

정답 ①

입도란 숫돌입자 크기를 숫자로 나타낸 것으로 연삭 가공면의 표면 정밀도를 결정하는 주요 요소이다. 입도번호가 클수록 더 고운 입자임을 나타내는 수치이므로 입도번호가 클수록 우수한 표면을 가진 제품을 얻을 수 있다.

연삭숫돌의 입도번호

구분	거친 연마용	일반 연마용	정밀 연마용
입도번호	$4 \sim 220$	$230 \sim 1,200$	$240 \sim 8,000$

47

정답 ①

오답분석

② 미터보통나사 : 60°
③ 미터계(TM) 사다리꼴나사 : 30°
④ 인치계(TW) 사다리꼴나사 : 29°
⑤ 아메리카 나사 : 60°

48

정답 ①

환경경영체제에 관한 국제표준화기구(ISO; International Organization for Standardization)의 통칭으로, 기업 활동 전반에 걸친 환경경영체제를 평가하여 객관적으로 인증하는 시스템을 'ISO 14000'이라 한다.

오답분석

② ISO 9004 : 품질경영시스템이 국제표준화기구(ISO)가 제정한 ISO 9001의 기반으로 성과개선지침을 추가하여 경영에 적용하고 있음을 인증하는 시스템이다.
③ ISO 9001 : 제품 및 서비스에 이르는 전 생산 과정에 걸친 품질보증 체계를 의미한다.
④ ISO 9000 : 각 기업에 맞는 품질시스템을 수립하여 제3의 인증기관으로부터 자사 품질시스템의 적합성과 실행상태를 평가받아, 고객에게 신뢰할 수 있는 제품과 서비스를 공급하는 체제(System)를 갖추어 운영하고 있음을 인증하는 시스템이다.
⑤ ISO 8402 : 품질경영과 품질보증관련 개념과 용어 정리에 관한 국제표준규격이다.

49

정답 ①

마그네슘의 비중은 1.74로 비중이 2.7인 알루미늄보다 작고, 열전도성과 전기전도율도 더 낮다. 또한 조밀육방격자이며 고온에서 발화하기 쉽고, 대기 중에서 내식성이 양호하나 산 및 바닷물에 침식이 잘 되지만 비강도가 우수하여 항공기나 자동차 부품에도 사용되고 있다.

50

정답 ①

스피닝(Spinning)은 탄소강 판재로 국그릇이나 알루미늄 주방용품을 소량 생산할 때 사용하는 가공법(원뿔형 용기 또는 용기의 입구를 오므라들게 만드는 가공법)으로 보통 선반과 작업 방법이 비슷하다.

오답분석

② 컬링(Curling) : 얇은 판재나 드로잉 가공한 용기의 테두리를 프레스나 선반 등으로 둥그렇게 굽히는 가공법이다.
③ 비딩(Beeding) : 판재의 편편한 부분에 다이를 이용해 일정하게 생긴 줄 모양으로 돌기부를 만드는 가공법이다.
④ 플랜징(Flanging) : 금속판재의 모서리를 굽혀 테두리를 만드는 가공법이다.
⑤ 벌징(Bulging) : 금형(金型) 내에 삽입된 원통형 용기 또는 관에 높은 압력을 가하여, 용기 또는 관의 일부를 팽창시켜 성형하는 방법으로 아가리가 작고 몸통이 큰 용기의 제작에 사용된다.

| 전기일반 |

26	27	28	29	30	31	32	33	34	35
③	①	③	④	②	②	⑤	①	①	②
36	37	38	39	40	41	42	43	44	45
①	③	①	①	②	②	①	④	②	②
46	47	48	49	50					
①	②	②	②	①					

26
정답 ③

다이오드는 전류를 한쪽 방향으로만 흐르게 하는 역할을 한다. 이를 이용하여 교류를 직류로 바꾸는 작용을 다이오드의 정류작용이라고 한다.

오답분석

① 증폭작용 : 전류 또는 전압의 진폭을 증가시키는 작용이다.
② 발진작용 : 직류에너지를 교류에너지로 변환시키는 작용이다.
④ 변조작용 : 주파수가 높은 일정 진폭의 반송파를 주파수가 낮은 신호파로 변화시키는 작용이다.
⑤ 승압작용 : 회로의 증폭 작용 없이 일정 비율로 전압을 높여주는 작용이다.

27
정답 ①

일정한 크기와 방향의 정상전류가 흐르는 도선 주위의 자기장 세기를 구할 수 있는 법칙은 '비오 – 사바르 법칙'이다.

28
정답 ③

합성 저항 $R_T = 3 + \dfrac{3 \times 6}{3+6} = 5\,\Omega$

$\therefore\ I = \dfrac{V}{R_T} = \dfrac{20}{5} = 4\mathrm{A}$

29
정답 ④

전류가 전압보다 90° 앞서는 콘덴서회로에 해당되는 '용량성회로'이다.

30
정답 ②

자속이 변하면 철심에는 교번 단락 전류가 통과함으로써 와류손이 발생하게 되는데, 이것을 방지하기 위하여 철심을 상호 절연한 규소 강판을 성층하여 사용한다.

31
정답 ②

데이터 전송 제어의 종류

• 입출력 제어 : 입출력 기기들에 대한 직접적인 제어
• 회선 제어 : DCE – 전송 회선 간의 제어 절차 규정
• 동기 제어 : 송수신 단말 간의 데이터 전송 순서 및 타이밍 규정
• 에러 제어 : 오류의 검출 및 수정

32
정답 ⑤

보상권선은 자극편에 슬롯을 만들어 여기에 전기자 권선과 같은 권선을 하고 전기자 전류와 반대 방향으로 전류를 통하여 전기자의 기자력을 없애도록 한 것이다.

33
정답 ①

충전된 대전체를 대지에 연결하면 대전체의 전하들은 대지로 이동하여 대전체는 방전된다.

34
정답 ①

그림과 같은 구형파에서는 최댓값, 실횻값, 평균값이 모두 같으므로 파형률은 1이다.

$\therefore\ (파형률) = \dfrac{(실횻값)}{(평균값)}$

35
정답 ②

전류를 흐르게 하는 원동력을 기전력이라 하며 단위는 V이다.

$E = \dfrac{W}{Q}[\mathrm{V}]$ (Q : 전기량, W : 일의 양)

36
정답 ①

전류가 전압보다 위상이 $-60°$ 차이가 나므로 전류는 전압보다 $60°$ 뒤진다.

37
정답 ③

병렬 운전 조건은 기전력의 크기, 위상, 주파수, 파형, 상회전 방향(3상)이 같아야 한다.

38
정답 ①

패러데이의 전자 유도 법칙(Faraday's Law of Electromagnetic Induction)에 의하여 유도 기전력의 크기는 코일을 지나는 자속의 매초 변화량과 코일의 권수에 비례한다.

39 정답 ①

$W=KQ=KIt$에서 $t=\dfrac{W}{KI}=\dfrac{10}{0.001118\times5\times60}≒30분$

40 정답 ②

회전 변류기의 직류측 전압 조정은 리액턴스 조정, 동기 승압기 사용, 전압 조정 변압기, 유도 전압 조정기 등이 있다.

41 정답 ②

기전력의 위상이 다르게 되면, 병렬 운전되고 있는 발전기 중 한 대의 출력이 변하게 되어 회전자 속도에 변화가 발생하고 이로 인해 유효 순환 전류가 발생한다.

42 정답 ①

리액턴스 전압이 불꽃 발생의 원인이 되므로 리액턴스 전압을 감소시키기 위한 방법에는 정류주기 증가, 인덕턴스 감소, 보극 설치가 있다. 또한, 브러시 접촉 저항 확대를 위해 접촉 저항이 큰 탄소 브러시 사용하는 것이 불꽃 없는 정류를 얻는 데 유효한 방법이다.

43 정답 ④

중성점을 접지할 수 있어 이상전압으로부터 변압기를 보호할 수 있으며, 2종 접지공사를 함으로써 고압 또는 특별고압과 저압의 혼촉에 의한 위험을 방지할 수 있다.

44 정답 ②

아이언 플러그는 플로어 덕트 부속품 중 박스 플러그 구멍을 메우는 부속품이다.

45 정답 ②

유도 전동기 회전수가 $N=(1-s)N_s=(1-0.03)\times N_s=1,164$ rpm이면, 동기회전수 $N_s=\dfrac{1,164}{0.97}=1,200$rpm이다. 따라서 동기회전수 $N_s=\dfrac{120f}{P}=\dfrac{120\times60}{P}=1,200$rpm에서 극수를 구하면 $P=\dfrac{120\times60}{1,200}=6$극이다.

46 정답 ①

$v'=N\dfrac{\varDelta\varPhi}{\varDelta t}$에서 쇄교 자속수의 변화에 비례하고, 시간에 반비례한다.

47 정답 ②

$P=1.2\times2\sqrt{3}≒4.16$kVA

48 정답 ②

$I=\dfrac{V}{R}=\dfrac{100}{20}=5$A

49 정답 ②

접속 부분은 접속관 기타의 기구를 사용하되 케이블 상호 간, 코드와 케이블, 코드 상호 간은 '코드 접속기'를 사용한다.

50 정답 ①

전기가 통하고 있는 전선의 경우 피복을 벗길 때 사용하는 것은 '전선 피박기'이다.

제3회 모의고사 정답 및 해설

| 01 | 직업기초능력평가

01	02	03	04	05	06	07	08	09	10
④	④	①	⑤	③	⑤	④	③	①	④
11	12	13	14	15	16	17	18	19	20
②	⑤	②	④	②	④	④	③	③	②
21	22	23	24	25					
⑤	④	②	④	②					

01
정답 ④

정약용은 청렴을 지키는 것은 두 가지 효과가 있다고 보았는데, 그중 첫 번째는 목민관이 청렴할 경우 백성을 비롯한 공동체 구성원에게 좋은 혜택이 돌아가는 것이고, 두 번째는 청렴한 행위를 하는 것은 목민관 자신에게도 좋은 결과를 가져다주는 것이라고 하였다.

오답분석

① 정약용은 청렴을 당위의 차원에서 주장하는 기존의 학자들과 달리 행위자 자신에게 실질적 이익이 된다는 점을 들어 설득하고자 했다고 하였으므로 옳지 않은 내용이다.
② 정약용은 '지자(知者)는 인(仁)을 이롭게 여긴다.'라는 공자의 말을 빌려 '지혜로운 자는 청렴함을 이롭게 여긴다.'라고 하였다. 따라서 탐욕보다 청렴을 택하는 것이 더 이롭다는 것은 공자의 뜻이 아니라 정약용의 재해석이다.
③ 지혜롭고 욕심이 큰 사람은 청렴을 택하지만 지혜가 짧고 욕심이 작은 사람은 탐욕을 택한다고 하였으므로 옳지 않은 내용이다.
⑤ 조선의 대표적 유학자였던 이황과 이이는 청렴을 사회 규율이자 개인 처세의 지침으로 강조하였다고 하였으므로 옳지 않은 내용이다.

02
정답 ④

(가) 설명서, (나) 공문서, (다) 보고서, (라) 기획서에 대한 설명이다.

• 설명서
- 상품이나 제품에 대해 설명하는 글이므로 정확하게 기술한다.
- 전문용어는 소비자들이 이해하기 어려우므로 가급적 전문용어의 사용은 삼간다.

• 공문서
- 대외문서이고, 장기간 보관되는 문서이기 때문에 정확하게 기술한다.
- 회사 외부로 전달되는 글인 만큼 누가, 언제, 어디서, 무엇을, 어떻게가 드러나도록 써야 한다.

• 보고서
- 보통 업무 진행 과정에서 쓰는 경우가 대부분이므로 무엇을 도출하고자 했는지 핵심내용을 구체적으로 제시한다.
- 간결하고 핵심적인 내용의 도출이 우선이므로 내용의 중복은 피한다.

• 기획서
- 상대에게 어필해 상대가 채택하게끔 설득력을 갖춰야 하므로 상대가 요구하는 것이 무엇인지 고려하여 작성한다.
- 완벽해야 하므로 제출하기 전에 충분히 검토한다.

03
정답 ①

제시문에서는 싱가포르가 어떻게 자동차를 규제하고 관리하는지를 설명하고 있다. 따라서 글의 주제로 ①이 적절하다.

04
정답 ⑤

경기남부의 가구 수가 경기북부의 가구 수의 2배라면, 가구 수 비율은 남부가 $\frac{2}{3}$, 북부가 $\frac{1}{3}$ 이다. 따라서 경기지역에서 개별난방을 사용하는 가구 수의 비율은 $\left[\left(0.262\times\frac{2}{3}\right)+\left(0.608\times\frac{1}{3}\right)\right]$ $\times100 ≒ 37.7\%$이므로 옳은 설명이다.

오답분석

① 경기북부지역에서 도시가스를 사용하는 가구 수는 66.1%, 등유를 사용하는 가구 수는 3.0%이다. 따라서 $66.1\div3 ≒ 22$배이다.
② 서울과 인천지역에서 LPG 사용비율이 가장 낮다.
③ 주어진 자료에서는 지역별 가구 수의 차이는 확인할 수 없다. 또한, 지역난방 사용비율의 차이가 가구 수의 차이와 같다고 볼 수 없다.
④ 지역난방의 비율은 경기남부지역이 67.5%, 경기북부지역이 27.4%로 경기남부지역이 더 높다.

05
정답 ③

보고서의 '출장의 배경 및 세부 일정' 항목을 통해 해외 출장 세부 일정 관련 정보가 포함되어야 함을 알 수 있다. 또한 보고서의 '출장 배경'에 따르면 1998년 이후 2년 주기로 협력회의를 개최해 오고 있으므로 과거 협력 회의 시 다루었던 내용도 함께 포함되어야 한다. 따라서 제시된 보고서에 반드시 포함되어야 할 내용으로 ③이 적절하다.

06
정답 ⑤

보고서는 특정한 일에 관한 진행 상황 또는 연구·검토 결과 등을 보고하고자 할 때 작성하는 문서로 '목적·개요 – 주요 수행내용 – 수행 내용별 세부사항 – 수행 결과 및 결과보고서 – 관련된 첨부 자료' 순서로 작성한다.

07
정답 ④

녹지의 면적은 2018년부터 유원지 면적을 추월하였다.

08
정답 ③

A씨가 달려갈 속력을 $x$km/h라고 하면,

$$\frac{50 - \left(\frac{1}{2} \times 80\right)}{x} \leq \frac{1}{2} \rightarrow \frac{10}{x} \leq \frac{1}{2} \rightarrow 20 \leq x$$

따라서 최소 20km/h로 달려가야 면접 장소에 늦지 않게 도착한다.

09
정답 ①

표 2에서 2020년 10월 스마트폰 기반 웹 브라우저 중 상위 5종 전체의 이용률 합이 94.39%이므로 6위 이하의 이용률 합은 5.61%임을 알 수 있다. 그런데 10월 현재 5위인 인터넷 익스플로러의 이용률이 1.30%이므로 6위 이하의 이용률은 1.30%를 넘을 수 없다. 따라서 6위 이하 나머지 웹 브라우저의 이용률이 모두 1.30%이라고 하더라도 최소 5개 이상이 존재해야 함을 알 수 있다. 왜냐하면 4개만 존재한다면 이용률의 합이 최대 5.2%에 그쳐 5.61%에 모자라기 때문이다. 결론적으로 자료에서 주어진 5개 이외에 추가로 최소 5개의 브라우저가 존재하여야 하므로 전체 대상 웹 브라우저는 10종 이상이 됨을 알 수 있다.

오답분석

② 2021년 1월 이용률 상위 5종 웹 브라우저 중 PC 기반 이용률 3위와 스마트폰 기반 이용률 3위는 크롬으로 일치한다.
③ 표 1에서 2020년 12월 PC 기반 웹 브라우저 이용률 2위는 크롬이고 3위는 파이어폭스인 반면, 2021년 1월의 2위는 파이어폭스, 3위는 크롬으로 둘의 순위가 바뀌었다.
④ 표 2에서 스마트폰 기반 이용률 상위 5종 웹 브라우저 중 2020년 10월과 2021년 1월 이용률의 차이가 2%p 이상인 것은 크롬(4.02%p), 오페라(2.40%p)이므로 옳지 않다.

⑤ 표 2에서 상위 3종 웹 브라우저 이용률의 합을 직접 구하기보다는 주어진 상위 5종 전체 이용률 합에서 4위와 5위를 차감하여 판단하는 것이 더 수월하다. 이에 따르면 주어진 모든 월에서 상위 3종 웹 브라우저 이용률의 합이 90%에 미치지 못하므로 옳지 않다.

10
정답 ④

(라) 문단에서는 퇴근 후 업무 지시 금지를 통한 직원들의 휴식권 보장, 9시에 출근해 오후 5시에 퇴근하는 '9 to 5제'에 대한 내용으로 구성되어 있다. 따라서 ④는 (라) 문단의 제목으로 적절하지 않다.

오답분석

① (가) 문단에서는 주당 최대 근로시간을 52시간으로 확립해 국민의 삶의 질을 개선하고 생산성을 높이겠다는 정부의 워라밸과 관련된 계획을 볼 수 있다.
② (나) 문단에서는 워라밸의 의미와 최근 기업들에게 나타나는 '워라밸 제도'를 소개하고 있다.
③ (다) 문단에서는 출근 시간을 자유롭게 선택해서 일정 시간을 근무한 후 각자 다른 시간에 퇴근하는 '퍼플타임제'와 한 달간 자기 계발의 시간을 가질 수 있는 '창의 휴가 제도'를 소개하고 있다.
⑤ (마) 문단에서는 다른 국가들에 비해 비효율적인 한국의 노동 실태를 제시하고 이에 대한 워라밸 열풍의 귀추를 기대하고 있다.

11
정답 ②

(마) 문단에서 각국의 노동생산성 수준을 볼 때 미국, 프랑스, 독일에 비해 한국은 이들 국가의 절반 수준에 그쳤음을 알 수 있다.

오답분석

① 최대 한 달간 자기 계발의 시간을 가질 수 있는 제도는 창의 휴가 제도이다.
③ 주 35시간 근무제는 오후 5시면 컴퓨터가 저절로 꺼져 직원들은 사무실에 남아 있어도 업무를 볼 수가 없다.
④ 워라밸은 근로조건 개선을 통해 회사에 대한 애사심으로 이어져 결국 퇴사율을 낮춘다.
⑤ 퍼플타임제는 출근 시간을 자유롭게 선택해서 일정 시간을 근무한 후 각자 다른 시간에 퇴근하는 탄력 근무제도이다.

12
정답 ⑤

플레이펌프는 아이들이 놀기만 하면 동력이 되어 지하수를 끌어올려 물을 저장한다는 원리적 측면에서만 봤을 때는 성공적으로 보였으나, 아이들에게 놀이가 아닌 일이 되어버리면서 실패하게 된다. 즉, 현지인의 문화와 사회의 전체적인 모습을 보지 못해 실패하게 된 것이다.

13

㉠은 다른 재료로 대체한 S에 해당되고, ㉡은 서로 다른 물건이나 아이디어를 결합한 C에 해당되고, ㉢은 형태, 모양 등을 다른 용도로 사용한 P에 해당된다. A에는 우엉씨 → 벨크로(찍찍이), M에는 컴퓨터 → 노트북, E에는 자동차 → 오픈카, R에는 김밥 → 누드김밥 등이 있다.

14
정답 ④

네 사람이 앉을 수 있는 자리를 그림으로 나타내면 다음과 같다.

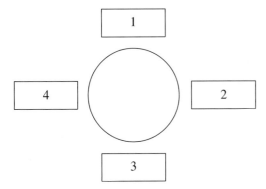

- 일곱 번째 조건에 따라 교사의 맞은편 자리는 밤색 티셔츠를 입고 있다. 교사가 1번 자리에 앉는다고 가정하면 3번 자리에는 밤색 티셔츠를 입은 사람이 앉게 된다.

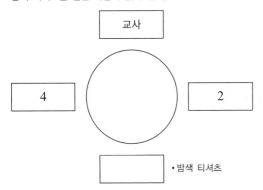

- 밤색 티셔츠

- 여섯 번째 조건에 의하면 의사의 왼쪽 자리에 앉은 사람은 검은색 원피스를 입고 있다. 이때, 의사가 2번 자리에 앉게 되면 의사의 왼쪽 자리에 검은색 원피스를 입은 사람이 온다는 조건이 성립할 수 없으므로 의사는 4번 자리에 앉아야 한다. 또한, 의사가 4번 자리에 앉게 되면 검은색 원피스를 입은 사람은 교사이며, 두 번째 조건에 따라 교사는 여자임을 알 수 있다.

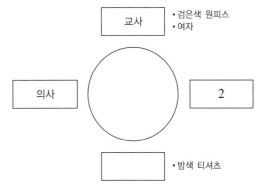

- 검은색 원피스
- 여자

- 밤색 티셔츠

- 네 번째 조건에 따르면 변호사는 흰색 니트를 입고 있으므로 2번 자리에 앉게 되고, 이에 따라 밤색 티셔츠를 입은 사람은 자영업자임을 알 수 있다. 앞서 파악한 정보를 바탕으로 할 때 의사는 파란색 자켓을 입었으며, 두 번째 조건에 따라 의사는 남자임을 알 수 있다. 다섯 번째 조건에 따라 자영업자도 남자이므로 변호사는 여자이다.

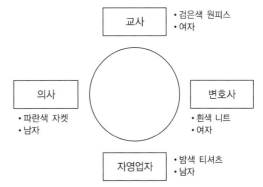

- 검은색 원피스
- 여자

- 파란색 자켓
- 남자

- 흰색 니트
- 여자

- 밤색 티셔츠
- 남자

따라서 '의사는 파란색 자켓을 입고 있다.'가 옳은 설명이다.

오답분석

① 교사는 의사의 왼쪽에 앉아 있다.
② 변호사는 여자이다.
③ 밤색 티셔츠를 입은 사람은 자영업자이며, 남자이다.
⑤ 검은색 원피스를 입은 여자는 자영업자와 마주보고 있다.

15
정답 ②

제시문에서는 기계화·정보화의 긍정적인 측면보다는 부정적인 측면을 부각시키고 있다. 따라서 기계화·정보화가 인간의 삶의 질 개선에 기여하고 있음을 경시한다고 비판할 수 있다.

16

정답 ④

제시문에 따르면 P부서에 근무하는 신입사원은 단 한 명이며, 신입사원은 단 한 지역의 출장에만 참가한다. 따라서 갑과 단둘이 가는 한 번의 출장에만 참가하는 을이 신입사원임을 알 수 있다. 이때, 네 지역으로 모두 출장을 가는 총괄 직원도 단 한 명뿐이므로 을과 단둘이 출장을 간 갑이 총괄 직원임을 알 수 있다. 또한, 신입사원을 제외한 모든 직원은 둘 이상의 지역으로 출장을 가야 하므로 병과 정이 함께 같은 지역으로 출장을 가면 무는 남은 두 지역 모두 출장을 가야 한다. 이때, 병과 정 역시 남은 두 지역 중 한 지역으로 각각 출장을 가야 한다. 따라서 다섯 명의 직원이 출장을 가는 경우를 정리하면 다음과 같다.

지역	직원	
	경우 1	경우 2
A	갑, 을	갑, 을
B	갑, 병, 정	갑, 병, 정
C	갑, 병, 무	갑, 정, 무
D	갑, 정, 무	갑, 병, 무

정은 두 곳으로만 출장을 가므로 정이 총 세 곳에 출장을 간다는 ④는 반드시 거짓이 된다.

오답분석
① 갑은 총괄 직원이다.
② 두 명의 직원만이 두 광역시에 모두 출장을 간다고 하였으므로 을의 출장 지역은 광역시에 해당하지 않는다.
③·⑤ 위의 표를 통해 확인할 수 있다.

17

정답 ④

일반적인 문제해결절차는 문제 인식, 문제 도출, 원인 분석, 해결안 개발, 실행 및 평가의 5단계를 따른다. 먼저 해결해야 할 전체 문제를 파악하여 우선순위를 정하고, 선정 문제에 대한 목표를 명확히 한 후 선정된 문제를 분석하여 해결해야 할 것이 무엇인지를 명확히 한다. 다음으로 분석 결과를 토대로 근본 원인을 도출하고, 근본 원인을 효과적으로 해결할 수 있는 최적의 해결책을 찾아 실행, 평가한다. 따라서 문제해결절차는 (다) → (마) → (가) → (라) → (나)의 순서로 진행된다.

18

정답 ③

2011 ~ 2020년 평균 부채 비율은 (61.6+100.4+86.5+80.6+79.9+89.3+113.1+150.6+149.7+135.3)÷10=104.7%이므로 10년간의 평균 부채 비율은 90% 이상이다.

오답분석
① 2014년 대비 2015년 자본금 증가폭은 33,560−26,278 =7,282억 원으로, 2012 ~ 2020년 중 자본금의 변화가 가장 컸다.

② 전년 대비 부채 비율이 증가한 해는 2012년, 2016년, 2017년, 2018년이므로 연도별 부채비율 증가폭을 계산하면 다음과 같다.
- 2012년 : 100.4−61.6=38.8%p
- 2016년 : 89.3−79.9=9.4%p
- 2017년 : 113.1−89.3=23.8%p
- 2018년 : 150.6−113.1=37.5%p

따라서 부채 비율이 전년 대비 가장 많이 증가한 해는 2012년이다.

④ 2020년의 자산과 자본은 10년 중 가장 많았지만, 그만큼 부채도 가장 많은 것을 확인할 수 있다.
⑤ K공사의 자산과 부채는 2013년부터 8년간 꾸준히 증가한 것을 확인할 수 있다.

19

정답 ③

수신건수가 가장 많은 사람은 D(46건)이고, 발신건수가 가장 적은 사람은 C(13건)이므로 옳지 않은 설명이다.

오답분석
① C와 D 사이의 이메일 교환건수는 서로 2건으로 동일하다.
② 수신용량이 가장 많은 사람과 발신용량이 가장 적은 사람은 모두 D로, D의 이메일 교신용량의 차이는 137−42=95Mb이므로 옳은 설명이다.
④ F가 송수신한 용량은 120+172=292Mb이고, 송수신 총량은 615×2=1,230Mb이므로 $\frac{292}{1,230} \times 100 ≒ 23.7\%$로 옳은 설명이다.
⑤ D와 F 두 사람 간 이메일 교신용량이 64+14=78Mb로 가장 많다.

20

정답 ②

F가 D에게 보낸 메일은 22건, 총 용량은 64Mb이므로 평균 $\frac{64}{22} ≒ 2.91$Mb이고, E가 G에게 보낸 메일은 4건, 총 용량은 17Mb이므로 평균 $\frac{17}{4} = 4.25$Mb이다. 따라서 둘의 차이는 4.25−2.91=1.34Mb이다.

21

정답 ⑤

- A국 : 27,214×50.6=1,377,028.4
- B국 : 32,477×126.6=4,111,588.2
- C국 : 55,837×321.8=17,968,346.6
- D국 : 25,832×46.1=1,190,855.2
- E국 : 56,328×24.0=1,351,872

1인당 GDP 순위는 E>C>B>A>D이고, 총 GDP 순위는 C>B>A>E>D이다.

① 경제성장률이 가장 큰 나라는 D국이며, 1인당 GDP와 총인구를 고려하면 D국의 총 GDP가 가장 작은 것을 알 수 있다.

② 1인당 GDP 대비 총인구를 고려하였을 때 총 GDP가 가장 큰 나라는 C국(17,968,346.6백만 달러), 가장 작은 나라는 D국(1,190,855.2백만 달러)이다.

따라서 총 GDP가 가장 큰 나라와 가장 작은 나라는 10배 이상의 차이를 보인다.

③ 수출 및 수입 규모에 따른 순위는 C>B>A>D>E이므로 서로 일치한다.

④ A국(1,377,028.4백만 달러)의 총 GDP가 E국(1,351,872백만 달러)보다 더 크다.

22
정답 ④

① 자사의 유통 및 생산 노하우가 부족하다고 분석하였으므로 적절하지 않다.

② 디지털마케팅 전략을 구사하기에 역량이 미흡하다고 분석하였으므로 적절하지 않다.

③ 분석 자료를 살펴보면, 경쟁자 중 상위업체가 하위업체와의 격차를 확대하기 위해서 파격적인 가격정책을 펼치고 있다고 하였으므로 적절하지 않다.

⑤ 브랜드 경쟁력을 유지하기 위해 20대 SPA 시장 진출이 필요하며, 자사가 높은 브랜드 이미지를 가지고 있다는 내용은 자사의 상황분석과 맞지 않는 내용이므로 적절하지 않다.

23
정답 ②

A호텔 연꽃실은 2시간 이상 사용할 경우 추가비용이 발생하고, 수용 가능 인원이 적다. B호텔 백합실은 1시간 초과 대여가 불가능하며, C호텔 매화실은 이동수단을 제공하지만 수용 가능 인원이 적다. 나머지 C호텔 튤립실과 D호텔 장미실을 비교했을 때, C호텔의 튤립실은 예산초과로 예약할 수 없으므로 이 대리는 대여료와 수용 가능 인원의 조건이 맞는 D호텔 장미실을 예약해야 한다.

따라서 이 대리가 지불해야 하는 예약금은 D호텔 장미실 대여료 150만 원의 10%인 15만 원이다.

24
정답 ④

예산이 200만 원으로 증액되었을 때, 조건에 해당하는 연회장은 C호텔 튤립실과 D호텔 장미실이다. 예산 내에서 더 저렴한 연회장을 선택해야 한다는 조건이 없고, 이동수단이 제공되는 연회장을 우선적으로 고려해야 하므로 이 대리는 C호텔 튤립실을 예약할 것이다.

25
정답 ②

SWOT 분석이란 조직의 환경을 분석하기 위해 사용되는 정책환경분석기법으로, 조직 내부환경과 관련된 강점(Strength), 약점(Weakness), 조직 외부환경과 관련된 기회(Opportunity), 위협(Threat)을 분석하는 방법이다. 이를 가장 잘 반영한 것은 ②이다.

26	27	28	29	30	31	32	33	34	35
②	①	③	①	③	③	④	②	④	①
36	37	38	39	40	41	42	43	44	45
③	①	①	②	③	③	④	③	③	②
46	47	48	49	50					
④	②	①	④	③					

26　　　　정답 ②

한계게이지는 허용할 수 있는 부품의 오차범위인 최대·최소를 설정하고 제품의 치수가 그 범위에 드는지 검사하는 기기이다.

오답분석

① 블록게이지 : 길이 측정의 표준이 되는 측정기기로 공장용 측정기들 중에서 가장 정확한 기기이다.

③ 간극게이지 : 작은 틈새나 간극을 측정하는 기기로 필러게이지라고도 불린다.

④ 다이얼게이지 : 측정자의 직선 또는 원호운동을 기계적으로 확대하여 그 움직임을 회전 지침으로 변환시켜 눈금을 읽을 수 있도록 한 측정기이다.

⑤ 센터게이지 : 선반으로 나사를 절삭할 때 나사 절삭 바이트의 날끝각을 조사하거나 바이트를 바르게 부착하는 데 사용하는 게이지이며, 공작품의 중심 위치의 좋고 나쁨을 검사하는 게이지를 가리키기도 한다.

27　　　　정답 ①

판재가공에서 모양과 크기가 다른 판재조각을 레이저 용접한 후, 그 판재를 성형하여 최종형상을 만드는 프레스가공법은 '테일러블랭킹'이라 한다.

오답분석

② 전자기성형 : 전기를 이용한 고속 성형법으로, 코일에 저장된 전기에너지를 순간적으로 방전시키면 이때 코일 주변에 자기장이 발생하여 금속의 유도전류와 상호작용으로 발생한 전자기력을 이용하여 성형하는 방법이다.

③ 정밀블랭킹 : 휨과 눌림이 적은 정밀한 블랭킹제품을 가공하는 방법이다.

④ 하이드로포밍 : 강관이나 알루미늄 압축튜브를 소재로 사용하며, 내부에 액체를 넣고 강한 압력으로 복잡한 모양의 제품을 성형하는 제조방법이다.

⑤ 디프드로잉 : 재료의 직경을 줄이거나, 판재의 주변부를 중앙으로 좁혀서 용기상으로 가공하는 방법을 말한다.

28　　　　정답 ③

미끄럼베어링의 특징

- 가격이 싸다.
- 마찰저항이 크다(시동, 구동 시).
- 동력손실이 크다.
- 윤활성이 좋지 않다.
- 진동과 소음이 작다.
- 비교적 큰 하중에 적용한다.
- 구조가 간단하며 수리가 쉽다.
- 충격값이 구름베어링보다 크다.
- 비교적 낮은 회전속도에 사용한다.
- 구름베어링보다 정밀도가 더 커야 한다.

29　　　　정답 ①

스터드볼트는 양쪽 끝이 모두 수나사로 되어 있는 볼트로, 한쪽 끝은 암나사가 난 부분에 반영구적인 박음 작업을 하고, 반대쪽 끝은 너트를 끼워 고정시킨다.

오답분석

② 관통볼트 : 구멍에 볼트를 넣고 반대쪽에 너트로 죄는 일반적인 형태의 볼트이다.

③ 아이볼트 : 나사의 머리 부분을 고리 형태로 만들고 고리에 로프나 체인, 훅 등을 걸어 무거운 물건을 들어 올릴 때 사용하는 볼트이다.

④ 나비볼트 : 볼트를 쉽게 조일 수 있도록 머리 부분을 날개 모양으로 만든 볼트이다.

⑤ 탭볼트 : 죄려고 하는 부분이 두꺼워서 관통 구멍을 뚫을 수 없거나 길다란 구멍을 뚫었다고 하더라도 구멍이 너무 길어서 관통 볼트의 머리가 숨겨져서 죄기 곤란할 때 상대편에 직접 암나사를 깎아 너트 없이 죄어서 체결하는 볼트이다.

30　　　　정답 ③

공구강은 절삭 시 발생되는 열에도 그 강도를 유지해야 하는데 이 중 세라믹공구의 고온경도가 가장 높다.

공구강의 고온경도 및 파손강도가 높은 순서

> 다이아몬드＞입방정 질화붕소＞세라믹공구＞초경합금＞주조경질합금(스텔라이트)＞고속도강＞합금공구강＞탄소공구강

31 정답 ③

풀 몰드법은 용탕이 주입될 때 증발되는 소모성 모형을 사용하는 것으로 조형 후 모형을 빼지 않고 주물사 안으로 용탕을 주입하여 그 열에 의해 모형을 기화시키면서 그 안을 용탕으로 채워 주물을 만드는 주조법이다. 복잡한 형상의 주물 제작이 용이하고 작업시간을 단축시킬 수 있으나 용탕 주입 시 다량의 매연과 모형 변형에 의한 치수 결함의 발생 가능성이 있다는 단점이 있다.

오답분석

① 셀 몰드법 : 금속모형을 약 $250 \sim 300$℃로 가열한 후, 모형 위에 박리제인 규소수지를 바른다. 그리고 $150 \sim 200$mesh 정도의 SiO_2와 열경화성 합성수지를 배합한 주형재에 잠기게 하여 주형을 제작하는 주조법이다.
② 인베스트먼트 주조법 : 제품과 동일한 형상의 모형을 왁스(양초)나 파라핀(합성수지)으로 만든 후 그 주변을 슬러리 상태의 내화재료로 도포한 다음 가열하여 주형을 경화시키면서 내부의 모형을 용융시켜 빼냄으로써 주형을 완성하는 주조법이다. 다른 말로는 로스트 왁스법, 주물의 치수 정밀도가 좋아서 정밀 주조법으로도 불린다.
④ 슬러시 주조법 : 코어를 사용하지 않고 속이 빈 주물을 만드는 주조법으로 용융금속을 금형 안으로 주입시킨 후 회전시켜 주물을 만든다.
⑤ 가압 주조법 : 주조시 용탕의 주입 및 공극부의 충전에 압력을 이용하여 내부의 건전한 주물을 얻음과 함께 생산성 향상을 목적으로 한 주조 기술이다.

32 정답 ④

가솔린기관의 노킹현상은 연소 후반부에 미연소가스의 급격한 자기연소에 의한 충격파가 실린더 내부의 금속을 타격하는 현상으로, 노킹이 발생하면 실린더 내의 압력이 급상승하며 이는 출력 저하의 원인이 되므로 옥탄가 높은 연료를 사용해야 한다.

33 정답 ②

표면의 가공정밀도는 '래핑가공 - 슈퍼피니싱 - 호닝가공 - 일반 연삭가공' 순서로 우수하다.

34 정답 ④

원형봉의 늘어난 길이인 변형량(δ)을 구하면

$$\delta = \frac{PL}{AE} = \frac{100 \times 10^3 \times 6}{0.01 \times 300 \times 10^9}$$

$$\therefore \delta = 0.0002\text{m}$$

35 정답 ①

아이어닝(Ironing)은 딥드로잉된 컵 두께를 균일하게 감소시키는 프레스가공법이다. 제품용기의 길이를 보다 길게 만들 수 있지만 지나친 가공은 제품을 파단시킨다.

오답분석

② 코이닝(Coining) : 펀치와 다이 표면에 새겨진 모양을 판재에 각인하는 프레스가공법으로, 압인가공으로도 불린다.
③ 랜싱(Lancing) : 판재의 일부분만 남기고 절단하는 프레스가공법이다.
④ 허빙(Hubbing) : 특정 형상으로 경화시킨 펀치로 판재의 표면을 압입하여 공동부를 만드는 프레스가공법이다.
⑤ 엠보싱(Embossing) : 요철이 서로 반대로 되어 있는 상하 한 쌍의 다이(Die)로 얇은 판금에 여러 가지 모양의 형상을 찍어내는 가공법이다.

36 정답 ③

두랄루민은 Al에 Cu+Mg+Mn이 합금된 가공용 알루미늄 합금이다.

두랄루민과 헷갈리는 합금 알아두기

두랄루민	Al+Cu+Mg+Mn
Y합금	Al+Cu+Mg+Ni

37 정답 ①

서브머지드 아크용접(Submerged Arc Welding)은 용접 부위에 미세한 입상의 플럭스를 도포한 뒤 용접선과 나란히 설치된 레일 위를 주행대차가 지나가면서 와이어를 용접부로 공급시키면 플럭스 내부에서 아크가 발생하면서 용접하는 자동용접법이다. 용접봉인 와이어의 공급과 이송이 자동이며 용접부를 플럭스가 덮고 있어 열과 연기가 적다.

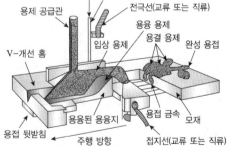

38

오답분석

② 교축밸브 : 통로의 단면적을 변화시켜 유량을 조절하고자 할 때 사용하는 밸브이다.

③ 카운터밸런스밸브 : 중력에 의한 낙하방지 및 배압을 유지하는 압력제어 밸브이다.

④ 시퀀스밸브 : 정해진 순서에 따라 순차적으로 작동시키는 밸브로, 주회로에서 두 개 이상의 분기회로를 가질 때 기계의 조작순서를 조정할 수 있다.

⑤ 릴리프밸브 : 유압회로에서 회로 내 압력이 소정입력 이상이 되면 그 압력에 의해 밸브가 열려 가스를 외부로 내보내 압력을 일정하게 유지시키는 역할을 하는 밸브이다.

39
정답 ②

담금질(Quenching : 퀜칭)은 재료를 변태점온도 이상으로 가열한 후 급랭시켜 마텐자이트 조직을 얻기 위한 열처리법이다.

기본 열처리 4단계

- 담금질(Quenching : 퀜칭) : 재료를 강하게 만들기 위하여 변태점 이상의 온도인 오스테나이트 영역까지 가열한 후 물이나 기름 같은 냉각제 속에 집어넣어 급랭시킴으로써 강도와 경도가 큰 마텐자이트 조직을 만들기 위한 열처리조작이다.
- 뜨임(Tempering : 템퍼링) : 잔류응력에 의한 불안정한 조직을 A_1 변태점 이하의 온도로 재가열하여 원자들을 좀더 안정적인 위치로 이동시킴으로써 잔류응력을 제거하고 인성을 증가시키는 위한 열처리법이다.
- 풀림(Annealing : 어닐링) : 강 속에 있는 내부응력을 제거하고 재료를 연하게 만들기 위해 A_1 변태점 이상의 온도로 가열한 후 가열 노나 공기 중에서 서랭함으로써 강의 성질을 개선하기 위한 열처리법이다.
- 불림(Normalizing : 노멀라이징) : 주조나 소성가공에 의해 거칠고 불균일한 조직을 표준화 조직으로 만드는 열처리법으로 A_3 변태점보다 $30 \sim 50℃$ 높게 가열한 후 공랭시킴으로써 만들 수 있다.

40
정답 ③

만네스만가공은 속이 찬 빌릿이나 봉재에 $1,200℃$의 열을 가한 후 2개의 롤러에 재료를 물려 넣으면 재료 내부에 인장력이 중심 부분에 구멍을 만드는데, 이 구멍에 심봉으로 원하는 크기의 강관을 제조하는 가공법이다.

오답분석

① 프레스가공 : 프레스기계를 이용하여 펀치나 다이로 판재에 인장이나 압축, 전단, 굽힘응력을 가해서 원하는 형상의 제품을 만드는 가공법이다.

② 전조가공 : 재료와 공구(롤)를 양쪽에 함께 회전시켜 재료 내부나 외부에 각인하는 특수압연법이다.

④ 드로잉가공 : 편평한 철판을 금형 위에 올려놓고 펀치로 눌러 다이의 내부로 철판이 들어가게 함으로써 이음매 없는 중공의 용기를 만드는 가공법이다.

⑤ 전해가공 : 금속재료의 전기화학적 용해를 할때, 그 진행을 방해하는 양극 생성물인 금속산화물막이 생기는데, 이를 제거하면서 가공하는 것이다.

41
정답 ③

구멍은 150.04mm 이하 150mm 이상이고, 축은 150.03mm 이하 149.92mm 이상이다. 따라서 축의 최소 치수가 구멍이 최대 치수보다 작고, 축의 최대 치수가 구멍의 최소 치수보다 크면 중간 끼워맞춤에 속한다.

분류	축과 구멍의 상관관계
억지 끼워맞춤	축의 크기>구멍의 크기
중간 끼워맞춤	축의 크기=구멍의 크기
헐거운 끼워맞춤	축의 크기<구멍의 크기

42
정답 ④

청동은 구리(Cu)와 주석(Sn)의 합금이다.

오답분석

③ 구리(Cu)와 아연(Zn)의 합금은 황동이다.

43
정답 ③

Fe-C 평형상태도는 복평형 상태도라고도 한다. 온도에 따라 철에 탄소가 합금된 상태의 그래프로, 상의 규칙은 일반적으로는 다음과 같다.

구분	반응온도	탄소 함유량	반응내용	생성조직
공석 반응	723℃	0.8%	γ 고용체 $\leftrightarrow$ α 고용체$+Fe_3C$	펄라이트 조직
공정 반응	1,147℃	4.3%	융체(L) $\leftrightarrow$ γ 고용체$+Fe_3C$	레데뷰라이트 조직
포정 반응	1,494℃ (1,500℃)	0.18%	δ 고용체+융체(L) $\leftrightarrow$ γ 고용체	오스테나이트 조직

44

드릴링머신으로 가공할 수 있는 작업 종류

종류	그림	방법
드릴링		드릴로 구멍을 뚫는 작업
리밍		드릴로 뚫은 구멍의 정밀가공을 위하여 리머공구로 구멍의 내면을 다듬는 작업
보링		보링바이트로 이미 뚫린 구멍을 필요한 치수로 정밀하게 넓히는 작업
태핑		탭 공구로 구멍에 암나사를 만드는 작업
카운터 싱킹		접시머리나사의 머리가 완전히 묻힐 수 있도록 원뿔자리를 만드는 작업
스폿 페이싱		볼트나 너트의 머리가 체결되는 바닥 표면을 편평하게 만드는 작업으로 구멍주위를 평면으로 깎는 작업
카운터 보링		고정 볼트의 머리 부분이 완전히 묻히도록 원형으로 구멍을 뚫는 작업

45
정답 ②

비소모성 텅스텐봉을 전극으로 사용하고 별도의 용가재를 사용하는 용접법은 TIG(Tungsten Inert Gas Arc Welding)용접이다. MIG용접은 소모성 전극봉을 사용한다.

용극식과 비용극식 아크용접법

용극식 용접법 (소모성 전극)	용가재인 와이어자체가 전극이 되어 모재와의 사이에서 아크를 발생시키면서 용접 부위를 채워 나가는 용접방법으로, 이때 전극의 역할을 하는 와이어는 소모된다. 예 서브머지드 아크용접(SAW), MIG용접, CO_2용접, 피복금속 아크용접(SMAW)
비용극식 용접법 (비소모성 전극)	전극봉을 사용하여 아크를 발생시키고 이 아크열로 용가재인 용접을 녹이면서 용접하는 방법으로, 이때 전극은 소모되지 않고 용가재인 와이어(피복금속 아크용접의 경우 피복 용접봉)는 소모된다. 예 TIG용접

46
정답 ④

질화법은 제품을 질화처리한 후 열처리가 필요 없으나, 침탄법은 침탄 후에도 추가 열처리가 필요하다.

침탄법과 질화법의 특징

특성	침탄법	질화법
경도	질화법보다 낮다.	침탄법보다 높다.
수정여부	침탄 후 수정 가능하다.	불가능하다.
처리시간	짧다.	길다.
열처리	침탄 후 열처리가 필요하다.	질화 후 열처리가 불필요하다.
변형	변형이 크다.	변형이 작다.
취성	질화층보다 여리지 않다.	질화층이 여리다.
경화층	질화법에 비해 깊다.	침탄법에 비해 얇다.
가열온도	질화법보다 높다.	낮다.

47
정답 ②

연삭가공은 정밀한 입자가공이며, 치수정밀도는 정확한 편이다. 연삭입자는 불규칙한 형상, 평균적으로 큰 음의 경사각을 가졌으며, 경도가 크고 취성이 있는 공작물 가공에 적합하다.

48
정답 ①

$$P_{abs} = P_{a(=atm, 대기압력)} + P_{g(게이지압력)}$$
$$P_{abs} = P_{a(=atm)} + P_g = 100 + 30 = 130kPa$$

49

'M8'에서 M은 미터나사(M), 8은 호칭지름이 8mm임을 의미한다.

50

정답 ③

사다리꼴나사에 대한 설명이다.

나사의 종류 및 특징

명칭		그림	용도	특징
삼각 나사	미터 나사		기계조립 (체결용)	• 미터계 나사 • 나사산의 각도 60° • 나사의 지름과 피치를 mm로 표시한다.
	유니 파이 나사		정밀기계 조립 (체결용)	• 인치계 나사 • 나사산의 각도 60° • 미, 영, 캐나다 협정으로 만들어져 ABC나사라고 도 한다.
	관용 나사		유체기기 결합 (체결용)	• 인치계 나사 • 나사산의 각도 55° • 관용평행나사 : 유체기기 등의 결합에 사용한다. • 관용테이퍼나사 : 기밀 유지가 필요한 곳에 사용 한다.
사각나사			동력전달용 (운동용)	• 프레스 등의 동력전달 용 으로 사용한다. • 축방향의 큰 하중을 받는 곳에 사용한다.
사다리꼴 나사			공작기계 의 이송용 (운동용)	• 애크미나사라고도 불린다. • 인치계 사다리꼴나사(TW) : 나사산 각도 29° • 미터계 사다리꼴나사(Tr) : 나사산 각도 30°
톱니나사			힘의 전달 (운동용)	• 힘을 한쪽 방향으로만 받 는 곳에 사용한다. • 바이스, 압착기 등의 이 송용 나사로 사용한다.
둥근나사			전구나 소켓 (운동용) (체결용)	• 나사산이 둥근모양이다. • 너클나사라고도 불린다. • 먼지나 모래가 많은 곳에 서 사용한다. • 나사산과 골이 같은 반지 름의 원호로 이은 모양이 다.
볼나사			정밀공작 기계의 이송장치 (운동용)	• 나사축과 너트 사이에 강 재 볼을 넣어 힘을 전달 한다. • 백래시를 작게 할 수 있 고 높은 정밀도를 오래 유지할 수 있으며 효율이 가장 좋다.

| 전기일반 |

26	27	28	29	30	31	32	33	34	35
④	③	③	①	④	④	④	②	③	②
36	37	38	39	40	41	42	43	44	45
③	④	③	③	①	④	②	④	②	④
46	47	48	49	50					
①	②	④	①	③					

26

정답 ④

OCB(Oil Circuit Breaker)는 '유입차단기'로 오일차단기라고도 한다. 대전류를 차단할 때 생기는 아크가 절연유 속에서는 쉽게 사라지는 점을 이용한 장치이다.

오답분석

① 진공차단기(VCB; Vacuum Circuit Breaker) : 절연 내력이 매 우 높은 것에 착안하여 진공 속에서 전로를 차단하는 장치이다.
② 기중차단기(ACB; Air Circuit Breaker) : 압축공기를 사용하 여 아크를 끄는 전기개폐장치이다.
③ 자기차단기(MBB; Magnetic Blowout Circuit Breaker) : 교 류 고압 기중 차단기로, 소호에 자기 소호를 응용한 장치이다.
⑤ 누전차단기(ELB; Earth Leakage Breaker) : 전동기계기구 가 접속되어 있는 전로에서 누전에 의한 감전위험을 방지하기 위해 사용되는 장치이다.

27

정답 ③

$$l = \frac{A}{\rho} R = \frac{\pi (0.6 \times 10^{-3})^2}{1.78 \times 10^{-8}} \times 20 = 1,271 \text{m}$$

28

정답 ③

$$E_d = \frac{2\sqrt{2}E}{\pi} - e_a \text{에서}$$

$$E = \frac{\pi}{2\sqrt{2}}(E_d + e_a) = \frac{\pi}{2\sqrt{2}}(100 + 10) = 122 \text{V}$$

29

정답 ①

$$C = \epsilon_0 \frac{A}{I} = 8.855 \times 10^{-12} \times \frac{5 \times 10^{-4}}{1 \times 10^{-3}} = 4.428 \times 10^{-12} \text{F}$$

30

정답 ④

가정용 전등에 사용되는 점멸 스위치는 전등의 전기 흐름을 차단 하거나 연결해야 하므로 전압측 전선에 설치하여야 한다.

31
정답 ④

플레밍(Fleming)의 오른손법칙은 발전기의 원리이며 자계 내에 놓인 도체가 운동하면서 자속을 끊어 기전력을 발생시키는 원리이다.

오답분석

① 렌츠의 법칙(Lenz's Law) : 코일에서 발생하는 기전력의 방향은 자속 ϕ의 증감을 방해하는 방향으로 발생한다는 법칙이다.
③ 앙페르(Ampere)의 오른나사법칙 : 도선에 전류가 흐를 때 발생하는 자계의 방향을 알 수 있다는 법칙으로, 전류가 들어가는 방향일 때의 자력선의 방향을 알 수 있다.
⑤ 플레밍(Fleming)의 왼손법칙 : 자기장 속에 있는 도선에 전류가 흐를 때 자기장의 방향과 도선에 흐르는 전류의 방향으로 도선이 받는 힘의 방향을 결정하는 규칙이다.

32
정답 ④

동기 발전기의 병렬 운전 조건은 기전력의 크기, 위상, 주파수, 파형, 상회전 방향(3상)을 같아야 하지만 전류는 관계없다.

33
정답 ②

전기 저항은 전류가 흐르는 통로의 단면적에 반비례하고 도체의 길이에 비례한다.

$$R=\rho\frac{l}{A}[\Omega]\ [\rho : 고유저항, \ A : 도체의 단면적(=\pi r^2)]$$

34
정답 ③

- $R_1=1+\dfrac{2\times2}{2+2}=2\,\Omega$
- $R_2=1+\dfrac{2\times2}{2+2}=2\,\Omega$
- $R_3=\dfrac{2\times2}{2+2}=1\,\Omega$

35
정답 ②

부식성 가스 등이 있는 장소에는 애자 사용 배선, 합성 수지관 배선, 금속관 배선, 2종 가요전선관 배선, 케이블 배선, 캡타이어 케이블 배선 등을 사용한다. 이때, 1종 금속제 가요 전선관 배선은 사용할 수 없다.

36
정답 ③

$D=\epsilon E=\epsilon_0\epsilon_s E[C/m^2]$이므로

$$E=\frac{D}{\epsilon_0\epsilon_s}=\frac{2\times10^{-6}}{8.855\times10^{-12}\times6}\fallingdotseq3.764\times10^4V/m$$

37
정답 ④

자체 인덕턴스에 축적되는 에너지 공식을 보면 $W=\dfrac{1}{2}LI^2[J]$로 자체 인덕턴스(L)에 비례하고, 전류(I)의 제곱에 비례한다.

38
정답 ③

피시 테이프는 배관에 전선을 삽입하기 위해 사용하는 공구이다.

39
정답 ③

발전기의 기전력보다 $90°$ 뒤진 전기자 전류가 흐르면 감자 작용 또는 직축 반작용을 한다.

40
정답 ①

배전반은 발전소, 변전소 등의 운전이나 제어, 전동기의 운전 등을 위해 설치되는 반으로, 배선기구에 속하지 않는다.

오답분석

옥내 배선에서 전기 기구와 접속하거나 전기 공급을 차단하는데 필요한 기구를 배선기구라고 하며 이에 속하는 기구들은 개폐기, 접속기, 차단기, 스위치 등이 있다.

41
정답 ④

$F=k\dfrac{Q_1Q_2}{r^2}[N]$이므로 힘의 크기는 두 전하 사이의 거리의 제곱에 반비례한다.

42
정답 ②

오답분석

ㄴ. 단위계단함수 $u(t)$는 t가 음수일 때 0, t가 양수일 때 1의 값을 갖는다.
ㄹ. 단위램프함수 $r(t)$는 $t>0$일 때 단위 기울기를 갖는다.

43
정답 ④

$$(실횻값)=\frac{(최댓값)}{\sqrt{2}}$$

즉, 실횻값은 실제 효력을 나타내는 값(RMS)으로서 교류전압이 생성하는 전력 또는 에너지의 효능을 가지는 값이다.

44
정답 ②

음극에서는 Cu^{2+} 이온이 전자를 받아 구리 금속이 되어 음극 구리판에 붙으므로 구리판이 두꺼워진다. 또한, 양극에서는 SO_4^{2-} 이온과 반응하여 황산구리가 되어 구리판은 얇아진다.

45　정답 ④

기동방법 중 기동토크를 크게 하는 방법은 계자 저항을 최소로 하는 것이다. 따라서 계자 저항을 0으로 하여 계자 전류와 자속을 최대로 하면, 토크도 최대가 된다.

46　정답 ①

동기 발전기의 매극 매상당 슬롯수는 $q=\dfrac{(전체\ 슬롯수)}{(상수)\times(극수)}=\dfrac{s}{m\times p}$

$=\dfrac{36}{3\times6}=2$슬롯이 된다.

47　정답 ②

1차 전압의 식은 $V_1=\dfrac{N_1}{N_2}V^2$ 이므로 (정격 2차 전압)×(권수비)임을 알 수 있다.

48　정답 ④

'여자 전류'는 자속을 발생시키기 위해 무부하일 때 흐르는 1차측의 전류이다.

49　정답 ①

전기력선의 성질

- 양전하의 표면에서 나와 음전하의 표면으로 끝나는 연속 곡선이다.
- 전기력선상의 어느 점에서 그어진 접선은 그 점에 있어서 전장 방향을 나타낸다.
- 전기력선은 전위가 높은 점에서 낮은 점으로 향한다.
- 전장에서 어떤 점의 전기력선 밀도는 그 점의 전장의 세기를 나타낸다.
- 전기력선은 서로 교차하지 않는다.
- 단위 전하에서는 $\dfrac{1}{\varepsilon_0}$ 개의 전기력선이 출입한다.
- 전기력선은 도체 표면에 수직으로 출입한다.
- 도체 내부에는 전기력선이 없다.

50　정답 ③

누름나사를 덜 죄었을 때 접속이 불완전하게 되어 저항이 증가하면 과열과 화재 위험, 전파 잡음이 생길 수 있다.

제4회 모의고사 정답 및 해설

| 01 | 직업기초능력평가

01	02	03	04	05	06	07	08	09	10
②	④	③	⑤	④	①	①	③	⑤	②
11	12	13	14	15	16	17	18	19	20
④	②	④	①	②	②	④	②	④	④
21	22	23	24	25					
④	④	④	①	②					

01
정답 ②

제시문에서는 환경오염은 급격한 기후변화의 촉매제 역할을 하고 있으며, 이는 농어촌과 식량 자원에 악영향을 미치고 있다고 이야기하고 있다. 따라서 글의 주제로 ②가 적절하다.

02
정답 ④

우리나라는 식량의 75% 이상을 해외에서 조달해 오고 있다. 이러한 특성상 기후변화가 계속된다면 식량공급이 어려워져 식량난이 심각해질 수 있다.

오답분석

① 기후변화가 환경오염의 촉매제가 된 것이 아니라, 환경오염이 기후변화의 촉매제가 되었다.
② 알프스나 남극 공기를 포장해 파는 시대가 올지도 모른다는 말은 그만큼 공기 질 저하가 심각하다는 것을 나타낸 것이다.
③ 한정된 식량 자원에 의한 굶주림이 일부 저개발 국가에서 일반화되었지만, 저개발 국가에서 인구의 폭발적인 증가가 일어났다고는 볼 수 없다.
⑤ 친환경적인 안전 먹거리에 대한 수요가 증가하고 있지만 일손부족 등으로 친환경 먹거리 생산량의 대량화는 어렵다. 따라서 해결방법이 될 수 없다.

03
정답 ③

보라는 여러 힘든 일로 인해 지쳐있는 상태이나 정식이 느끼는 보라의 상태는 이와 전혀 다르다. 이는 감정 또는 느낌은 사람에 대하여 근본적으로 측정할 수 없음을 나타내는 측정불가능성을 나타낸다.

오답분석

① 반성적 사고 : 자신의 사고 내용이나 사고 과정을 인지할 수 있는 것을 의미한다.
② 고유성 : 고유한 성질이나 속성으로 다른 것으로 대체할 수 없다.
④ 대화가능성 : 언어로 불리고 말해질 때, 언어로 반응할 수 있는 것을 의미한다.
⑤ 체계성 : 일정한 원리에 따라 짜임새 있게 조직되어 통일된 전체를 이루는 것을 의미한다.

04
정답 ⑤

2016년부터는 한국의 출원 건수가 더 많아지므로 옳지 않은 설명이다.

오답분석

① 한국의 지적재산권 출원 비중은 2020년에 전년 대비 감소했지만, 다른 해에는 모두 증가하는 추세를 보이고 있다.
② 2020년 지적재산권 출원 비중이 2014년 대비 가장 크게 증가한 국가는 중국으로, 8.86−1.83=7.03%p 증가했다.
③ 2020년 지적재산권 출원 비중이 2014년 대비 낮아진 국가는 독일, 프랑스, 미국이다.
④ 매년 가장 큰 지적재산권 출원 비중을 차지하고 있는 국가는 미국인 것을 확인할 수 있다.

05
정답 ④

집에서 휴게소까지의 거리를 $x$km라 하면, $\dfrac{x}{40}+\dfrac{128-x}{60}=3$

$\therefore x=104$km

06
정답 ①

기사 내용을 보면 케렌시아는 힐링과 재미에 머무는 것이 아니라 능동적인 취미 활동을 하는 곳이고, 창조적인 활동을 하기 위한 공간으로 변모해감을 설명하고 있다.

오답분석
② 케렌시아 공간의 예로 북카페, 3프리존, 책맥 카페 등을 들고 있다.
③ 맨케이브, 자기만의 방과 같은 유사한 표현을 볼 수 있다.
④ 다양한 사례를 통해 케렌시아가 휴식과 힐링을 위한 자기만의 공간을 의미함을 알 수 있다.
⑤ 케렌시아가 필요한 사람들에게 전시장, 음악회 등 문화 현장에 가는 것을 권하고 있음을 알 수 있다.

07
정답 ①

제시문에서는 물리적 태세와 목적론적 태세 그리고 지향적 태세라는 추상적 개념을 구체적인 사례(소금, 〈F8〉 키, 쥐)를 통해 설명하고 있다.

08
정답 ③

TRIZ 이론(창의적 문제해결이론)은 문제가 발생된 근본 모순을 찾아내 해결하는 방법을 모색하는 것으로, 발견은 해당되지 않는다.

오답분석
① 자전거 헬멧을 여러 구간으로 납작하게 접을 수 있는 접이식 헬멧은 TRIZ 40가지 이론 중 분할에 해당된다.
② 자동으로 신발끈이 조여지는 운동화는 TRIZ 40가지 이론 중 셀프서비스에 해당된다.
④ 회전에 제약이 없는 구형 타이어는 TRIZ 40가지 이론 중 곡선화에 해당된다.
⑤ 줄 없이 운동할 수 있는 줄 없는 줄넘기는 TRIZ 40가지 이론 중 기계 시스템의 대체에 해당된다.

09
정답 ⑤

병과 정의 말이 서로 모순되므로 둘 중 한 명은 거짓을 말한다. 따라서 병과 정의 말이 거짓일 경우를 나누어 정리하면 다음과 같다.
1) 병이 거짓말을 할 경우
거짓인 병의 말에 따라 을은 윗마을에 사는 여자이며, 윗마을에 사는 여자는 거짓말만 하므로 을의 말은 거짓이 된다. 참인 정의 말에 따르면 병은 윗마을에 사는데, 거짓을 말하고 있으므로 병은 여자이다. 을과 병 모두 윗마을 사람이므로 나머지 갑과 정은 아랫마을 사람이 된다. 이때 갑과 정은 모두 진실을 말하고 있으므로 여자이다. 따라서 갑, 을, 병, 정 모두 여자임을 알 수 있다.

2) 정이 거짓말을 할 경우
거짓인 정의 말에 따르면 을과 병은 아랫마을에 사는데, 병은 참을 말하고 있으므로 병은 여자이다. 참인 병의 말에 따르면 을은 아랫마을에 사는 남자이며, 아랫마을에 사는 남자는 거짓말만 하므로 을의 말은 거짓이 된다. 이때 을의 말이 거짓이 되면 을은 윗마을에 살게 되므로 서로 모순된다. 따라서 성립하지 않는다.

10
정답 ②

등급별 환산점수로 총점을 구하고, 총점이 높은 순서대로 순위를 정한다. 이때, 상여금 지급 규정에 따라 동순위자 발생 시 A등급의 빈도가 높은 순서대로 동순위자를 조정하여 다시 순서를 정한다. 이를 표로 정리하면 다음과 같다.

(단위 : 점, 등)

성명	업무 등급	소통 등급	자격 등급	총점	순위	동순위 조정	상여금 (만 원)
유수연	100	90	90	280	2	2	150
최혜수	70	80	90	240	7	8	20
이명희	80	100	90	270	3	4	100
한승엽	100	100	70	270	3	3	150
이효연	90	90	80	260	5	6	20
김은혜	100	70	70	240	7	7	20
박성진	100	100	100	300	1	1	150
김민영	70	70	70	210	10	10	20
박명수	70	100	90	260	5	5	100
김신애	80	70	70	220	9	9	20

따라서 유수연, 한승엽, 박성진이 150만 원으로 가장 많은 상여금을 받는다.

11
정답 ④

박명수의 소통등급과 자격등급이 C로 정정되어 박명수의 총점은 70+80+80=230점이므로, 총점 240점인 최혜수와 김은혜보다 낮은 순위로 내려간다. 따라서 이효연, 김은혜, 최혜수의 순위가 하나씩 올라가며, 박명수는 8위가 되므로 박명수를 제외한 3명의 순위가 변동된다.

12
정답 ②

ㄱ. 근로자가 총 90명이고 전체에게 지급된 임금의 총액이 2억 원이므로 근로자당 평균 월 급여액은 $\frac{2억\ 원}{90명}$ ≒ 222만 원이다. 따라서 평균 월 급여액은 230만 원 이하이다.
ㄴ. 월 210만 원 이상 급여를 받는 근로자 수는 26+12+8+4 =50명이다. 따라서 총 90명의 절반인 45명보다 많으므로 옳은 설명이다.

ㄷ. 월 180만 원 미만의 급여를 받는 근로자 수는 $6+4=10$명이다. 따라서 전체에서 $\frac{10}{90} \fallingdotseq 11\%$의 비율을 차지하고 있으므로 옳지 않은 설명이다.

ㄹ. '월 240만 원 이상 270만 원 미만'의 구간에서 월 250만 원 이상 받는 근로자의 수는 주어진 자료만으로는 확인할 수 없다.

13
정답 ④

합격자 중 남자의 비율은 $\frac{1,699}{2,323} \times 100 \fallingdotseq 73.1\%$이므로 옳지 않은 설명이다.

오답분석

① 총 입사지원자 중 합격률은 $\frac{1,699+624}{10,891+3,984} \times 100 \fallingdotseq 15.6\%$이므로 15% 이상이다.

② 여자 입사지원자 대비 여자의 합격률은 $\frac{624}{3,984} \times 100 \fallingdotseq 15.7\%$이므로 20% 미만이다.

③ 총 입사지원자 중 여자는 $\frac{3,984}{14,875} \times 100 \fallingdotseq 26.8\%$이므로 30% 미만이다.

⑤ 남자 입사지원자의 합격률은 $\frac{1,699}{10,891} \times 100 \fallingdotseq 15.6\%$이고, 여자 입사지원자의 합격률은 $\frac{624}{3,984} \times 100 \fallingdotseq 15.7\%$이므로 옳은 설명이다.

14
정답 ①

㉠ 단순한 인과관계 : 원인과 결과를 분명하게 구분할 수 있는 경우이다.

㉡ 닭과 계란의 인과관계 : 원인과 결과를 구분하기 어려운 경우이다.

㉢ 복잡한 인과관계 : 단순한 인과관계와 닭과 계란의 인과관계의 두 유형이 복잡하게 서로 얽혀 있는 경우이다.

15
정답 ②

초고령화 사회는 실버산업(기업)을 기준으로 외부환경 요소로 볼 수 있다. 따라서 기회 요인에 해당한다.

오답분석

① 제품의 우수한 품질은 기업의 내부환경 요소로 볼 수 있다. 따라서 강점 요인에 해당한다.

③ 기업의 비효율적인 업무 프로세스는 기업의 내부환경 요소로 볼 수 있다. 따라서 약점 요인에 해당한다.

④ 살균제 달걀 논란은 빵집(기업)을 기준으로 외부환경 요소로 볼 수 있다. 따라서 위협 요인에 해당한다.

⑤ 근육운동 열풍은 헬스장(기업)을 기준으로 외부환경 요소로 볼 수 있다. 따라서 기회 요인에 해당한다.

16
정답 ②

제시문에서는 저작권 소유자 중심의 저작권 논리를 비판하며 저작권의 의의를 가지려면 저작물이 사회적으로 공유되어야 한다고 주장하고 있다. 따라서 주장에 대한 비판으로 ②가 가장 적절하다.

17
정답 ④

(A) 중요성 : 매출 / 이익 기여도, 지속성 / 파급성, 고객만족도 향상, 경쟁사와의 차별화 등

(B) 긴급성 : 달성의 긴급도, 달성에 필요한 시간 등

(C) 용이성 : 실시상의 난이도, 필요자원 적정성 등

18
정답 ②

7월 26일은 비가 오는 날이므로 첫 번째 조건에 따라 A사원은 커피류를 마신다. 또한, 두 번째 조건에 따라 평균기온은 27℃로 26℃ 이상이므로 큰 컵으로 마시고, 세 번째 조건에 따라 카페라테를 마신다.

19
정답 ④

7월 24일은 비가 오지 않는 화요일이며, 평균기온은 28℃이므로 A사원은 밀크티 큰 컵을 마신다. 그리고 23일은 맑은 날이고 26℃이므로, A사원은 자몽에이드 큰 컵을 마셨을 것이다. 그러므로 B사원에게는 자몽에이드 큰 컵을 사준다. 따라서 A사원이 지불할 금액은 $4,800+4,700=9,500$원이다.

20
정답 ④

글의 첫 번째 문단에서 위계화의 개념을 설명하고, 이러한 불평등의 원인과 구조에 대해 살펴보고 있다. 따라서 글의 제목으로 ④가 가장 적절하다.

21
정답 ④

갑은 노키즈존의 운영에 대하여 반대, 을은 노키즈존의 운영에 대하여 찬성하는 입장이다.

22
정답 ④

한나가 집에서 학교를 거쳐 학원까지 이동한 총 거리는 다음과 같다.
$$6 \times \frac{50}{60} + 40 \times \frac{15}{60} = 5 + 10 = 15\text{km}$$
따라서 한나의 총 이동거리는 15km이다.

23

정답 ④

- 개인경영 : $\left(\dfrac{238,789}{124,446}-1\right)\times100\fallingdotseq91.9\%$

- 회사법인 : $\left(\dfrac{43,099}{26,610}-1\right)\times100\fallingdotseq62\%$

- 회사 이외의 법인 : $\left(\dfrac{10,128}{5,542}-1\right)\times100\fallingdotseq82.7\%$

- 비법인 단체 : $\left(\dfrac{791}{431}-1\right)\times100\fallingdotseq83.5\%$

따라서 수익률이 가장 높은 예식장 사업 형태는 개인경영 형태이다.

오답분석

① 사업체 수를 보면 다른 사업 형태보다 개인경영 사업체 수가 많은 것을 확인할 수 있다.
② 사업체당 매출액을 구하면 다음과 같다.

- 개인경영 : $\dfrac{238,789}{1,160}\fallingdotseq206$백만 원

- 회사법인 : $\dfrac{43,099}{44}\fallingdotseq980$백만 원

- 회사 이외의 법인 : $\dfrac{10,128}{91}\fallingdotseq111$백만 원

- 비법인 단체 : $\dfrac{791}{9}\fallingdotseq88$백만 원

따라서 사업체당 매출액이 가장 큰 예식장 사업 형태는 회사법인 예식장이다.
③ 자료에서 예식장 사업 합계를 보면 매출액은 292,807백만 원이며, 비용은 매출액의 절반 정도인 157,029백만 원이므로 매출액의 절반 정도가 수익이 되는 사업이라고 할 수 있다.
⑤ 사업체당 평균 면적은 면적을 사업체 수로 나눠서 구한다. 사업체당 평균 면적을 구하면 다음과 같다.

- 개인경영 : $\dfrac{1,253,791}{1,160}\fallingdotseq1,081\text{m}^2$

- 회사법인 : $\dfrac{155,379}{44}\fallingdotseq3,531\text{m}^2$

- 회사 이외의 법인 : $\dfrac{54,665}{91}\fallingdotseq601\text{m}^2$

- 비법인 단체 : $\dfrac{3,534}{9}\fallingdotseq393\text{m}^2$

따라서 사업체당 평균 면적이 가장 작은 예식장 사업 형태는 비법인 단체 형태이다.

24

정답 ①

2018년 서울(2.2%), 부산(3.0%), 광주(6.5%)의 실질 성장률은 각각 2017년 서울(1.0%), 부산(0.6%), 광주(1.5%)에 비해 2배 이상 증가하였으므로 옳은 내용이다.

오답분석

② 실질 성장률이 가장 높은 도시는 2017년에는 울산(4.3%)이고 2018년에는 광주(6.5%)이므로 일치하지 않는다.
③ 부산의 경우 2014년 실질 성장률(7.9%)이 2013년(5.3%)에 비해 증가하였으므로 옳지 않은 내용이다.
④ 2015년 대비 2016년 실질 성장률이 5%p 이상 감소한 도시는 서울(6.7%p), 인천(8.3%p), 광주(7.9%p), 울산(13.2%p) 총 4곳이므로 옳지 않다.
⑤ 2013년 실질 성장률이 가장 높은 도시는 광주(10.1%)이고 2020년 실질 성장률이 가장 낮은 도시는 대전(3.2%)이므로 일치하지 않는다.

25

정답 ②

두 번째, 세 번째 결과에서 A는 가위를 내지 않았고 B는 바위를 내지 않았으므로, A가 바위를 내고 B가 가위를 낸 경우, A가 바위를 내고 B가 보를 낸 경우, A가 보를 내고 B가 가위를 낸 경우, A와 B가 둘 다 보를 낸 경우 총 4가지로 나누어 조건을 따져보면 다음과 같다.

구분	A	B	C	D	E	F
경우 1	바위	가위	바위	가위	바위	보
경우 2	바위	보	바위	보	가위	보
경우 3	보	가위	보	가위	바위	가위
경우 4	보	보	보	보	가위	가위

A와 B가 모두 보를 낸 경우에만 모든 조건을 만족하므로, E와 F가 이기고 나머지는 졌다.

| 기계일반 |

26	27	28	29	30	31	32	33	34	35
①	①	④	②	①	④	②	③	②	①
36	37	38	39	40	41	42	43	44	45
②	③	③	④	④	①	④	②	④	④
46	47	48	49	50					
①	④	③	④	①					

26
정답 ①

오답분석

② SC 360 : 탄소강 주강품(SC), 인장강도 360MPa 이상(360)

③ SM 45C : 기계 구조용 탄소강재(SM), 평균탄소함유량 0.42 ~ 0.48%(45C)

④ SS 400 : 일반 구조용 압연강재(SS), 최저인장강도 400N/mm² (400)

⑤ SUS 304 : 대표적인 오스테나이트계 스테인리스강으로 18 - 8강으로 불리며, 내약품성, 내열성이 뛰어나기 때문에 처리수조 등에 사용된다. SUS 304는 Ni 8 ~ 11%, Cr 18 ~ 20%를 함유한 강이다.

27
정답 ①

공기 스프링은 작동유체인 공기의 특성으로 2축이나 3축을 동시 제어하기 힘들다.

28
정답 ④

전해가공(ECM; Electro Chemical Machining)은 공작물을 양극에, 공구를 음극에 연결하면 도체 성질의 가공액에 의한 전기화학적 작용으로 공작물이 전기 분해되어 원하는 부분을 제거하는 가공법으로, 가공된 공작물에는 열 손상이 발생되지 않는다.

29
정답 ②

클러치 설계 시 유의사항은 균형상태가 양호해야 하고, 관성력이 작고 과열되지 않고, 마찰열에 대한 내열성도 좋아야 한다. 또한, 단속을 원활히 할 수 있도록 해야 한다.

30
정답 ①

$e^{\mu\theta}(벨트\ 장력비) = \dfrac{T_t\ (긴장장력)}{T_s\ (이완장력)}$ 이다.

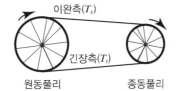

31
정답 ④

인성(Toughness)은 파괴되기(파괴강도) 전까지 재료가 에너지를 흡수할 수 있는 능력이다.

오답분석

① 재료에 응력이 증가하게 되면 탄성영역을 지나 항복점까지 도달하면 재료는 파괴된다.

② 탄력(Resilience)은 탄성범위 내에서 에너지를 흡수하거나 방출할 수 있는 재료의 능력이다.

③ 연성(Ductility)은 탄성한계보다 큰 외력이 가해졌을 때 파괴되지 않고 잘 늘어나는 성질이다.

⑤ 연성은 일반적으로 부드러운 금속 재료일수록 크고, 동일의 재료에서는 고온으로 갈수록 크게 된다.

32
정답 ②

와이어 컷 방전가공용 전극재료는 열전도가 좋은 구리, 황동, 흑연을 사용하여 성형성이 쉽지만 스파크방전에 의해 전극이 소모되므로 재사용은 불가능하다. 사용되는 가공액은 일반적으로 수용성 절삭유를 물에 희석하여 사용하고, 와이어는 파단력이 약 0.5로 하며 복잡하고 미세한 형상가공에 쓰인다.

33
정답 ③

일렉트로 슬래그용접(Electro Slag Welding)은 용융 슬래그와 용융 금속이 용접부에서 흘러나오지 않게 둘러싸고, 주로 용융 슬래그의 저항열로 용접봉과 모재를 용융시켜 용접하는 방법이다.

오답분석

고상용접은 모재를 용융시키지 않고 기계적으로 접합면에 열과 압력을 동시에 가하여 원자와 원자를 밀착시켜 접합시키는 용접법이다. 종류에는 확산용접, 초음파용접, 마찰용접, 폭발용접이 있다.

안심Touch

34

정답 ②

$f = f_z \times z \times n = 0.2 \times 2 \times 500 = 200mm/min$

밀링머신의 테이블 이송속도(f) 구하는 식

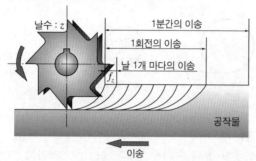

$f = f_z \times z \times n$ (f : 테이블의 이송속도[mm/min], f_z : 밀링 커터날 1개의 이송[mm], z : 밀링 커터날의 수, n : 밀링 커터의 회전수[rpm])

35

정답 ①

숏피닝은 강이나 주철제의 작은 강구(볼)를 고속으로 표면층에 분사하여 냉간 가공효과를 얻으면서 표면층을 가공경화시키는 표면경화법으로, 표면층에 압축잔류응력을 부여하여 금속부품의 피로수명을 향상시킨다.

오답분석

② 샌드블라스팅 : 분사가공의 일종으로 직경이 작은 구를 압축공기로 분사시키거나 중력으로 낙하시켜 재료의 표면을 연마작업하거나 녹 제거가공을 하는 방법이다.

③ 텀블링 : 배럴가공과 유사한 방식의 가공법으로, 제품표면의 스케일제거를 목적으로 할 뿐 표면거칠기나 정밀가공을 위한 것이 아니므로 배럴가공에 비해 다듬질면의 상태가 좋지 않다.

④ 초음파세척 : 세정액 속에 주로 복잡한 형상의 세척할 제품을 담근 후 초음파를 가하여 발생하는 충격파로 제품을 세척하는 방법이다.

⑤ 액체호닝 : 미세한 연마재를 첨가한 물 또는 그것에 적당한 부식 억제제를 첨가한 것을 금속제품이나 재료에 고속으로 뿜어서 깨끗하고 더러움이 없게 하는 동시에 균일한 면을 연마하는 다듬질 가공법을 말한다.

36

정답 ②

면심입방격자는 금속이 무른 것이 특징으로 Pt와 Ag, Cu가 이에 속한다.

37

정답 ③

청화법은 침탄법보다도 더 얇은 경화층을 얻고자 할 때 사용하는 방법으로 청화칼리나 청산소다와 같은 화학물질이 사용되며, 처리방법에는 간편뿌리기법과 침적법이 있는데 침탄과 질화가 동시에 발생한다는 특징이 있다.

38

정답 ③

드럼브레이크는 바퀴와 함께 회전하는 브레이크드럼의 안쪽에 마찰재인 초승달 모양의 브레이크패드(슈)를 밀착시켜 제동시키는 장치이다.

오답분석

① 블록브레이크 : 마찰브레이크에 속하며 브레이크드럼에 브레이크블록을 밀어 넣어 제동시키는 장치이다.

② 밴드브레이크 : 마찰브레이크의 일종으로 브레이크드럼의 바깥 둘레에 강철 밴드를 감아 밴드와 브레이크드럼 사이에 마찰력으로 제동력을 얻는 장치이다.

④ 원판브레이크(디스크브레이크) : 압축식 브레이크의 일종으로, 바퀴와 함께 회전하는 디스크에 패드를 압착시켜 제동력을 얻어 회전을 멈추는 장치이다.

⑤ 나사브레이크 : 나사의 체결력을 브레이크에 이용한 자동 하중 브레이크이다.

39

정답 ④

스트레이트 에지(Straight Edge)는 평면도를 측정하는 기기이다.

오답분석

① 마이크로미터가 버니어캘리퍼스보다 측정할 때 더 정밀하다.

② 사인 바(Sine Bar)는 삼각법을 이용하여 공작물의 각도를 측정한다.

③ 다이얼 게이지(Dial Gage)는 변화 변위를 톱니바퀴로 정밀하게 측정하는 비교측정기이다.

⑤ 마이크로미터(Micrometer)는 0.01mm 단위까지 측정 가능하다.

40

정답 ④

테르밋용접은 알루미늄분말과 산화철을 혼합하여 산화철이 환원되어 생긴 철이 테르밋제를 만든 후 약 2,800℃의 열이 발생되면서 용접용 강이 만들어지게 되는데 이 강을 용접부에 주입하면서 용접하는 용접법이다.

오답분석

① 플러그용접 : 위아래로 겹쳐진 판을 접합할 때 사용하는 용접법으로 위에 놓인 판의 한쪽에 구멍을 뚫고 그 구멍 안의 바닥부터 용접하여 용가재로 구멍을 채워 다른쪽 부재와 용접하는 용접법이다.

② 스터드용접 : 점용접의 일종으로 봉재나 볼트와 같은 스터드(막대)를 판이나 프레임과 같은 구조재에 직접 심는 능률적인 용접법이다.

③ TIG용접 : 텅스텐(Tungsten)재질의 전극봉으로 아크를 발생시킨 후 모재와 같은 성분의 용가재를 녹여가며 용접하는 특수 용접법이다.

⑤ 전자빔용접 : 전자빔 용접은 고진공 중에서 고속도로 가속된 전자 즉, 전자빔을 접합부에 대어 그 충격발열을 이용하여 행하는 용융 용접방법이다.

41

정답 ①

$$\delta = \frac{PL}{AE}$$

$$2 = \frac{50 \times 10^3 \times 100}{500 \times E}$$

$$E = \frac{50 \times 10^3 \times 100}{500 \times 2} = 5{,}000\text{N/mm}^2 = 5{,}000 \times 10^{-6}\,\text{N/m}^2$$

$$= 5 \times 10^{-9}\,\text{N/m}^2 = 5\text{GPa}$$

변형량(δ) 구하기

$\delta = \dfrac{PL}{AE}$ (P : 작용한 하중, L : 재료의 길이, A : 단면적, E : 세로탄성계수)

42

정답 ④

압접은 접합하는 재료에 녹기 직전까지 가열 후 압력을 가하여 접합하는 용접법으로 종류에는 마찰용접, 점용접, 심용접이 있다.

용접법의 분류

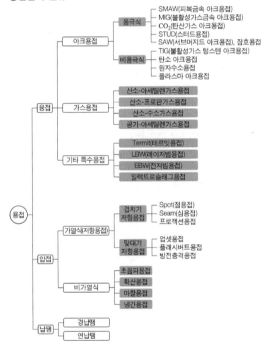

43

정답 ②

라이저(압탕구)는 응고 중 수축으로 인해 용탕의 부족분을 보충하기 위한 용탕 추가 저장소이다.

오답분석

① 게이트(주입구) : 탕도에서 용탕이 주형 안으로 들어가는 부분이다.

③ 탕구 : 주입컵을 통과한 용탕이 수직으로 자유 낙하하여 흐르는 첫 번째 통로이다.

④ 탕도(Runner) : 용탕이 탕구로부터 주형입구인 주입구까지 용탕을 보내는 수평부분이다.

⑤ 주형틀 : 주조 작업에서 주형을 만들 때 주위를 둘러싸서 주물사를 잘 보호하여 안전하게 하는 목제(木製) 또는 금속제의 틀을 가리킨다.

44

정답 ④

오답분석

① 인베스트먼트 주조법 : 제품과 동일한 형상의 모형을 왁스(양초)나 파라핀(합성수지)으로 만든 후 그 주변을 슬러리 상태의 내화 재료로 도포한 다음 가열하면 주형은 경화되면서 왁스로 만들어진 내부 모형이 용융되어 밖으로 빼내어짐으로써 주형이 완성되는 주조법이다. 다른 말로는 로스트 왁스법, 치수 정밀도가 좋아서 정밀 주조법으로도 불린다.

② 분말야금법 : 분말과 야금의 합성어로 금속분말을 압축 성형하여 가열하면 입자 사이에 확산이 일어나는데 이때 분말이 서로 응착하는 소결현상이 일어나면서 원하는 형상으로 성형시키는 제조기술이다.

③ 금속사출성형법 : 사출 실린더 안에 지름이 약 $10\mu m$의 금속 분말을 넣고 사출기로 성형하여 제품을 만드는 제조 기술이다.

⑤ 압출성형법 : 원료를 압출기에 공급하고 금형에서 밀어내어 일정한 모양의 단면을 가진 연속체로 변환하는 성형법으로 열가소성 수지 특히 폴리에틸렌이나 염화비닐수지 등의 주요한 성형법이다.

45

정답 ④

웜 기어(웜과 웜휠기어로 구성)는 회전운동하는 운동축을 90°로 회전시켜서 다시 회전운동을 시키는 기어장치로 역회전을 방지할 수 있다.

웜과 웜휠기어의 특징

- 부하용량이 크다.
- 잇면의 미끄럼이 크다.
- 역회전을 방지할 수 있다.
- 감속비를 크게 할 수 있다.
- 운전 중 진동과 소음이 거의 없다.
- 진입각이 작으면 효율이 떨어진다.
- 웜에 축방향의 하중이 발생된다.

46

정답 ①

키에 작용하는 전단응력을 구하는 식은 다음과 같다.

$$\tau = \frac{F}{A} = \frac{W}{A} = \frac{(\text{작용 힘})}{(\text{전단 단면적})} = \frac{F}{[\text{키의 폭}(b)] \times [\text{키의 길이}(l)]}$$

$$= \frac{F}{[\text{키의 폭}(b)] \times [\text{키의 길이}(l)]} = \frac{1}{0.01 \times 0.1}$$

$$= \frac{1}{0.001} = 1{,}000\text{N/m}^2$$

따라서 키에 작용하는 전단응력은 $1{,}000\text{N/m}^2$이다.

47

정답 ④

- 아이조드식 충격시험법 : 시험편을 세로방향으로 고정시키는 방법으로 한쪽 끝을 고정시킨 상태에서 노치부가 있는 면을 진자형의 무거운 추로 타격하여 시험편이 파단되는데, 해머가 올라가 높이에 따른 충격값을 구하는 시험법이다.
- 샤르피식 충격시험법 : 가로방향으로 양단의 끝부분을 단순 지지해 놓은 시편을 회전하는 해머로 노치부를 타격하여 연성 파괴인지 취성파괴인지 판정하는 시험법이다.

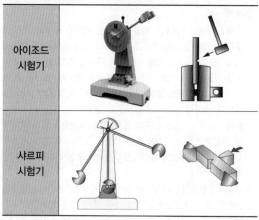

아이조드 시험기		
샤르피 시험기		

48

정답 ③

유압회로에서 회로 내 압력이 설정치 이상이 되면 그 압력에 의해 밸브가 열려 압력을 일정하게 유지시키는 역할을 하는 밸브는 릴리프밸브로, 안전밸브의 역할을 한다.

오답분석

① 시퀀스밸브(Sequence Valve) : 정해진 순서에 따라 작동시키는 밸브로 기계의 정해진 순서를 조정하는 밸브이다.
② 유량제어밸브(Flow Control Valve) : 유압회로 내에서 단면적의 변화를 통해서 유체가 흐르는 양을 제어하는 밸브이다.
④ 감압밸브(Pressure Reducing Valve) : 액체의 압력이 사용 목적보다 높으면 사용하는 밸브로 압력을 낮춘 후 일정하게 유지시켜주는 밸브이다.
⑤ 체크밸브(Check Valve) : 액체의 역류를 방지하기 위해 한쪽 방향으로만 흐르게 하는 밸브이다.

49

정답 ④

4행정 사이클기관이 2행정 사이클기관보다 행정길이가 더 길기 때문에 체적효율이 더 높다. 2행정 사이클기관은 매회전마다 폭발하여 동일배기량일 경우 출력이 크고, 회전력이 균일하다. 또한, 마력당 기관중량이 가벼우며 밸브기구가 필요 없어 구조가 간단하다.

4행정 가솔린기관과 2행정 가솔린기관

구분	4행정 사이클	2행정 사이클
구조	복잡하다.	간단하다.
제작단가	고가이다.	저가이다.
밸브기구	필요하다.	필요 없다.
유효행정	길다.	짧다.
열효율	높다.	낮다.
연료소비율	2행정보다 적다.	4행정보다 많다.
체적효율	높다.	낮다.
회전력	불균일하다.	균일하다.
마력당 기관중량	무겁다.	가볍다.
동력발생	크랭크축 2회전당 1회	크랭크축 1회전당 1회
윤활유 소비	적다.	많다.
동일배기량 시 출력	작다.	크다.

50

정답 ①

철과 탄소의 합금인 탄소강(SM30C)은 냉간가공할 경우 인성, 연성 연신율이 감소한다. 냉간가공한 재료는 수축에 의한 변형이 없고, 가공온도와 상온과의 온도차가 적으며, 가공경화로 강도, 경도, 항복점은 증가한다.

| 전기일반 |

26	27	28	29	30	31	32	33	34	35
④	①	①	②	①	①	④	②	②	②

36	37	38	39	40	41	42	43	44	45
②	②	④	①	②	③	①	①	②	④

46	47	48	49	50					
③	②	④	④	②					

26　　　　　　　　　　　　　　　　정답 ④

Y결선은 중성점 접지가 가능하고, 선간전압은 상전압의 $\sqrt{3}$ 배가 되며, 선간전압에 제3고조파가 발생하지 않고, 같은 선간전압의 결선에 비해 절연이 어렵지 않다.

27　　　　　　　　　　　　　　　　정답 ①

기전력에 대하여 90° 늦은 전류가 통할 때 자극축과 일치하는 감자 작용이 일어난다.

28　　　　　　　　　　　　　　　　정답 ①

인코딩 기법의 평가 요소
- 신호의 스펙트럼
- 신호의 동기화 능력
- 에러 검출 능력
- 신호 간 간섭도
- 잡음에 대한 면역성

29　　　　　　　　　　　　　　　　정답 ②

전선의 절연 저항은 전선의 길이가 길수록 작아진다.

30　　　　　　　　　　　　　　　　정답 ①

두 도선 사이의 간격이 r[m]인 경우

$f = 2 \times 10^{-7} \times \dfrac{I^2}{r}$ [N/m]이고, 간격이 $2r$로 되었으므로

$f = 2 \times 10^{-7} \times \dfrac{I^2}{2r} = \dfrac{1}{2}f$ 가 된다.

따라서 원래 작용하던 힘의 반으로 줄게 된다.

31　　　　　　　　　　　　　　　　정답 ①

전류가 전압보다 90° 앞선 경우는 진상 전류 상태로 증자 작용이 일어난다.

32　　　　　　　　　　　　　　　　정답 ④

부흐홀츠 계전기는 변압기의 주 탱크와 콘서베이터를 연결하는 배관에 설치하여 변압기 내부에서 발생하는 일정량 이상의 가스량과 기준 속도 이상의 유속에 의해 작동되는 계기이다.

33　　　　　　　　　　　　　　　　정답 ②

$I = \dfrac{V}{R} = \dfrac{20}{10} = 2$A이므로 $3\,\Omega$에 걸리는 전압 $V_1 = 3 \times 2 = 6$V,

R에 걸리는 전압 $V_2 = 30 - 20 - 6 = 4$V

$\therefore R = \dfrac{V}{I} = \dfrac{4}{2} = 2\,\Omega$

34　　　　　　　　　　　　　　　　정답 ②

금속관 공사나 합성수지관 공사 시 박스 내에서 전선을 접속하는 경우 '와이어 커넥터'를 사용하며, 정크션 박스 내에서 전선을 접속할 때도 사용한다.

35　　　　　　　　　　　　　　　　정답 ②

녹아웃 펀치와 같은 용도로 '홀소'가 있으며, 분전반이나 배전반의 금속함에 원형 구멍을 뚫기 위해 사용하는 공구이다.

오답분석

① 리머 : 금속관이나 합성 수지관의 끝 부분을 다듬기 위해 사용하는 공구이다.

③ 클리퍼 : 펜치로 절단하기 힘든 굵기 25mm^2 이상의 두꺼운 전선을 절단하는 공구이다.

④ 벤더 : 관을 구부릴 때 사용하는 공구이다.

⑤ 오스터 : 파이프에 나사를 절삭하는 다이스 돌리기의 일종이다.

36　　　　　　　　　　　　　　　　정답 ②

$I_A - I_C = I_A \times \dfrac{5}{60} - I_C \times \dfrac{5}{60} = \dfrac{\sqrt{3}\,I_B}{12}$, $\dfrac{\sqrt{3}\,I_B}{12} = 2.5$

$\therefore I_B = \dfrac{2.5 \times 12}{\sqrt{3}} = 17.3$A

37　　　　　　　　　　　　　　　　정답 ②

(실횻값) $= \dfrac{1}{\sqrt{2}} \times$ (최댓값)

$\therefore$ (최댓값) $= \sqrt{2} \times$ (실횻값) $= \sqrt{2} \times 220 = 311.1$V

안심Touch

38
정답 ④

조명용 전등을 호텔 또는 여관 객실의 입구에 설치할 때나 일반 주택 및 아파트 각 실의 현관에 설치할 때 사용되는 스위치는 '타임 스위치'로, 등기구마다 점멸이 가능하며 전원측 전선에 설치한다.

39
정답 ①

$P_0 = E_d I_d$ 에서

$E_d = \dfrac{2\sqrt{2}}{\pi}E - e_a = 75\text{V}$

$I_d = \dfrac{E_d - 60}{0.2} = 75\text{A}$

$\therefore P_0 = 75 \times 75 = 5,625\text{W}$

40
정답 ②

자동화재탐지설비의 구성요소는 감지기, 수신기, 발신기, 중계기, 음향장치가 있으며, 비상경보기는 포함되지 않는다.

41
정답 ③

$P = VI$ 에서 $I = \dfrac{P}{V} = 50\text{A}$ 이므로

발전기에서는 $E = V + R_a I_a = 207.5\text{V}$,

전동기에서는 $V = E + R_a I_a = 215\text{V}$(회전수가 같으므로 E도 같다)이다.

42
정답 ①

$V = E + I_a R_a$ 에서 $E = V - I_a R_a = 220 - 50 \times 0.2 = 210\text{V}$

43
정답 ①

• 교차 작용 : 전기자 전류가 동상인 경우(동상)
• 증자 작용(직축 반작용) : 전기자 전류가 90° 앞선 경우(진상)
• 감자 작용 : 전기자 전류가 90° 늦은 경우(지상)

44
정답 ②

$N = (1-s)N_s$ 에서 $N_s = \dfrac{120f}{p} = \dfrac{120 \times 50}{4} = 1,500\text{rpm}$

$\therefore N = (1 - 0.04) \times 1,500 = 1,440\text{rpm}$

45
정답 ④

전선의 접속 시 주의사항으로는 전기의 세기를 20% 이상 감소시키지 않고 80% 이상의 전기세기를 유지하며, 접속 부분에 전기저항이 증가하지 않도록 해야 한다.

46
정답 ③

교류 배전반에서 전류가 많이 흘러 전류계를 직접 주회로에 연결할 수 없을 때 사용하는 기기는 계기용 변류기로, 높은 전류를 낮은 전류로 바꿀 경우 많이 사용한다.

오답분석

① 전류 제한기 : 미리 정한 값 이상의 전류가 흘렀을 때 일정 시간 내의 동작으로 정전시키기 위한 장치이다.
② 계기용 변압기 : 계측기와 같은 기기의 오작동을 방지하기 위해 높은 전압을 낮은 전압으로 변화시켜 공급하는 변압기이다.
④ 전류계용 전환 개폐기 : 1대의 전류계로 3선의 전류를 측정하기 위하여 사용하는 전환 개폐기이다.
⑤ 전압 제한기 : 전원의 전압 변동에 의해 계기의 눈금 지시가 달라지지 않도록 하기 위해 게이지의 회로에 설치한 전압 제한 장치를 말한다.

47
정답 ②

전기력선은 도체표면에 수직이고, 도체 내부에는 존재하지 않는다.

48
정답 ④

콘덴서는 직렬이 아닌 병렬로 연결할수록 합성 정전용량이 커진다.

• 직렬 합성 정전용량 : $C_T = \dfrac{1}{\dfrac{1}{C_1} + \dfrac{1}{C_2}} = \dfrac{C_1 \times C_2}{C_1 + C_2}$

• 병렬 합성 정전용량 : $C_T = C_1 + C_2$

49
정답 ④

전기력선끼리는 서로 끌어당기지 않고 반발한다.

50
정답 ②

정격 전류가 30A 이하인 저압 전로의 과전류 차단기를 배선용 차단기로 사용하는 경우 정격 전류의 2배의 전류가 통과하였을 때 2분 이내에 자동으로 동작되어야 한다.

합격의공식 시대에듀

www.sdedu.co.kr

코레일 한국철도공사 차량 / 운전직 봉투모의고사 답안카드

1	① ② ③ ④ ⑤	21	① ② ③ ④ ⑤	41	① ② ③ ④ ⑤
2	① ② ③ ④ ⑤	22	① ② ③ ④ ⑤	42	① ② ③ ④ ⑤
3	① ② ③ ④ ⑤	23	① ② ③ ④ ⑤	43	① ② ③ ④ ⑤
4	① ② ③ ④ ⑤	24	① ② ③ ④ ⑤	44	① ② ③ ④ ⑤
5	① ② ③ ④ ⑤	25	① ② ③ ④ ⑤	45	① ② ③ ④ ⑤
6	① ② ③ ④ ⑤	26	① ② ③ ④ ⑤	46	① ② ③ ④ ⑤
7	① ② ③ ④ ⑤	27	① ② ③ ④ ⑤	47	① ② ③ ④ ⑤
8	① ② ③ ④ ⑤	28	① ② ③ ④ ⑤	48	① ② ③ ④ ⑤
9	① ② ③ ④ ⑤	29	① ② ③ ④ ⑤	49	① ② ③ ④ ⑤
10	① ② ③ ④ ⑤	30	① ② ③ ④ ⑤	50	① ② ③ ④ ⑤
11	① ② ③ ④ ⑤	31	① ② ③ ④ ⑤		
12	① ② ③ ④ ⑤	32	① ② ③ ④ ⑤		
13	① ② ③ ④ ⑤	33	① ② ③ ④ ⑤		
14	① ② ③ ④ ⑤	34	① ② ③ ④ ⑤		
15	① ② ③ ④ ⑤	35	① ② ③ ④ ⑤		
16	① ② ③ ④ ⑤	36	① ② ③ ④ ⑤		
17	① ② ③ ④ ⑤	37	① ② ③ ④ ⑤		
18	① ② ③ ④ ⑤	38	① ② ③ ④ ⑤		
19	① ② ③ ④ ⑤	39	① ② ③ ④ ⑤		
20	① ② ③ ④ ⑤	40	① ② ③ ④ ⑤		

※ 본 답안지는 마킹연습용 모의 답안지입니다.

성 명

지원 분야

문제지 형별기재란

Ⓐ
Ⓑ

( )형

수 험 번 호

| ⓪ ① ② ③ ④ ⑤ ⑥ ⑦ ⑧ ⑨ |
| ⓪ ① ② ③ ④ ⑤ ⑥ ⑦ ⑧ ⑨ |
| ⓪ ① ② ③ ④ ⑤ ⑥ ⑦ ⑧ ⑨ |
| ⓪ ① ② ③ ④ ⑤ ⑥ ⑦ ⑧ ⑨ |
| ⓪ ① ② ③ ④ ⑤ ⑥ ⑦ ⑧ ⑨ |
| ⓪ ① ② ③ ④ ⑤ ⑥ ⑦ ⑧ ⑨ |
| ⓪ ① ② ③ ④ ⑤ ⑥ ⑦ ⑧ ⑨ |

감독위원 확인

(인)

코레일 한국철도공사 차량 / 운전직 봉투모의고사 답안카드

1	① ② ③ ④ ⑤	21	① ② ③ ④ ⑤	41	① ② ③ ④ ⑤
2	① ② ③ ④ ⑤	22	① ② ③ ④ ⑤	42	① ② ③ ④ ⑤
3	① ② ③ ④ ⑤	23	① ② ③ ④ ⑤	43	① ② ③ ④ ⑤
4	① ② ③ ④ ⑤	24	① ② ③ ④ ⑤	44	① ② ③ ④ ⑤
5	① ② ③ ④ ⑤	25	① ② ③ ④ ⑤	45	① ② ③ ④ ⑤
6	① ② ③ ④ ⑤	26	① ② ③ ④ ⑤	46	① ② ③ ④ ⑤
7	① ② ③ ④ ⑤	27	① ② ③ ④ ⑤	47	① ② ③ ④ ⑤
8	① ② ③ ④ ⑤	28	① ② ③ ④ ⑤	48	① ② ③ ④ ⑤
9	① ② ③ ④ ⑤	29	① ② ③ ④ ⑤	49	① ② ③ ④ ⑤
10	① ② ③ ④ ⑤	30	① ② ③ ④ ⑤	50	① ② ③ ④ ⑤
11	① ② ③ ④ ⑤	31	① ② ③ ④ ⑤		
12	① ② ③ ④ ⑤	32	① ② ③ ④ ⑤		
13	① ② ③ ④ ⑤	33	① ② ③ ④ ⑤		
14	① ② ③ ④ ⑤	34	① ② ③ ④ ⑤		
15	① ② ③ ④ ⑤	35	① ② ③ ④ ⑤		
16	① ② ③ ④ ⑤	36	① ② ③ ④ ⑤		
17	① ② ③ ④ ⑤	37	① ② ③ ④ ⑤		
18	① ② ③ ④ ⑤	38	① ② ③ ④ ⑤		
19	① ② ③ ④ ⑤	39	① ② ③ ④ ⑤		
20	① ② ③ ④ ⑤	40	① ② ③ ④ ⑤		

성 명

지원 분야

문제지 형별기재란

Ⓐ
Ⓑ

( )형

수 험 번 호

| ⓪ ① ② ③ ④ ⑤ ⑥ ⑦ ⑧ ⑨ |
| ⓪ ① ② ③ ④ ⑤ ⑥ ⑦ ⑧ ⑨ |
| ⓪ ① ② ③ ④ ⑤ ⑥ ⑦ ⑧ ⑨ |
| ⓪ ① ② ③ ④ ⑤ ⑥ ⑦ ⑧ ⑨ |
| ⓪ ① ② ③ ④ ⑤ ⑥ ⑦ ⑧ ⑨ |
| ⓪ ① ② ③ ④ ⑤ ⑥ ⑦ ⑧ ⑨ |
| ⓪ ① ② ③ ④ ⑤ ⑥ ⑦ ⑧ ⑨ |

감독위원 확인

인

코레일 한국철도공사 차량 / 운전직 봉투모의고사 답안카드

1	①	②	③	④	⑤	21	①	②	③	④	⑤	41	①	②	③	④	⑤
2	①	②	③	④	⑤	22	①	②	③	④	⑤	42	①	②	③	④	⑤
3	①	②	③	④	⑤	23	①	②	③	④	⑤	43	①	②	③	④	⑤
4	①	②	③	④	⑤	24	①	②	③	④	⑤	44	①	②	③	④	⑤
5	①	②	③	④	⑤	25	①	②	③	④	⑤	45	①	②	③	④	⑤
6	①	②	③	④	⑤	26	①	②	③	④	⑤	46	①	②	③	④	⑤
7	①	②	③	④	⑤	27	①	②	③	④	⑤	47	①	②	③	④	⑤
8	①	②	③	④	⑤	28	①	②	③	④	⑤	48	①	②	③	④	⑤
9	①	②	③	④	⑤	29	①	②	③	④	⑤	49	①	②	③	④	⑤
10	①	②	③	④	⑤	30	①	②	③	④	⑤	50	①	②	③	④	⑤
11	①	②	③	④	⑤	31	①	②	③	④	⑤						
12	①	②	③	④	⑤	32	①	②	③	④	⑤						
13	①	②	③	④	⑤	33	①	②	③	④	⑤						
14	①	②	③	④	⑤	34	①	②	③	④	⑤						
15	①	②	③	④	⑤	35	①	②	③	④	⑤						
16	①	②	③	④	⑤	36	①	②	③	④	⑤						
17	①	②	③	④	⑤	37	①	②	③	④	⑤						
18	①	②	③	④	⑤	38	①	②	③	④	⑤						
19	①	②	③	④	⑤	39	①	②	③	④	⑤						
20	①	②	③	④	⑤	40	①	②	③	④	⑤						

성 명

지원 분야

문제지 형별기재란
Ⓐ
Ⓑ
( )형

수 험 번 호

⓪	①	②	③	④	⑤	⑥	⑦	⑧	⑨
⓪	①	②	③	④	⑤	⑥	⑦	⑧	⑨
⓪	①	②	③	④	⑤	⑥	⑦	⑧	⑨
⓪	①	②	③	④	⑤	⑥	⑦	⑧	⑨
⓪	①	②	③	④	⑤	⑥	⑦	⑧	⑨
⓪	①	②	③	④	⑤	⑥	⑦	⑧	⑨
⓪	①	②	③	④	⑤	⑥	⑦	⑧	⑨

감독위원 확인
인

코레일 한국철도공사 차량 / 운전직 봉투모의고사 답안카드

번호	①	②	③	④	⑤	번호	①	②	③	④	⑤	번호	①	②	③	④	⑤
1	①	②	③	④	⑤	21	①	②	③	④	⑤	41	①	②	③	④	⑤
2	①	②	③	④	⑤	22	①	②	③	④	⑤	42	①	②	③	④	⑤
3	①	②	③	④	⑤	23	①	②	③	④	⑤	43	①	②	③	④	⑤
4	①	②	③	④	⑤	24	①	②	③	④	⑤	44	①	②	③	④	⑤
5	①	②	③	④	⑤	25	①	②	③	④	⑤	45	①	②	③	④	⑤
6	①	②	③	④	⑤	26	①	②	③	④	⑤	46	①	②	③	④	⑤
7	①	②	③	④	⑤	27	①	②	③	④	⑤	47	①	②	③	④	⑤
8	①	②	③	④	⑤	28	①	②	③	④	⑤	48	①	②	③	④	⑤
9	①	②	③	④	⑤	29	①	②	③	④	⑤	49	①	②	③	④	⑤
10	①	②	③	④	⑤	30	①	②	③	④	⑤	50	①	②	③	④	⑤
11	①	②	③	④	⑤	31	①	②	③	④	⑤						
12	①	②	③	④	⑤	32	①	②	③	④	⑤						
13	①	②	③	④	⑤	33	①	②	③	④	⑤						
14	①	②	③	④	⑤	34	①	②	③	④	⑤						
15	①	②	③	④	⑤	35	①	②	③	④	⑤						
16	①	②	③	④	⑤	36	①	②	③	④	⑤						
17	①	②	③	④	⑤	37	①	②	③	④	⑤						
18	①	②	③	④	⑤	38	①	②	③	④	⑤						
19	①	②	③	④	⑤	39	①	②	③	④	⑤						
20	①	②	③	④	⑤	40	①	②	③	④	⑤						

성 명

지원 분야

문제지 형별기재란
( )형
Ⓐ
Ⓑ

수 험 번 호

⓪	①	②	③	④	⑤	⑥	⑦	⑧	⑨
⓪	①	②	③	④	⑤	⑥	⑦	⑧	⑨
⓪	①	②	③	④	⑤	⑥	⑦	⑧	⑨
⓪	①	②	③	④	⑤	⑥	⑦	⑧	⑨
⓪	①	②	③	④	⑤	⑥	⑦	⑧	⑨
⓪	①	②	③	④	⑤	⑥	⑦	⑧	⑨
⓪	①	②	③	④	⑤	⑥	⑦	⑧	⑨

감독위원 확인
(인)

코레일 한국철도공사 차량 / 운전직 봉투모의고사 답안카드

문번	1	2	3	4	5	문번	1	2	3	4	5	문번	1	2	3	4	5
1	①	②	③	④	⑤	21	①	②	③	④	⑤	41	①	②	③	④	⑤
2	①	②	③	④	⑤	22	①	②	③	④	⑤	42	①	②	③	④	⑤
3	①	②	③	④	⑤	23	①	②	③	④	⑤	43	①	②	③	④	⑤
4	①	②	③	④	⑤	24	①	②	③	④	⑤	44	①	②	③	④	⑤
5	①	②	③	④	⑤	25	①	②	③	④	⑤	45	①	②	③	④	⑤
6	①	②	③	④	⑤	26	①	②	③	④	⑤	46	①	②	③	④	⑤
7	①	②	③	④	⑤	27	①	②	③	④	⑤	47	①	②	③	④	⑤
8	①	②	③	④	⑤	28	①	②	③	④	⑤	48	①	②	③	④	⑤
9	①	②	③	④	⑤	29	①	②	③	④	⑤	49	①	②	③	④	⑤
10	①	②	③	④	⑤	30	①	②	③	④	⑤	50	①	②	③	④	⑤
11	①	②	③	④	⑤	31	①	②	③	④	⑤						
12	①	②	③	④	⑤	32	①	②	③	④	⑤						
13	①	②	③	④	⑤	33	①	②	③	④	⑤						
14	①	②	③	④	⑤	34	①	②	③	④	⑤						
15	①	②	③	④	⑤	35	①	②	③	④	⑤						
16	①	②	③	④	⑤	36	①	②	③	④	⑤						
17	①	②	③	④	⑤	37	①	②	③	④	⑤						
18	①	②	③	④	⑤	38	①	②	③	④	⑤						
19	①	②	③	④	⑤	39	①	②	③	④	⑤						
20	①	②	③	④	⑤	40	①	②	③	④	⑤						

성 명

지원 분야

문제지 형별기재란

（ ）형   Ⓐ Ⓑ

수 험 번 호

⓪	①	②	③	④	⑤	⑥	⑦	⑧	⑨
⓪	①	②	③	④	⑤	⑥	⑦	⑧	⑨
⓪	①	②	③	④	⑤	⑥	⑦	⑧	⑨
⓪	①	②	③	④	⑤	⑥	⑦	⑧	⑨
⓪	①	②	③	④	⑤	⑥	⑦	⑧	⑨
⓪	①	②	③	④	⑤	⑥	⑦	⑧	⑨
⓪	①	②	③	④	⑤	⑥	⑦	⑧	⑨

감독위원 확인

（인）

코레일 한국철도공사 차량／운전직 봉투모의고사 답안카드

1	①	②	③	④	⑤	21	①	②	③	④	⑤	41	①	②	③	④	⑤
2	①	②	③	④	⑤	22	①	②	③	④	⑤	42	①	②	③	④	⑤
3	①	②	③	④	⑤	23	①	②	③	④	⑤	43	①	②	③	④	⑤
4	①	②	③	④	⑤	24	①	②	③	④	⑤	44	①	②	③	④	⑤
5	①	②	③	④	⑤	25	①	②	③	④	⑤	45	①	②	③	④	⑤
6	①	②	③	④	⑤	26	①	②	③	④	⑤	46	①	②	③	④	⑤
7	①	②	③	④	⑤	27	①	②	③	④	⑤	47	①	②	③	④	⑤
8	①	②	③	④	⑤	28	①	②	③	④	⑤	48	①	②	③	④	⑤
9	①	②	③	④	⑤	29	①	②	③	④	⑤	49	①	②	③	④	⑤
10	①	②	③	④	⑤	30	①	②	③	④	⑤	50	①	②	③	④	⑤
11	①	②	③	④	⑤	31	①	②	③	④	⑤						
12	①	②	③	④	⑤	32	①	②	③	④	⑤						
13	①	②	③	④	⑤	33	①	②	③	④	⑤						
14	①	②	③	④	⑤	34	①	②	③	④	⑤						
15	①	②	③	④	⑤	35	①	②	③	④	⑤						
16	①	②	③	④	⑤	36	①	②	③	④	⑤						
17	①	②	③	④	⑤	37	①	②	③	④	⑤						
18	①	②	③	④	⑤	38	①	②	③	④	⑤						
19	①	②	③	④	⑤	39	①	②	③	④	⑤						
20	①	②	③	④	⑤	40	①	②	③	④	⑤						

※ 본 답안지는 마킹연습용 모의 답안지입니다.

성 명

지원 분야

문제지 형별기재란
Ⓐ
Ⓑ
( )형

수 험 번 호

⓪	①	②	③	④	⑤	⑥	⑦	⑧	⑨
⓪	①	②	③	④	⑤	⑥	⑦	⑧	⑨
⓪	①	②	③	④	⑤	⑥	⑦	⑧	⑨
⓪	①	②	③	④	⑤	⑥	⑦	⑧	⑨
⓪	①	②	③	④	⑤	⑥	⑦	⑧	⑨
⓪	①	②	③	④	⑤	⑥	⑦	⑧	⑨
⓪	①	②	③	④	⑤	⑥	⑦	⑧	⑨

감독위원 확인

(인)